高等职业教育精品教材·旅游酒店类

旅游企业财务管理

主　编　刘　清　　赵丽君　　陈险峰
副主编　顾庆华　　郑爱军　　牡　兰　　李英格
　　　　张　弛
参　编　王宁远　　王　娟　　白燕梅　　王化宇
　　　　赵晓明　　任国光

北京理工大学出版社
BEIJING INSTITUTE OF TECHNOLOGY PRESS

版权专有　侵权必究

图书在版编目（CIP）数据

旅游企业财务管理 / 刘清，赵丽君，陈险峰主编. —北京：北京理工大学出版社，2021.6（2021.7 重印）
ISBN 978-7-5682-9908-4

Ⅰ．①旅…　Ⅱ．①刘…　②赵…　③陈…　Ⅲ．①旅游企业-财务管理-高等学校-教材　Ⅳ．①F590.66

中国版本图书馆 CIP 数据核字（2021）第 108340 号

出版发行 / 北京理工大学出版社有限责任公司
社　　址 / 北京市海淀区中关村南大街 5 号
邮　　编 / 100081
电　　话 / (010) 68914775（总编室）
　　　　　 (010) 82562903（教材售后服务热线）
　　　　　 (010) 68944723（其他图书服务热线）
网　　址 / http://www.bitpress.com.cn
经　　销 / 全国各地新华书店
印　　刷 / 三河市天利华印刷装订有限公司
开　　本 / 787 毫米×1092 毫米　1/16
印　　张 / 13　　　　　　　　　　　　　　　　　　　责任编辑 / 孟祥雪
字　　数 / 305 千字　　　　　　　　　　　　　　　　文案编辑 / 孟祥雪
版　　次 / 2021 年 6 月第 1 版　2021 年 7 月第 2 次印刷　　责任校对 / 周瑞红
定　　价 / 39.80 元　　　　　　　　　　　　　　　　责任印制 / 施胜娟

图书出现印装质量问题，请拨打售后服务热线，本社负责调换

前　言

根据高等职业院校大学生的项目课程学习需求，本教材在结构设计上采用了模块、项目和任务编排方式。教材分成旅游企业财务管理基本理念的确定，旅游企业资金筹资管理与投资管理，旅游企业资产管理，旅游企业成本与费用管理，旅游企业财务预算、控制与财务分析管理，旅游企业外汇管理模块，每个模块下分别设置了不同工作项目。

在本教材中，每一个项目又分为四大部分：第一部分是项目任务导入；第二部分是与项目相关的工作任务；第三部分是相关理论知识，为完成工作任务提供必需的相关知识；第四部分是技能训练和小结，它引导着学生进一步开展实训。本教材基于学生职业能力的培养规律，以旅游企业资金管理流程为方向，利用模块化教学的手段，将教学内容分解为六个模块，以完成项目的任务方式进行教学，全面训练学生的旅游企业财务管理的实践操作能力，培养学生独立分析问题、解决实际问题的能力，实现将理论融合到实践中的教学目标。

本教材以旅游企业资金运动业务流程为主线，对模块和项目进行精心设计，以工作流程方式优化教学效果，以活页教材编写体例方式进行教材统编。

本教材基于工作过程的课程开发与设计，充分体现职业性、实践性和开放性的要求；根据旅游企业发展需要以及完成岗位实际工作任务所需要的知识、能力、素质要求，选取教学内容，并为学生未来的可持续发展奠定良好的基础。

本教材可作为高职高专旅游管理类专业旅游企业财务管理课程的教学用书，也可作为旅游企业导游人员的培训和工作参考用书。

本教材由兴安职业技术学院刘清、赵丽君及北京联合大学陈险峰任主编；兴安职业技术学院顾庆华、郑爱军、牡兰、李英格及北京联合大学张弛任副主编；兴安职业技术学院王宁远、王娟、白燕梅、王化宇、赵晓明、任国光为参编。全书由赵丽君统稿，刘清审阅。具体编写分工如下：刘清、赵丽君、陈险峰共同编写模块一、模块二、模块五；顾庆华、郑爱军、牡兰、李英格、张弛共同编写模块三、模块四；王宁远、王娟、白燕梅、王化宇、赵晓明、任国光共同编写模块六。

本教材在编写过程中，与行业企业合作，分别得到了兴安盟神一国际旅行社、碧桂园凤凰酒店、内蒙古旅游协会等校企合作单位的支持，其为教材编写提供相关材料。在本教材的编写过程中，我们还参阅了大量国内外研究资料及有关网站信息，在此向各位作者和企业表示衷心的感谢。

由于旅游业处于转型关键时期，教材中难免会有不当之处，敬请广大读者不吝赐教。

目　录

模块一　旅游企业财务管理基本理念的确定 …………………………………（1）
　项目一　认识旅游企业财务管理活动 …………………………………………（1）
　　任务一　旅游企业财务管理的概念与内容 …………………………………（1）
　　　一、旅游企业财务管理的概念 ………………………………………………（2）
　　　二、旅游企业财务活动 ………………………………………………………（2）
　　　三、旅游企业财务关系 ………………………………………………………（4）
　　任务二　旅游企业财务管理的目标 …………………………………………（5）
　　　一、旅游企业的目标及其对财务管理的要求 ……………………………（6）
　　　二、旅游企业财务管理目标的含义 ………………………………………（6）
　　　三、旅游企业财务管理目标的协调 ………………………………………（9）
　　任务三　旅游企业财务管理的环节 …………………………………………（10）
　　　一、财务预测 …………………………………………………………………（11）
　　　二、财务决策 …………………………………………………………………（11）
　　　三、财务预算 …………………………………………………………………（11）
　　　四、财务控制 …………………………………………………………………（11）
　　　五、财务分析 …………………………………………………………………（11）
　　任务四　旅游企业财务管理的环境 …………………………………………（11）
　　　一、旅游企业财务管理环境的概念 ………………………………………（12）
　　　二、经济环境 …………………………………………………………………（12）
　　　三、法律环境 …………………………………………………………………（12）
　　　四、金融环境 …………………………………………………………………（12）
　案例分析 …………………………………………………………………………（13）
　技能训练 …………………………………………………………………………（13）
　项目二　资金时间价值与风险价值 ……………………………………………（15）
　　任务一　货币的时间价值 ……………………………………………………（16）
　　　一、资金时间价值的概念 ……………………………………………………（16）

二、单利终值和现值的计算…………………………………………………（17）
　　三、复利终值和现值的计算…………………………………………………（19）
　　四、年金终值和现值的计算…………………………………………………（20）
　任务二　建立风险价值观念……………………………………………………（27）
　　一、风险的含义与分类………………………………………………………（28）
　　二、风险价值…………………………………………………………………（29）
　　三、风险的衡量………………………………………………………………（29）
　　四、风险与报酬的关系………………………………………………………（31）
　　五、风险对策…………………………………………………………………（32）
案例分析……………………………………………………………………………（33）
技能训练……………………………………………………………………………（34）

模块二　旅游企业资金筹资管理与投资管理……………………………（37）

项目一　认识旅游企业筹资管理…………………………………………………（37）
　任务一　学会旅游企业资金筹资………………………………………………（37）
　　一、旅游企业筹资的概念……………………………………………………（38）
　　二、筹资的分类………………………………………………………………（38）
　　三、筹资渠道与筹资方式……………………………………………………（39）
　　四、筹资原则…………………………………………………………………（40）
　任务二　预测旅游企业资金需要量……………………………………………（41）
　　一、定性预测法………………………………………………………………（41）
　　二、销售百分数法……………………………………………………………（42）
　任务三　筹集旅游企业权益资金………………………………………………（43）
　　一、吸收直接投资……………………………………………………………（44）
　　二、发行普通股………………………………………………………………（45）
　　三、发行优先股………………………………………………………………（48）
　任务四　筹集旅游企业负债资金………………………………………………（49）
　　一、银行借款…………………………………………………………………（49）
　　二、发行债券…………………………………………………………………（52）
　　三、融资租赁…………………………………………………………………（54）
　　四、商业信用…………………………………………………………………（56）
案例分析……………………………………………………………………………（57）
技能训练……………………………………………………………………………（57）
项目二　旅游企业资金成本与资金结构…………………………………………（59）
　任务一　认识旅游企业资金成本………………………………………………（59）
　　一、资金成本的含义和作用…………………………………………………（60）
　　二、资金成本的计算…………………………………………………………（60）
　任务二　旅游企业筹资结构优化………………………………………………（63）
　　一、资金结构的概述…………………………………………………………（64）

二、最佳资金结构的确定……………………………………………（64）
　　三、资金结构分析……………………………………………………（66）
案例分析………………………………………………………………………（69）
技能训练………………………………………………………………………（69）
项目三　认识旅游企业投资管理……………………………………………（70）
　　任务一　学会旅游企业投资…………………………………………（70）
　　　一、旅游企业投资的意义与分类…………………………………（71）
　　　二、旅游企业投资管理的原则……………………………………（72）
　　　三、旅游企业投资环境的分析……………………………………（73）
　　任务二　项目投资的确定……………………………………………（73）
　　　一、项目投资的概念及特点………………………………………（74）
　　　二、项目投资额资金构成…………………………………………（74）
　　任务三　项目投资的现金流量分析…………………………………（75）
　　　一、现金流量的概念及作用………………………………………（75）
　　　二、现金流量的内容………………………………………………（76）
　　　三、现金净流量的计算……………………………………………（76）
技能训练………………………………………………………………………（77）

模块三　旅游企业资产管理……………………………………………………（80）

项目一　认识旅游企业流动资产管理………………………………………（80）
　　任务一　了解旅游企业流动资产……………………………………（80）
　　　一、旅游企业流动资产概念………………………………………（81）
　　　二、旅游企业流动资产特点………………………………………（81）
　　任务二　学会旅游企业现金管理……………………………………（81）
　　　一、旅游企业现金管理的目的和内容……………………………（82）
　　　二、旅游企业现金最佳持有量……………………………………（83）
　　　三、旅游企业现金的日常管理……………………………………（84）
　　　四、旅游企业现金的分析与考核…………………………………（84）
　　任务三　学会旅游企业应收账款的管理……………………………（85）
　　　一、旅游企业应收账款发生原因…………………………………（85）
　　　二、旅游企业应收账款的作用与成本……………………………（85）
　　　三、旅游企业信用政策……………………………………………（86）
　　　四、旅游企业应收账款日常管理…………………………………（88）
　　任务四　学会旅游企业存货管理……………………………………（89）
　　　一、旅游企业存货的概念和范围…………………………………（90）
　　　二、旅游企业存货的成本…………………………………………（90）
　　　三、旅游企业存货的控制…………………………………………（91）
　　　四、旅游企业存货的日常管理……………………………………（92）
案例分析………………………………………………………………………（92）

技能训练 …………………………………………………………………………（93）
　项目二　认识旅游企业非流动资产管理 ………………………………………（95）
　　任务一　了解旅游企业非流动资产 …………………………………………（95）
　　　一、旅游企业非流动资产概念 ………………………………………………（95）
　　　二、旅游企业非流动资产特点 ………………………………………………（95）
　　任务二　旅游企业固定资产管理 ……………………………………………（95）
　　　一、旅游企业固定资产的概念及特点 ………………………………………（96）
　　　二、旅游企业固定资产的成本 ………………………………………………（97）
　　　三、旅游企业固定资产的日常管理 …………………………………………（99）
　　案例分析 …………………………………………………………………………（104）
　　技能训练 …………………………………………………………………………（104）

模块四　旅游企业成本与费用管理 ……………………………………………（106）

　项目一　认识旅游企业成本费用管理 …………………………………………（106）
　　任务一　学会旅游企业成本费用管理 ………………………………………（106）
　　　一、旅游企业成本费用概念及特点 …………………………………………（107）
　　　二、旅游企业成本费用分类 …………………………………………………（107）
　　　三、旅游企业成本费用管理工作 ……………………………………………（108）
　　任务二　学会旅游企业成本费用控制与考核 ………………………………（109）
　　　一、旅游企业成本费用控制的意义 …………………………………………（110）
　　　二、旅游企业成本费用考核 …………………………………………………（110）
　　任务三　学会旅游企业保本点分析及其运用 ………………………………（111）
　　　一、旅游企业保本点分析法的内容 …………………………………………（111）
　　　二、旅游企业保本点的计算方法 ……………………………………………（111）
　　　三、旅游企业保本分析法的计算 ……………………………………………（113）
　　　四、保本分析法在旅游企业经营决策中的运用 ……………………………（114）
　　案例分析 …………………………………………………………………………（116）
　　技能训练 …………………………………………………………………………（116）
　项目二　认识旅游企业收入与分配管理 ………………………………………（117）
　　任务一　学会旅游企业收入管理 ……………………………………………（118）
　　　一、旅游企业收入概念 ………………………………………………………（118）
　　　二、旅游企业收入分类 ………………………………………………………（118）
　　　三、旅游企业收入意义 ………………………………………………………（118）
　　　四、旅游企业收入日常管理 …………………………………………………（119）
　　任务二　学会旅游企业价格管理 ……………………………………………（120）
　　　一、旅游企业价格概念及影响因素 …………………………………………（120）
　　　二、旅游企业的定价目标 ……………………………………………………（121）
　　　三、旅游企业的定价策略 ……………………………………………………（122）
　　　四、旅游企业的定价方法 ……………………………………………………（124）

　　　　任务三　学会旅游企业利润分配管理……………………………………（127）
　　　　　　一、利润概念及构成……………………………………………………（127）
　　　　　　二、利润分配的原则……………………………………………………（128）
　　　　　　三、旅游企业利润管理…………………………………………………（128）
　　　　　　四、旅游企业利润分配程序……………………………………………（129）
　　案例分析……………………………………………………………………………（130）
　　技能训练……………………………………………………………………………（130）
模块五　旅游企业财务预算、控制与财务分析管理………………………（132）
　　项目一　认识旅游企业财务预算………………………………………………（132）
　　　　任务一　认识旅游企业财务预算概述……………………………………（132）
　　　　　　一、旅游企业财务预算概念……………………………………………（133）
　　　　　　二、旅游企业财务预算作用……………………………………………（133）
　　　　　　三、旅游企业财务预算的分类…………………………………………（133）
　　　　任务二　学会旅游企业编制财务预算的方法……………………………（134）
　　　　　　一、旅游企业固定预算法………………………………………………（134）
　　　　　　二、旅游企业弹性预算法………………………………………………（134）
　　　　　　三、旅游企业零基础预算法……………………………………………（135）
　　　　　　四、旅游企业滚动预算法………………………………………………（136）
　　　　任务三　学会编制旅游企业财务预算……………………………………（137）
　　　　　　一、旅游企业财务预算的程序和内容…………………………………（137）
　　　　　　二、旅游企业主营业务收入预算………………………………………（138）
　　　　　　三、旅游企业成本费用预算……………………………………………（141）
　　　　　　四、旅游企业预计会计报表……………………………………………（143）
　　案例分析……………………………………………………………………………（145）
　　技能训练……………………………………………………………………………（145）
　　项目二　认识旅游企业财务控制………………………………………………（146）
　　　　任务一　学会旅游企业财务控制…………………………………………（147）
　　　　　　一、旅游企业财务控制的含义…………………………………………（147）
　　　　　　二、旅游企业财务控制的分类…………………………………………（147）
　　　　　　三、旅游企业财务控制的方式…………………………………………（147）
　　　　任务二　学会旅游企业财务控制中心……………………………………（148）
　　　　　　一、旅游企业成本中心…………………………………………………（148）
　　　　　　二、旅游企业利润中心…………………………………………………（149）
　　　　　　三、旅游企业投资中心…………………………………………………（150）
　　案例分析……………………………………………………………………………（151）
　　技能训练……………………………………………………………………………（152）
　　项目三　认识旅游企业财务分析………………………………………………（153）
　　　　任务一　学会旅游企业财务分析…………………………………………（153）

　　　　一、旅游企业财务分析概述 …………………………………………（153）
　　　　二、旅游企业财务分析目的 …………………………………………（154）
　　　　三、旅游企业财务分析方法 …………………………………………（154）
　　任务二　学会旅游企业财务指标分析 ………………………………………（157）
　　　　一、旅游企业偿债能力分析 …………………………………………（157）
　　　　二、旅游企业营运能力分析 …………………………………………（161）
　　　　三、旅游企业盈利能力分析 …………………………………………（163）
　　　　四、旅游企业发展能力分析 …………………………………………（165）
　　任务三　学会旅游企业财务综合分析 ………………………………………（166）
　　　　一、旅游企业财务综合分析概念 ……………………………………（166）
　　　　二、旅游企业财务综合分析方法 ……………………………………（167）
　案例分析 ……………………………………………………………………………（170）
　技能训练 ……………………………………………………………………………（170）

模块六　旅游企业外汇管理 …………………………………………………（173）

　项目一　认识旅游企业外汇管理 …………………………………………………（173）
　　任务一　认识旅游企业外汇 …………………………………………………（173）
　　　　一、外汇概念 …………………………………………………………（174）
　　　　二、外汇管理 …………………………………………………………（175）
　　　　三、影响外汇汇率的主要因素 ………………………………………（177）
　　任务二　认识旅游企业外币业务管理 ………………………………………（179）
　　　　一、外汇收支的内容 …………………………………………………（179）
　　　　二、外币业务管理 ……………………………………………………（180）
　　　　三、日常外币收支业务管理 …………………………………………（181）
　　　　四、外币兑换管理 ……………………………………………………（181）
　项目二　旅游企业外汇风险管理 …………………………………………………（182）
　　任务一　认识旅游企业外汇风险 ……………………………………………（183）
　　　　一、外汇风险的概念 …………………………………………………（183）
　　　　二、外汇风险的种类 …………………………………………………（183）
　　任务二　旅游企业外汇风险管理 ……………………………………………（184）
　　　　一、旅游企业外汇风险管理方法 ……………………………………（184）
　　　　二、旅游企业外汇风险管理对策 ……………………………………（187）
　案例分析 ……………………………………………………………………………（188）
　技能训练 ……………………………………………………………………………（188）

附录 ……………………………………………………………………………………（190）

参考文献 ………………………………………………………………………………（198）

模块一

旅游企业财务管理基本理念的确定

模块描述

针对旅游企业要求,了解旅游企业财务管理的环节、旅游企业的目标及对财务管理的要求,理解旅游企业财务管理的经济环境、法律环境,能够判断财务活动和财务关系的类型,掌握旅游企业财务管理的目标和目标协调及旅游企业财务管理的金融环境处理。要求学生理解风险与报酬的关系,掌握资金时间价值的计算方法及风险度量的方法,最终能运用资金时间价值及风险分析帮助旅游企业做出理财决策。

项目一 认识旅游企业财务管理活动

项目描述

针对旅游企业要求,了解旅游企业财务管理的环节,理解旅游企业的目标及对财务管理的要求,理解旅游企业财务管理的经济环境、法律环境,掌握旅游企业财务管理的概念,能够判断财务活动和财务关系的类型,掌握旅游企业财务管理的目标和目标协调及旅游企业财务管理的金融环境处理。

任务一 旅游企业财务管理的概念与内容

任务描述

小组通过旅游企业财务经营环境理解财务活动的对象、财务管理目标以及财务管理环节。

任务目标	知识目标：财务活动，财务关系，财务管理环节，资金时间价值的概念与计算，风险的含义、种类、衡量及风险与报酬的关系
	技能目标：能运用资金时间价值及风险分析帮助旅游企业做出理财决策，能够用数字说话
	素质目标：树立正确资金时间价值和风险度量的理财观念

理论引导

一、旅游企业财务管理的概念

1. 旅游企业的概念

旅游企业是国民经济中第三产业的重要组成部分，以盈利为目的，它是凭借旅游资源，以旅游设施为条件，为满足游客食、住、行、游、购、娱乐等生活需求，提供商品和服务的综合性服务旅游企业。旅游企业主要包括旅行社、旅游饭店（宾馆、酒店、旅店）类、旅游景区（点）类、旅游商品生产经营类、游览娱乐类、旅游车船公司、旅游集团公司以及饭店管理公司等各类服务性旅游企业。

2. 旅游企业财务管理的概念

财务，简单地讲就是理财的事务，或指企业、机关、事业单位和其他经济组织的资金及其运动。财务管理，本质上就是资金管理。它是关于资金的筹集、运用和分配等方面所有管理工作的总称。从企业管理角度看，财务管理是指企业组织财务活动，处理财务关系的一项经济管理工作。因此，要了解什么是财务管理，必须先分析企业的财务活动和财务关系。

旅游企业财务管理是基于旅游企业生产经营过程中客观存在的财务活动和财务关系而产生的，它是利用价值形式对旅游企业生产经营过程进行的管理，是旅游企业组织财务活动、处理财务关系的一项综合性管理工作。

旅游企业为了向旅游者提供各种服务，就必须具备一定的财产、物资等物质基础。因此，旅游企业必须筹集一定的资金用于必要的投资，如购置原材料、固定资产、无形资产和日常周转资金等。在旅游企业经营过程中，消耗原材料，支付职工工资和各种费用，随着旅游企业的产品或服务销售出去，旅游企业取得收入，旅游企业以收抵支后的剩余部分是旅游企业的利润，再将实现的利润在国家、旅游企业、投资者之间进行合理分配。

知识拓展：2001年1月，浙江省政府的领导到湖畔花园参观阿里巴巴后问马云："你希望这个公司将来做到多大？"马云说："我希望它会是一家市值5亿到50亿美元的公司。"截至2017年9月8日美股收盘，阿里巴巴的市值已经达到4 260.58亿美元，全球排名第6位。马云在年会上说："今天的阿里巴巴已经不是一家普通的公司，而是一个经济体。从规模来看，它已经是全世界第5大经济体。"

二、旅游企业财务活动

旅游企业财务管理是旅游企业组织财务活动、处理财务关系的一项综合性的管理工作。

旅游企业财务活动是指资金的筹集、投放、使用、收回及分配等一系列行为。旅游企业财务活动主要包括以下四个方面：

1. 旅游企业筹资引起的财务活动

所谓筹资，是指旅游企业为了满足投资和用资的需要，筹措和集中所需资金的过程。企业筹资引起的财务活动：在市场经济条件下，企业要想从事经营，必须先筹集一定数量的资金，企业通过发行股票、发行债券、吸收直接投资等方式筹集资金，表现为企业资金的收入；企业偿还借款，支付利息、股利以及付出各种筹资费用等，则表现为企业资金的支出。这种因为资金筹集而产生的资金收支，便是由企业筹资而引起的财务活动。

旅游企业筹资的两种资金来源：

（1）权益资金：如发行股票、留存收益转增资本。

（2）债务资金：银行借款、发行债券、利用商业信用。

2. 旅游企业投资引起的财务活动

旅游企业筹集资金的目的是把资金用于生产经营活动以便盈利，不断增加企业价值。把筹集到的资金投资于企业内部用于购买固定资产、无形资产等，便形成企业的对内投资；把筹集到的资金投资于购买其他企业的股票、债券或与其他企业联营进行投资，便形成企业的对外投资。无论是旅游企业购买内部所需的各种资产，还是购买各种证券，都需要支出资金。而当企业变卖其对内投资的各种资产或收回其对外投资时，则会产生资金的收入。这种因企业投资而产生的资金收支，便是由投资引起的财务活动。

（1）广义的投资。

广义的投资包括旅游企业内部使用资金的过程（如购置固定资产、无形资产等）和对外投放资金的过程（如购买其他旅游企业的股票、债券或与其他旅游企业联营等）。

（2）狭义的投资。

狭义的投资仅指对外投资。无论是旅游企业购买所需资产，还是购买各种有价证券，都需要支付资金，表现为资金流出。

3. 资金营运活动

旅游企业在正常的经营过程中，会发生一系列的资金收支。旅游企业由日常生产经营而引起的资金收支，称为资金营运活动。首先，旅游企业要采购材料或商品，以便从事生产和销售活动，同时，还要支付工资和其他营业费用；其次，当旅游企业把产品或商品售出后，便可取得收入，收回资金；最后，如果旅游企业现有资金不能满足旅游企业经营的需要，还要采取短期借款方式来筹集所需资金。这种因旅游企业生产经营而产生的资金收支，就属于旅游企业因经营引起的财务活动。旅游企业营运资金，主要是为满足旅游企业日常营业活动需要而垫支的资金，营运资金的周转与生产经营周期具有一致性。营运资金每完成一次周转，就会带来一定量的增值，在资金一定的情况下，一定时期内资金周转越快，资金的利用效率就越高，就可能生产出更多的产品，取得更多的收入，获得更多的报酬。

4. 分配活动

广义地说，分配是指对旅游企业各种收入进行分割和分派的过程；而狭义的分配仅指对旅游企业净利润的分配。旅游企业在经营过程中会产生利润，也可能会因对外投资而分得利润，这表明旅游企业有了资金的增值或取得了投资报酬。旅游企业的利润要按规定的程序进行分配：首先，要依法纳税；其次，要用来弥补亏损，提取盈余公积；最后，要向投资者分配利润。这种因利润分配而产生的资金收支便属于由利润分配而引起的财务活动。

上述财务活动的四个方面，不是相互割裂、互不相关的，而是相互联系、相互依存的。正是上述相互联系又有一定区别的四个方面，构成了完整的旅游企业财务活动。这四个方面也就是财务管理的基本内容：旅游企业筹资管理、旅游企业投资管理、营运资金管理、利润及其分配管理。

三、旅游企业财务关系

旅游企业财务关系就是旅游企业组织财务活动过程中与有关各方面发生的经济关系。主要包括以下七个方面的内容：

1. 旅游企业与国家行政管理部门之间的财务关系

旅游企业与国家行政管理部门之间的经济利益关系，并不在于政府是旅游企业的出资者，而在于政府行使其行政职能，为旅游企业生产经营活动提供公平竞争的经营环境和公共设施等条件。政府在行使其社会行政管理职能时，为维护社会正常秩序、保卫国家安全、组织和管理社会活动等任务而付出了一定的代价，须无偿参与旅游企业的收益分配。旅游企业必须按照税法规定缴纳各种税款，包括所得税、流转税、资源税、财产税和行为税等，从而形成了旅游企业与国家行政管理部门之间强制与无偿的经济利益关系。

2. 旅游企业与投资者之间的财务关系

旅游企业与投资者之间的财务关系是指旅游企业的投资者向旅游企业投入资本金，旅游企业向其投资者分配投资收益所形成的经济利益关系。旅游企业的投资者即所有权人，包括国家、法人和个人等。

投资者作为财产所有者代表，履行出资义务。他除了拥有参与企业经营管理，参与企业剩余收益分配，对剩余财产享有分配权等权利之外，还承担着一定的风险；接受投资的企业，对投资者有承担资本保值、增值的责任。企业利用资本进行运营，实现利润后按照投资者的出资比例或合同、章程的规定，向其所有者支付报酬。两者之间的财务关系体现着所有权的性质及所有者在旅游企业中的利益。

3. 旅游企业与债权人之间的财务关系

旅游企业除利用投资者投入的资本进行经营活动外，还要借入一定数量的资金，以扩大经营规模，降低资金成本。旅游企业的债权人是指借款给旅游企业的金融机构、公司债券的持有人、商业信用提供者、其他出借资金给旅游企业的单位和个人。与投资者的地位不同，债权人获得的是固定的利息收益，不能像投资者那样参与旅游企业的经营管理和享有剩余收益再分配的权利。但是，债权人有按约定期限收回借款本金和取得借款利息等报酬的权利；在旅游企业破产清算时，拥有与其地位相对应的优先求偿权。作为债务人的旅游企业，有按期归还所借款项本金和利息的义务。旅游企业与债权人之间的财务关系是指旅游企业向债权人借入资金，并按借款合同的规定按时支付利息和归还本金所形成的经济利益关系，在性质上属于建立在契约之上的债务债权关系。

4. 旅游企业与被投资者之间的财务关系

旅游企业与被投资者之间的财务关系是指旅游企业以购买股票或直接投资的形式向其他旅游企业投资所形成的经济利益关系。通常旅游企业作为投资者要按照投资合同、协议、章程的约定履行出资义务，以便及时形成被投资旅游企业的资本金。被投资旅游企业利用资本金进行运营,实现利润后应按照出资比例或合同、章程的规定向投资者分配投资收益。随着市场经济的不断深入发展,旅游企业经营规模和经营范围的不断扩大,旅游企业向其他单位投资的这种关系将会越来越广泛。旅游企业与被投资者之间的财务关系是体现所有权性质的投资与受资的关系。

5. 旅游企业与债务人之间的财务关系

旅游企业与债务人之间的财务关系是指旅游企业将其资金以购买债权、提供贷款或商业信用等形式出借给其他单位所形成的经济利益关系。旅游企业将资金出借后,有权要求其债务人按约定的条件支付利息和归还本金。旅游企业同其债务人之间的财务关系体现的是一种债权债务关系。

6. 旅游企业内部各经济责任主体的财务关系

旅游企业内部各经济责任主体,既是执行特定经营、生产和管理等不同职能的组织,又是以权、责、利相结合原则为基础的旅游企业内部经济责任单位。旅游企业内部各经济责任主体既分工又合作,共同形成一个旅游企业系统。只有这些子系统功能协调,才能实现旅游企业预期的经济效益。旅游企业内部各经济责任主体之间的经济往来及旅游企业内部各经济责任单位相互之间的经济往来,不但要进行旅游企业内的经济核算,而且要分清经济责任,进行绩效考核与评价,落实约束与激励措施。旅游企业内部各经济责任单位之间的财务关系体现了旅游企业内部各经济责任单位之间的利益关系。

7. 旅游企业与其职工之间的财务关系

旅游企业职工是旅游企业的经营者和劳动者之间的关系,他们以自身提供的劳动作为参与旅游企业收益分配的依据。旅游企业根据职工的职务、能力和经营业绩的优劣,用其收益向职工支付劳动报酬,并提供必要的福利和保险待遇等。

旅游企业财务关系体现了旅游企业财务的本质,处理和协调好各种财务关系是现代理财家们必须遵循的一项理财原则。

任务二 旅游企业财务管理的目标

任务描述

根据利润最大化、资本利润率或每股利润最大化、旅游企业价值最大化等不同的财务管理目标确定旅游企业财务管理目标,选择不同目标时如何协调所有者与经营者、债权人的矛盾?

任务目标

任务目标	知识目标:利润最大化、资本利润率或每股利润最大化、旅游企业价值最大化各自目标的优缺点;旅游企业财务管理目标的协调,包括所有者与经营者、债权人的矛盾与协调
	技能目标:能够准确比较财务管理目标,能够处理不同利益主体财务目标的矛盾与协调
	素质目标:解决财务管理目标矛盾的问题

理论引导

一、旅游企业的目标及其对财务管理的要求

旅游企业财务管理目标是旅游企业管理工作的行为导向,是管理人员工作实践的出发点,不同的财务管理目标会产生不同的财务管理运行机制。旅游企业财务管理目标取决于旅游企业的总目标,旅游企业是以盈利为目的的经济组织,其出发点和归宿点都是盈利,旅游企业一旦成立就会面临竞争,并始终处于生存和倒闭、发展和萎缩的矛盾之中。旅游企业必须生存下去才可能获利,而只有不断发展才能求得生存。因此,旅游企业财务管理目标可以概括为生存、发展和获利。

1. 生存

旅游企业只有生存,才有可能获利。旅游企业在市场生存下去的基本条件是以收抵支。一方面,旅游企业付出货币进行投资,从市场上取得需要的资源;另一方面,旅游企业提供市场需要的商品或服务,从市场上换回货币。从市场获得的货币至少要等于付出的货币,以便维持继续经营,这是旅游企业长期存续的基本条件。生存的另一个基本条件是,到期偿还债务。旅游企业为扩大业务规模或满足经营周转的临时需要,可向其他旅游企业和单位个人借入资金,国家为维持市场经济秩序,规定债务人必须"偿还到期债务",必要时"破产偿债"。旅游企业如果不能偿还到期债务,就可能被债务人接管或被法院判定破产。

因此,旅游企业生存的主要威胁来自两个方面:一个是长期亏损,它是旅游企业终止的内部原因;另一个是不能到期偿还债务,它是旅游企业终止的直接原因。能够到期偿还债务,减少破产的风险,使旅游企业能够长期稳定地生存下去,是对旅游企业财务管理的第一个要求。

2. 发展

旅游企业是在发展中求得生存的。旅游企业不仅要生存,还要不断地发展,增强竞争能力。旅游企业的生产经营如逆水行舟,不进则退。在科技不断进步的现代经济环境中,产品不断更新换代,旅游企业必须不断推出更好、更新、更受顾客欢迎的产品,才能在市场中立足。在竞争激烈的市场上,各个旅游企业此消彼长、优胜劣汰。一个旅游企业如不能发展,不能提高产品和服务的质量,不能扩大自己的市场份额,就会被其他旅游企业挤出市场。旅游企业的发展对财务的要求就是能够及时足额地筹集到发展资金,满足旅游企业的研发和市场拓展对旅游企业资源的需求。

3. 获利

旅游企业必须能够获利,才有存在的价值。

旅游企业的这些目标要求财务管理完成筹措资金并有效地投放和使用资金的任务。旅游企业的成功乃至生存,在很大程度上取决于过去和现在的财务政策。财务管理不仅与资产的获得及合理使用的决策有关,而且与旅游企业的旅游业务、营销管理发生直接联系。

二、旅游企业财务管理目标的含义

1. 利润最大化

利润最大化目标是假定在旅游企业的投资预期收益确定的情况下,财务管理行为将朝着

有利于旅游企业利润最大化的方向发展。

2. **资本利润率最大化或每股利润最大化**

资本利润率是净利润与资本额的比率,每股利润是净利润与普通股股数的比值,这里利润额是净利润。

3. **旅游企业价值最大化**

(1) 以旅游企业价值最大化作为财务管理目标,其优点主要表现在:

① 该目标考虑了资金的时间价值和投资的风险价值,有利于统筹安排长短期规划、合理选择投资方案、有效筹措资金、合理确定股利政策等。

② 该目标反映了对旅游企业资产保值、增值的要求,从某种意义上说,股东财富越多,旅游企业市场价值就越大,追求股东财富最大化的结果可促使旅游企业资产保值或增值。

③ 该目标有利于克服管理上的片面性和短期行为。

④ 该目标有利于社会资源合理配置,社会资金通常流向价值最大化的旅游企业或行业,有利于实现社会效益最大化。

(2) 以旅游企业价值最大化为财务管理目标也存在以下缺点:

① 对于股票上市的旅游企业,虽然可通过股票价格变动揭示旅游企业价值,但是股价是受多种因素影响的结果,特别是在即期市场上的股价不一定能够直接揭示旅游企业的获利能力,只有长期趋势才能做到这一点。

② 为了控股或稳定购销关系,现代旅游企业不少采用环形持股的方式,相互持股。法人股东对股票市价的敏感程度远不及个人股东,对股价最大化目标没有足够的兴趣。

③ 对于非股票上市旅游企业,只有对旅游企业进行专门的评估,才能真正确定其价值。而在评估旅游企业的资产时,受评估标准和评估方式的影响,这种估价不易做到客观和准确,这也导致旅游企业价值的确定存在困难。

旅游企业财务管理目标如表1-1所示。

表1-1 旅游企业财务管理目标

种类	概念	优点或原因	缺点
利润最大化目标	利润最大化目标就是假定在投资预期收益确定的情况下,财务管理行为将朝着有利于旅游企业利润最大化的方向发展。这种观点认为:利润代表了旅游企业新创造的财富,利润越多则说明旅游企业的财富增加得越多,越接近旅游企业的目标	利润最大化作为财务管理的目标,其主要原因有三点:(1) 人类从事经营活动的目的是创造更多的剩余产品,在商品经济条件下,剩余产品的多少可以用利润这个价值指标来衡量。(2) 在自由竞争的资本市场中,资本的使用权最终属于获利最多的旅游企业。	(1) 没有考虑利润的取得时间。这里的利润是指旅游企业一定时期实现的税后净利润,它没有考虑资金时间价值。例如,今年获利2 000万元和明年获利2 000万元,哪一个更符合旅游企业的目标?若不考虑货币的时间价值,就难以做出正确判断。(2) 没有考虑所获利润和投入资本额的关系。例如,同样获得100万元利润,一个旅游企业投入资本2 000万元,另一个旅游企业投入6 000万元,哪一个更符合旅游企业的目标?若不与投入的资本额联系起来,就难以做出正确判断。

续表

种类	概念	优点或原因	缺点
利润最大化目标		（3）只有每个旅游企业都最大限度地获得利润，整个社会的财富才可能实现最大化，从而带来社会的进步和发展。在社会主义市场经济条件下，旅游企业作为自主经营的主体，所创利润是旅游企业在一定期间全部收入和全部费用的差额，是按照收入与费用配比原则加以计算的。它不仅可以直接反映旅游企业创造剩余产品的多少，而且从一定程度上反映出旅游企业经济效益的高低和对社会贡献的大小。同时，利润是旅游企业补充资本、扩大经营规模的源泉。因此，以利润最大化为理财目标是有一定的道理的	（3）没有考虑获取利润和所承担风险的关系。没有考虑风险因素，高额利润往往要承担过大的风险。例如，同样投入500万元，本年获利100万元，一个旅游企业获利已全部转化为现金，另一个旅游企业获利则全部是应收账款，并可能发生坏账损失，哪一个更符合旅游企业的目标？若不考虑风险大小，就难以做出正确判断。 （4）片面追求利润最大化，可能导致旅游企业短期行为，与旅游企业发展的战略目标相背离
每股利润最大化目标	这种观点认为：应当把旅游企业的利润和股东投入的资本联系起来考察，用每股盈余（或权益资本净利率）来概括旅游企业的财务目标，以避免利润最大化目标的缺点	所有者作为旅游企业的投资者，其投资目标是取得资本收益，具体表现为净利润与出资额或股份数（普通股）的对比关系，这种关系可以用每股收益这一指标来反映。每股收益是指归属于普通股东的净利润与发行在外的普通股股数的比值，它的大小反映了投资者投入资本获得回报的能力。 每股收益最大化的目标将旅游企业实现的利润额同投入的资本或股本数进行对比，能够说明旅游企业的盈利水平，可以在不同资本规模的旅游企业或同一旅游企业不同期间之间进行比较，揭示其盈利水平的差异	与利润最大化目标一样，该指标仍然没有考虑资金时间价值和风险因素，也不能避免旅游企业的短期行为，可能会导致与旅游企业的战略目标相背离
旅游企业价值最大化或股东财富最大化目标	这种观点认为：旅游企业价值最大化或股东财富最大化是财务管理的目标。 股东创办旅游企业的目的是扩大财富，他们是旅游企业的所有者，旅游企业价值最大化就是股东财富最大化。 旅游企业的价值，在于它能给所有者带来未来报酬，包括获得股利和出售其股权换取现金。如同商品的价值一样，旅游企业的价值只有投入市场才能通过价格表现出来。	以旅游企业价值最大化为财务管理的目标，其优点主要表现在： （1）该目标考虑了资金的时间价值和风险价值，有利于统筹安排长短期规划、合理选择投资方案、有效筹措资金、合理确定股利政策等。 （2）该目标反映了对旅游企业资产保值、增值的要求，从某种意义上说，股东财富越多，旅游企业市场价值就越大，追求股东财富最大化的结果可促使旅游企业资产保值或增值。 （3）该目标有利于克服管理上的片面性和短期行为。	（1）尽管对于股票上市公司，股票价格的变动在一定程度上揭示了旅游企业价值的变化，但是股价是受多种因素影响的结果，特别是在资本市场效率低下的情况下，股票价格很难反映旅游企业所有者权益的价值。 （2）为了控股或稳定购销关系，现代旅游企业不少采用环形持股的方式，相互持股。法人股东对股票市价的敏感程度远不及个人股东，对股票价值的增加没有足够的兴趣。

续表

种类	概念	优点或原因	缺点
旅游企业价值最大化或股东财富最大化目标	投资者建立旅游企业的重要目的，在于创造尽可能多的财富。这种财富先表现为旅游企业的价值。旅游企业价值就是旅游企业的市场价值，是旅游企业所能创造的预计未来现金流量的现值，反映了旅游企业潜在的或预期的获利能力和成长能力。未来现金流量的现值这一概念，包含了资金的时间价值和风险价值两个方面的因素。因为未来现金流量的预测包含了不确定性和风险因素，而现金流量的现值是以资金的时间价值为基础对现金流量进行折现计算得出的	（4）该目标有利于社会资源合理配置。社会资金通常流向企业价值最大化或股东财富最大化的旅游企业或行业，有利于实现社会效益最大化	（3）对于非股票上市公司，只有对旅游企业进行专门的评估才能真正确定其价值。而在评估旅游企业的资产时，受评估标准和评估方式的影响，这种估价不易做到客观和准确，这也导致旅游企业价值的确定存在困难

旅游企业财务管理目标是旅游企业财务管理活动所希望实现的结果，它是评价旅游企业理财活动是否合理有效的基本标准，是旅游企业财务管理工作的行为导向，是财务人员工作实践的出发点和归宿。财务管理目标制约着财务工作运行的基本特征和发展方向。不同的财务管理目标，会产生不同的财务管理运行机制。比较而言，旅游企业价值最大化是较为合理的财务管理目标，所以本书以旅游企业价值最大化为旅游企业财务管理目标。

因此，科学地设置财务管理目标，对优化理财行为、实现财务管理的良性循环具有重要的意义。

三、旅游企业财务管理目标的协调

1. 所有者与经营者的矛盾与协调

协调这一矛盾，通常可以采用解聘、接收、激励等措施。

（1）解聘：一种通过所有者约束经营者的办法。所有者对经营者予以监督，如果经营者未能使旅游企业价值达到最大，就解聘经营者。

（2）接收：一种通过市场约束经营者的办法。

（3）激励：是将经营者的报酬与其绩效挂钩，以使经营者自觉采取能满足旅游企业价值最大化的措施。激励有两种基本方式。

①"股票选择权"方式。它是允许经营者以固定的价格购买一定数量的公司股票，当股票的价格越高于固定价格时，经营者所得的报酬就越多。经营者为了获取更大的股票涨价益处，就必然主动采取能够提高股价的行动。

②"绩效股"形式。公司运用每股利润、资产收益率等指标来评价经营者的业绩，视其业绩大小给予经营者数量不等的股票作为报酬。如果公司的经营业绩未能达到规定目标，经营者就将部分丧失原先持有的"绩效股"。这种方式使经营者不仅为了多得"绩效股"而不

断采取措施提高公司的经营业绩,而且为了使每股市价最大化而采取各种措施使股票市价稳定上升。

2. 所有者与债权人的矛盾与协调

协调所有者与债权人的矛盾,通常可采用以下方式。

(1) 限制性借债是指在借款合同中加入某些限制性条款,如规定借款的用途、借款的担保条款和借款的信用条件等。

(2) 收回借款或停止借款是指当债权人发现公司有侵蚀其债权价值的意图时,采取收回债权和不给予公司增加放款,从而保护自身的权益。

财务管理目标示意如图1-1所示。

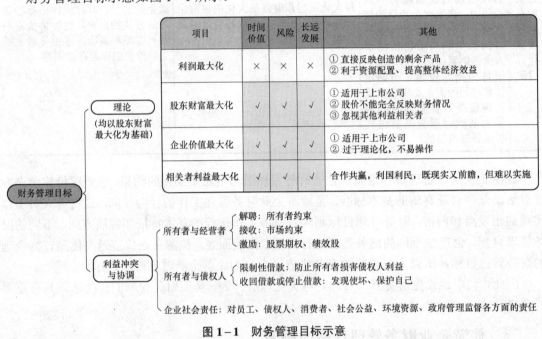

图1-1 财务管理目标示意

任务三 旅游企业财务管理的环节

任务描述

熟悉财务管理的工作步骤与一般程序,掌握旅游企业财务管理的五个工作环节。

任务目标

任务目标	知识目标:掌握旅游企业财务管理的五个环节
	能力目标:能够根据财务管理的五个环节完成财务管理的工作
	素质目标:具有良好的财务分析能力

理论引导

财务管理的环节是指财务管理的工作步骤与一般程序。一般来说,旅游企业财务管理包括以下几个环节。

一、财务预测

财务预测是根据财务活动的历史资料,考虑现实的要求和条件,对旅游企业未来的财务活动和成果做出科学的预计和测算。

二、财务决策

财务决策是指财务人员按照财务管理目标的总体要求,利用专门方法对各种备选方案进行比较分析,并从中选出最佳方案的过程。

三、财务预算

财务预算是指运用科学的技术手段和数量方法,对未来财务活动的内容及指标所进行的具体规划。

四、财务控制

财务控制是在财务管理的过程中,利用有关信息和特定手段,对旅游企业财务活动所施加的影响或进行的调节。实行财务控制是落实预算任务,保证预算实现的有效措施。

五、财务分析

财务分析是根据核算资料,运用有关指标和方法,对旅游企业财务活动过程及其结果进行分析和评价的一项工作。进行财务分析可以掌握各项财务计划的完成情况,评价财务状况,研究和掌握旅游企业财务活动的规律性,改善财务预测、决策、预算和控制,改善旅游企业管理水平,提高旅游企业经济效益。财务分析包括以下步骤:占有资料,掌握信息;指标对比,揭露矛盾;分析原因,明确责任;提出措施,改进工作。

任务四　旅游企业财务管理的环境

任务描述

熟悉对旅游企业财务管理影响比较大的因素有哪些,能够准确地判断经济环境、法律环境和金融环境对旅游企业财务管理的影响。

任务目标

任务目标	知识目标:理解旅游企业财务管理的环境
	能力目标:准确判断经济环境、法律环境和金融环境对旅游企业财务管理的影响
	素质目标:拥有格局意识,提高旅游企业管理面对客观环境的业务素质

理论引导

一、旅游企业财务管理环境的概念

旅游企业财务管理环境又称理财环境,是指对旅游企业财务活动和财务管理产生影响作用的旅游企业内外各种条件的统称。

二、经济环境

1. 经济周期

市场经济条件下,经济发展与运行带有一定的波动性,大体上经历复苏、繁荣、衰退和萧条几个阶段的循环,这种循环叫经济周期。

2. 经济发展水平

经济发展水平是指国家整个经济增长和发展水平,它对旅游企业调度资金,调整生产结构有很大影响。

3. 经济政策

中国经济体制改革的目标是建立社会主义市场经济体制,以进一步解放和发展生产力。

三、法律环境

影响旅游企业财务管理的主要法律环境因素有旅游企业组织形式方面的法律规定和税收法律(简称税法)规定等。

1. 旅游企业组织形式

(1)个人独资旅游企业。个人独资旅游企业是指依法设立,由一个自然人投资,财产为投资人个人所有,投资人以其个人财产对旅游企业债务承担无限责任的经营实体。

(2)合伙旅游企业。合伙旅游企业是依法设立,由各合伙人订立合伙协议,共同出资,合伙经营,共享收益,共担风险,并对合伙旅游企业债务承担无限连带责任的营利组织。

(3)公司。公司是指依照公司法登记设立,以其全部法人财产,依法自主经营、自负盈亏的旅游企业法人。

2. 税法

税收是国家为了实现其职能,按照法律预先规定的标准,凭借政治权力,强制地、无偿地征收货币或实物的一种经济活动,也是国家参与国民收入分配和再分配的一种方法。税收是国家参与经济管理,实行宏观调控的重要手段之一。税收具有强制性、无偿性和固定性三个显著特征。

四、金融环境

(1)金融机构。
(2)金融工具。
(3)金融市场。
(4)利率。

案例分析

张先生担任旅游企业的财务主管并不轻松,虽然流动资金借款解决了旅游企业起步运营的燃眉之急,但接踵而来的问题使他几乎焦头烂额。首先,是旅游企业的资金周转有捉襟见肘之苦,债权资产占用了大量流动资金,而追讨债款有难言之隐(旅游企业要求无论如何不能得罪客户);其次,是银行方面得按期归还贷款,旅游企业职工方面按期发放工资等。短短6个月的经历使他彻底明白了"大有大的难处"的道理。为了从根本上解决流动资金短缺问题,他曾请求旅游企业的董事长召开董事会,重新修改投资合同,追加出资各方的投资,但遭到董事长的拒绝。董事长的拒绝理由是:旅游企业投资项目是经过科学论证的,只有找出该项目在论证中的缺陷,才有理由开会研究修订投资合同,否则,出资者是不会同意的。张先生也觉得董事长的话很有道理,自叹旅游企业财务管理工作涉及多方面的关系,应该妥善处理。

技能训练

一、单项选择题

1. 公司较为合理的理财目标是(　　)。
   A. 利润最大化　　　　　　　　B. 资本利润率最大化
   C. 每股利润最大　　　　　　　D. 公司价值最大化
2. 各类公司的最终目标都是(　　)。
   A. 生存　　　B. 发展　　　C. 盈利　　　D. 扩张
3. 财务管理最显著的特点是,它是一种(　　)管理。
   A. 使用价值　　B. 价值　　　C. 劳动量　　　D. 实物量
4. 公司价值最大化是指(　　)。
   A. 公司注册资本最大　　　　　B. 公司账面资产价值最大
   C. 公司净资产最大　　　　　　D. 公司预期的获利能力最大
5. 在市场竞争条件下,财务管理工作的核心环节是(　　)。
   A. 财务预测　　B. 财务决策　　C. 财务控制　　D. 财务分析
6. (　　)是财务决策所拟定的经营目标的具体化、数字化和系统化,是控制公司财务活动的依据。
   A. 财务预测　　B. 财务计划　　C. 财务控制　　D. 财务分析
7. 下列各项中,不能解决所有者与债权人之间矛盾的方式是(　　)。
   A. 市场对公司强行接收或吞并　　B. 债权人通过合同实施限制性借款
   C. 债权人停止借款　　　　　　　D. 债权人收回借款
8. 下列各项中,属于公司狭义投资的是(　　)。
   A. 购买设备　　　　　　　　　B. 购买零部件
   C. 购买专利权　　　　　　　　D. 购买国库券
9. 下列各项中,不属于公司筹资引起的财务活动有(　　)。
   A. 偿还借款　　　　　　　　　B. 购买国库券
   C. 支付利息　　　　　　　　　D. 利用应付账款

10. 公司财务关系中最为重要的财务关系是（　　）。
   A. 股东与经营者之间的财务关系
   B. 股东与债权人之间的财务关系
   C. 股东、经营者、债权人之间的财务关系
   D. 公司与政府、社会公众之间的财务关系
11. 各类银行、证券交易公司、保险公司等均可称为（　　）。
   A. 金融市场　　　　B. 金融机构　　　　C. 金融工具　　　　D. 金融对象
12. 作为公司管理的一个重要组成部分，公司财务管理研究的对象是（　　）。
   A. 货币的集中与投放　　　　　　　　B. 成本的归集与分配
   C. 资金的取得与使用　　　　　　　　D. 利润的留存与分配
13. 若公司债券利率为6%，其违约风险补偿率为2%，则同期国债利率为（　　）。
   A. 无法确定　　　B. 8%　　　　　C. 6%　　　　　D. 4%
14. 在无风险报酬的情况下，某证券的利率为4%，纯利率为5%，则通货膨胀率为（　　）。
   A. 1%　　　　　B. -1%　　　　C. -0.01%　　　D. 0.1%
15. 人们把公司生产经营过程中生产经营要素的价值称为（　　）。
   A. 资金　　　　　B. 物资　　　　　C. 资源　　　　　D. 资本金

二、多项选择题

1. 财务活动主要包括（　　）。
   A. 筹资活动　　B. 投资活动　　C. 资金营运活动　　D. 资金分配活动
2. 公司财务关系的主要内容有（　　）。
   A. 公司与投资者、受资者之间的财务关系
   B. 公司与债权人之间的财务关系
   C. 公司与债务人之间的财务关系
   D. 公司与经营管理者之间的财务关系
3. 公司生存面临危机的主要原因在于（　　）。
   A. 营业收入增加，成本费用增大　　B. 应收账款增加
   C. 长期亏损　　　　　　　　　　　D. 不能偿还到期债务
4. 公司资金的特点是（　　）。
   A. 处于再生产过程中
   B. 必须以货币资金形态存在
   C. 以货币资金形态或实物资金形态存在
   D. 体现实物的价值方面
5. 公司的投资可以分为广义投资和狭义投资，广义的投资包括（　　）。
   A. 固定资产投资　　　　　　　　B. 证券投资
   C. 对外联营投资　　　　　　　　D. 流动资产投资
6. 公司财务管理包括（　　）几个环节。
   A. 财务预测与决策　　　　　　　B. 财务计划
   C. 财务控制　　　　　　　　　　D. 财务分析
7. 财务管理的环境包括（　　）。

A. 经济环境　　　B. 金融环境　　　C. 法律环境　　　D. 市场环境

8. 对公司财务管理目标的理解，主要有以下观点：（　　）。
A. 利润最大化
B. 公司价值最大化
C. 资本利润率最大化或每股利润最大化
D. 销售利润率最大化

9. 资金的利率通常由（　　）三部分组成。
A. 市场利率
B. 纯利率
C. 风险补偿率
D. 通货膨胀补偿率

10. 金融市场是把资金供应者和资金需求者连接起来的市场，它主要包括（　　）。
A. 资金市场　　　B. 黄金市场　　　C. 物资市场　　　D. 外汇市场

11. 在不存在通货膨胀的情况下，利率的组成因素包括（　　）。
A. 纯利率
B. 流动性风险补偿率
C. 违约性风险补偿率
D. 期限性风险补偿率

12. 下列有关货币市场表达正确的是（　　）。
A. 货币市场又称为短期资金市场，它交易的对象具有较强的货币性
B. 货币市场又称资本市场，其收益较高而流动性较差
C. 资金借贷量较大
D. 交易的目的主要是满足短期资金周转的需要

13. 利润最大化作为公司理财目标的缺点是（　　）。
A. 片面追求利润最大化，可能导致公司的短期行为
B. 没有反映投入与产出的关系
C. 没有考虑风险因素
D. 没有考虑资金的时间价值

14. 将公司价值最大化作为公司理财目标的优点是（　　）。
A. 有利于克服公司在追求利润上的短期行为
B. 考虑了风险与收益的关系
C. 考虑了资金的时间价值
D. 有利于社会资源的合理配置

15. 公司财务管理的内容包括（　　）。
A. 财务活动　　　B. 生产管理　　　C. 技术管理　　　D. 财务关系

项目二　资金时间价值与风险价值

项目描述

能运用资金时间价值及风险分析帮助中小旅游企业做出理财决策。资金的时间价值和投资的风险价值，是财务管理的两个基础价值观念，是旅游企业理财人员必备的价值取向和理念，直接影响和决定着财务管理的方法。

任务一　货币的时间价值

任务描述

了解资金时间价值观念，会用资金时间价值进行计算，最终能运用资金时间价值帮助旅游企业做出理财决策。

任务目标

任务目标	知识目标：了解单利与复利的概念，掌握年金的概念及分类 能力目标：能够根据资金的时间价值确定旅游企业的筹资与投资决策 素质目标：树立正确的理财时间观念、珍惜时间理念

理论引导

一、资金时间价值的概念

资金时间价值是指资金在周转过程中随着时间的推移而产生的增值。

1. 资金时间价值的实质

在商品经济中，单位货币在不同时点上会有不同的价值量，今天的一定量资金比未来的同量资金具有更高价值。如某旅游企业将 100 万元资金存入银行，按 2% 的银行存款利率计算，1 年后取出可得到 102 万元资金，这里多出的 2 万元即资金的时间价值。

资金的时间价值是怎样产生的呢？试想如果该旅游企业未将 100 万元存入银行，而是放入单位的保险箱，不管存放多久，资金的数量都不会发生任何变化，既不会变多也不会变少；但是如果存入银行，经过一段时间后，资金的价值量就会增加，并随着时间的推移不断递增；同样，如果该旅游企业将这笔资金用来购买股票、债券或进行其他投资，不考虑通货膨胀和投资风险，随着时间的推移，企业将获得比存入银行更多的增值额。这个现象说明，产生资金增值的前提是货币的所有权与使用权分离，即发生了借贷关系，其实质原因是资金参与了再生产的周转使用。资金的时间价值表现为资金所有权和使用权分离后，资金使用者向资金所有者支付的一种报酬或代价。

资金的时间价值表明，在不同的时点上投资者所投入的资金及产生的效益，在价值上是不同的。强调资金的时间价值，要求人们用动态的观点去看待资金的筹集、投放、使用和分配，讲求理财的经济效果。资金的时间价值是一种客观的经济现象，任何企业的财务活动都是在特定的时空中进行的。离开了资金的时间价值，就无法判断财务活动的优劣。因此，有人称之为理财的"第一原则"。

2. 理解资金时间价值观念需明确的几个问题

（1）并非所有资金都具有时间价值。

只有作为投资资本运用的资金才能产生增值，即必须将资金投入社会再生产过程，不被当作资本运用的资金是不具备自行增值属性的，即使存放时间再长也不可能增值。

(2) 资金的时间价值不是产生于时间。

资金时间价值产生于劳动者的劳动,更确切地说是劳动者创造的剩余价值。其通常是指没有风险和通货膨胀条件下的社会平均资金利润率。

(3) 投资报酬不等于资金的时间价值。

投资者投资就必须推迟消费,对投资者推迟消费所付出的代价应给予报酬,在没有风险和通货膨胀的情况下,这种报酬的量应与推迟的时间成正比,因此单位时间的这种报酬相对于投资而言,也就是时间价值。银行存款利率、贷款利率、债券利率、股票利率等都可以被看作投资报酬,但有别于时间价值,只有在没有风险和通货膨胀的情况下,时间价值才与上述各投资报酬相等。

3. 资金时间价值的表示方法

时间价值常用的表现形式有以下两种。

一是绝对数形式,即资金时间价值额,指资金经历一定时间的周转使用后的增值额,如前述旅游企业将 100 万元存入银行,1 年后多得到的 2 万元即时间价值的绝对数形式。

二是相对数形式,即资金时间价值率,指不包括风险因素和通货膨胀因素的社会平均资金利润率,通常在实务中,人们习惯使用相对数表示资金时间价值,即用增加值占投入资金的百分数来表示,前述旅游企业资金时间价值用相对数表示为 2%。

遵循资金时间价值观念,由于不同时点单位资金价值不等,因此需要将不同时点上的资金换算到同一时点上,才能进行大小比较和比率的计算,进而做出理财决策。

资金时间价值的计算有四大基本因素,即现值、终值、计息期、利息率。现值是指未来某一时点上一定量资金折合到现在的价值(零期值),又称本金,这一计算又称为贴现;终值是指现在一定量资金在未来某一时点上的价值,又称本利和;计息期是指计算利息的期间数,终值的大小与计息期同方向变动,现值的大小与计息期反方向变动;利息率是指资金增值额与投入资金的价值比,可分为年利率、月利率和日利率,它与终值的大小同方向变动,而与现值的大小反方向变动。

计算如果存款期在两期以上,计息的方法就产生了差异,即按单利计算或按复利计算。

二、单利终值和现值的计算

单利是指每期利息均按原始本金计算的方式。在单利计息的情况下,无论计息期有多长,只有本金才能获得利息,各期利息即使不取出也不计入本金,各期计息的基础不变,各期利息随同本金到期时一并支付。

1. 单利利息的计算

【例题 1-1】某旅游企业将 100 万元资金存入银行,设银行存款利率为 5%,按单利计算 3 年后可得到多少利息?

第 1 年的利息:$100 \times 5\% = 5$(万元)

第 2 年的利息:$100 \times 5\% = 5$(万元)

第 3 年的利息:$100 \times 5\% = 5$(万元)

3 年后可得利息总计为 15 万元,即 $100 \times 5\% + 100 \times 5\% + 100 \times 5\% = 100 \times 5\% \times 3$。

由此,假设 I 为利息;P 为本金;i 为利率,通常指年利率;n 为计息期,通常为年限,则 n 年后利息总计为

$$I = P \times i \times n$$

【例题1-2】某旅游企业2019年5月31日收到客户签发并承兑的商业汇票一张，面值20万元，期限3个月，票面利率5%，按照单利计算该企业到期可得到的利息。

$$200\,000 \times 5\% \times \frac{3}{12} = 2\,500（元）$$

从上例看出，计息期 n 与利息率 i 的时间量度应保持一致性。当按年计息时，利率应采用年利息率；当按季计息时，利率应采用季利息率；当按月计息时，利率应采用月利息率；当按日计息时，利率应采用日利息率。一般来说，各种利息率间的换算公式如下。

季利息率 = 年利息率 ÷ 4

月利息率 = 年利息率 ÷ 12

日利息率 = 年利息率 ÷ 360

2. 单利终值的计算

单利终值是指现时一定量的资金按照单利计息方式计算的在未来某一时点的本利和。

设 I 为利息；P 为本金；i 为利率；n 为计息期；F 为终值，单利终值示意如图1-2所示。

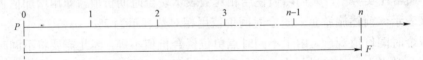

图1-2 单利终值示意

【例题1-3】某旅游企业将100万元资金存入银行，存期3年，设银行存款利率为5%，按单利计算1年后可得到多少本息？如果该企业不提走存款，第2年该企业可得到多少本息？同样第3年年末该企业本利合计是多少？

100万元1年后的本利和为 $100 + 100 \times 5\% = 100 \times (1+5\%) = 105$（万元）

100万元2年后的本利和为 $100 + 100 \times 5\% \times 2 = 100 \times (1+5\% \times 2) = 110$（万元）

100万元3年后的本利和为 $100 + 100 \times 5\% \times 3 = 100 \times (1+5\% \times 3) = 115$（万元）

该旅游企业3年后可从银行得到本息总计115万元。

由此，单利终值的计算公式为

$$F = P + I = P + P \times i \times n = P \times (1 + i \times n)$$

3. 单利现值的计算

单利现值是指未来一定量的资金按单利计息方式折算到现时的价值。单利现值的计算是单利终值的逆运算。

设 I 为利息；P 为本金；i 为利率；n 为计息期；F 为终值，单利现值示意如图1-3所示。单利现值的计算公式为

$$P = F - I = \frac{F}{1 + i \times n}$$

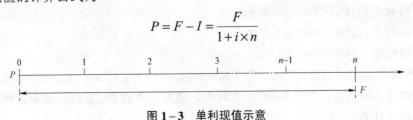

图1-3 单利现值示意

【例题 1-4】某旅游企业 3 年后有一笔债务到期，本息合计 115 万元，设银行存款利率为 5%，按单利计算企业现在至少应向银行存入多少资金？

$$P=\frac{F}{1+i\times n}=\frac{115}{1+5\%\times 3}=100（万元）$$

式中，终值 115 万元与现值 100 万元的差额 15 万元，即 100 万元存款按单利计算的为期 3 年的利息总计。

公式小结 1：
1. 单利终值的计算公式

单利终值计算公式：$F=P+I=P+P\times i\times n=P\times(1+i\times n)$

2. 单利现值的计算公式

单利现值的计算公式：$P=F-I=\dfrac{F}{1+i\times n}$

三、复利终值和现值的计算

按照国际惯例，在财务决策中，如果计息期在两期或两期以上，资金的时间价值通常是按复利计算的。复利不同于单利，复利是指在规定期限内，每经过一个计息期，都要将所生利息计入本金再计利息，逐期滚算，又称"利滚利"。

1. 复利终值的计算

复利终值是指现时一定量的资金按照复利计息方式计算的在未来某一时点的本利和。

【例题 1-5】某旅游企业将 100 万元资金存入银行，设银行存款利率为 5%，按复利计息，1 年后本利和是多少？如果该公司不提走存款，第 2 年的本利和是多少？同理，第 3 年年末该旅游企业能得到多少本息？

各年年末复利终值计算如图 1-4 所示。

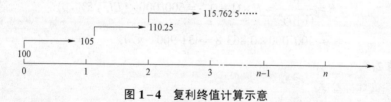

图 1-4 复利终值计算示意

第 1 年的复利终值为 $100\times(1+5\%)=105$（万元）

第 2 年的复利终值为 $105\times(1+5\%)=100\times(1+5\%)\times(1+5\%)=100\times(1+5\%)^2=110.25$（万元）

第 3 年的复利终值为 $110.25\times(1+5\%)=100\times(1+5\%)^2\times(1+5\%)=100\times(1+5\%)^3=115.7625$（万元）

该旅游企业 3 年后可从银行得到 115.7625 万元的资金，115.7625 万元即 100 万元资金按 5% 利率计算的 3 年后的复利终值。115.7625 万元与 100 万元的差额即 100 万元存款 3 年后按复利计算的利息。

由此，复利终值计算公式为

$$F=P\times(1+i)^n$$

式中，$(1+i)^n$ 被称为复利终值系数或 1 元复利终值（见附表一），也可用符号（F/P，i，n）表示。

根据公式得到，复利终值与利息率、计息期成正比关系。

【例题 1-6】某旅游企业于经营淡季利用暂时闲置资金 150 万元，购入复利计息的 5 年期企业债券，该债券利率为 12%，按年计息，到期一次还本付息，试测算 5 年后该债券到期时的本利和是多少？

查 1 元的复利终值系数表，在 n=5 的这一行，当 i=10% 时，复利终值系数为 1.610 5。

则
$$F = P \times (1+i)^n = 1\,500\,000 \times (1+12\%)^5 = 1\,500\,000 \times (F/P, 12\%, 5)$$
$$= 1\,500\,000 \times 1.762\,3 = 2\,643\,450（元）$$

利用复利终值的计算公式，不仅可以根据现值 P、利率 i 和期限 n 计算终值 F；也可根据现值 P、终值 F 和利率 i 计算期限 n；或在已知现值 P、终值 F 和期限 n 时计算利率 i。

2. 复利现值的计算

复利现值是指未来一定量的资金按照复利计息方式折现到现时的价值。复利现值的计算是复利终值计算的逆运算。复利现值计算公式为

$$P = \frac{F}{(1+i)^n} = F \times (1+i)^{-n}$$

这一计算过程被称为折现，折现所用的利率被称为折现率或贴现率。式中，$(1+i)^{-n}$ 被称为复利现值系数或 1 元复利现值（见附表二），也可用符号（P/F，i，n）表示。

从公式可以看出，与复利终值正好相反，复利现值与利息率、计息期成反比关系。

【例题 1-7】某旅游企业拟 3 年后更新大型办公设备一台，届时需 50 万元资金，试测算按复利计息方式，在银行存款年利率 5% 时，现在至少需要存入银行多少资金？

查 1 元的复利现值系数表，在 n=3 这一行，当利率为 5% 时，复利现值系数为 0.863 8。

则
$$P = \frac{F}{(1+i)^n} = F \times (1+i)^{-n} = 500\,000 \times (P/F, 5\%, 3)$$
$$= 500\,000 \times 0.863\,8 = 431\,900（元）$$

公式总结 2：

1. 复利终值计算公式

$$F = P \times (1+i)^n$$

2. 复利现值计算公式

$$P = \frac{F}{(1+i)^n} = F \times (1+i)^{-n}$$

四、年金终值和现值的计算

旅游企业的经济活动中除了一次性的收付款项外，还有一些收付方式比较特殊的情况，如发放养老金、支付或收到房租、分期支付工程款、提取折旧、等额偿还住房贷款、保险费、零存整取等，它们的共同特点是每次收付的时间间隔相等，每次收付的资金也相等。

年金的特点：在连续若干期内收到或支付相等金额的款项，属于等额、定期的系列收支。年金按收付发生的时点和延续的时间长短主要分为普通年金、预付年金、递延年

金、永续年金。

凡收入或支付在每期期末的年金，称为普通年金，也叫后付年金。

凡收入或支付在每期期初的年金，称为预付年金，也叫先付年金。

距今若干期后收到或支付在每期期末的年金，称作递延年金，也叫延期年金。

无限期连续收付款的年金，称为永续年金。

其中最常见的还是普通年金。

1. 普通年金终值与现值的计算（非一次性收付款项的终值与现值计算）

（1）普通年金终值的计算。

普通年金终值是指在每期期末收入或付出的系列等额款项的复利终值之和，如同零存整取的本利和。

设 A 为年金，i 为利率，n 为年限，普通年金复利终值示意如图 1-5 所示。

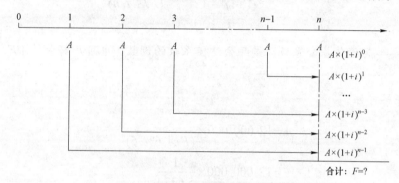

图 1-5 普通年金复利终值示意

$$F = A \times (1+i)^0 + A \times (1+i)^1 + \cdots + A \times (1+i)^{n-2} + A \times (1+i)^{n-1}$$
$$= A \times \frac{(1+i)^n - 1}{i}$$

式中，$\frac{(1+i)^n - 1}{i}$ 称为年金终值系数或 1 元年金终值（见附表三），也可用符号 $(F/A, i, n)$ 来表示。

【例题 1-8】某旅游企业每年年末提取固定资产折旧 100 万元，按照 5% 的市场利率测算其 5 年后折旧的累计数额是多少？

各年所提折旧复利终值示意如图 1-6 所示。

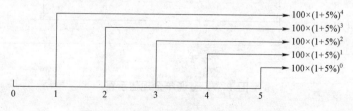

图 1-6 各年所提折旧复利终值示意

查 1 元年金终值系数表，在 $n=5$ 年这一行，当 $i=5\%$ 时，对应的年金终值系数为 5.525 6，按复利计算的 5 年后该企业计提折旧的累计数额为

$$100\times(1+5\%)^4+100\times(1+5\%)^3+100\times(1+5\%)^2+100\times(1+5\%)^1+100\times(1+5\%)^0$$
$$=100\times\frac{(1+5\%)^5-1}{5\%}$$
$$=100\times5.525\ 6$$
$$=552.56\ (万元)$$

【例题 1-9】某旅游企业 5 年后需偿还一笔贷款，本息合计 1 200 万元，若银行存款利率为 6%，从现在开始该企业每年年末应存入银行多少资金才能偿还到期债务？

该问题为偿债基金问题，与年金终值问题相反，两者互为逆运算。

根据公式 $F=A\times\dfrac{(1+i)^n-1}{i}$ 得出

$$A=F\times\frac{1}{\dfrac{(1+i)^n-1}{i}}=F\times\frac{1}{(F/A,i,n)}$$

式中，$\dfrac{1}{\dfrac{(1+i)^n-1}{i}}$ 为偿债基金系数，是年金终值系数的倒数，也可用符号 $(A/F,i,n)$ 来表示。依上例资料可知

$$A=12\ 000\ 000\times\frac{1}{(F/A,6\%,5)}$$
$$=12\ 000\ 000\times\frac{1}{5.637\ 1}$$
$$=2\ 128\ 754.1\ (元)$$

即企业每年年末需存入 2 128 754.1 元，才可以保证债务到期时能如数归还。

（2）普通年金现值的计算。

普通年金现值是指在每期期末收入或付出的系列等额款项，按复利计息方式折算为现时的价值，即每次收付资金的复利现值之和。

普通年金现值示意如图 1-7 所示。

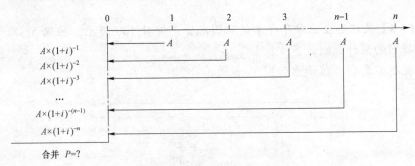

图 1-7 普通年金现值示意

$$P=A\times(1+i)^{-1}+A\times(1+i)^{-2}+A\times(1+i)^{-3}+\cdots+A\times(1+i)^{-(n-1)}+A\times(1+i)^{-n}$$
$$=A\times\frac{1-(1+i)^{-n}}{i}$$

式中，$\dfrac{1-(1+i)^{-n}}{i}$ 称为年金现值系数或1元年金现值（见附表四），也可用符号（P/A, i, n）来表示。

【例题1-10】某旅游企业计划未来5年每年年末追加投资20万元用于开发新线路，银行存款利率为5%，按复利计息方式测算现在需存入银行多少资金？

查1元的年金现值系数表，在n=5年这一行，当i=5%时，对应的年金现值系数为4.329 5。

则 $P = 200\,000 \times \dfrac{1-(1+5\%)^{-5}}{5\%} = 200\,000 \times 4.329\,5 = 865\,900$（元）

【例题1-11】某旅游企业以12%的利率向银行取得贷款1 000万元，投资于合作开发项目，合作期限为10年，问：该企业每年年末至少要收回多少资金该项目才可行？

根据公式 $P = A \times \dfrac{1-(1+i)^{-n}}{i} = A \times (P/A, i, n)$

则 $A = P \times \dfrac{1}{\dfrac{1-(1+i)^{-n}}{i}} = P \times \dfrac{1}{(P/A, i, n)}$

式中，$\dfrac{1}{\dfrac{1-(1+i)^{-n}}{i}}$ 为投资回收系数，是年金现值系数的倒数。年资本回收额是年金现值公式的逆运算。

查1元年金现值系数表，在n=10年这一行，当i=12%时对应的年金现值系数为5.650 2，该企业每年至少要收回的资金为 $A = 10\,000\,000 \times \dfrac{1}{5.650\,2} = 176.98$（万元）

2. 预付年金终值与现值的计算

（1）预付年金终值的计算。

预付年金终值是指一定时期内每期期初收入或付出的系列等额款项，按复利计算的在最后一期期末所得的本利和，即每期期初等额收付金额的复利终值之和。

由于年金终值系数表是以普通年金为基础编制的，因此预付年金的终值应在普通年金终值基础上进行调整。

预付年金与普通年金的区别在于系列收支款项发生的时点不同，但期数相同。两者的关系及预付年金终值计算如图1-8所示。

由图1-8可见，预付年金终值比普通年金终值应多计一期的利息，即在普通年金终值的基础上，乘以（1+i）便可计算出预付年金的终值。

$$P = A \times \dfrac{(1+i)^{-n}-1}{i} \times (1+i)$$
$$= A \times [(F/A, i, n+1) - 1]$$

式中，$\left[\dfrac{(1+i)^{n+1}-1}{i}-1\right]$ 称为预付年金终值系数或1元预付年金终值，它和普通年金终值系数 $\dfrac{(1+i)^n-1}{i}$ 相比，期数加1，而系数减1，用符号[(F/A, i, n+1)-1]来表示，可利用普通年

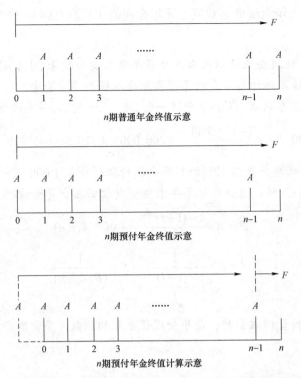

图1-8 预付年金与普通年金关系及预付年金终值计算

金终值系数表查得（$n+1$）期的值，然后减1得出1元预付年金终值。

【例题1-12】某旅游企业决定连续8年于每年年初存入200万元作为住房基金，银行存款利率为8%，则该公司在第8年年末能一次取出的本利和是多少？

查1元年金终值系数表，在 $n+1=9$ 年这一行，当 $i=8\%$ 时，对应的年金终值系数为12.488，则该企业8年后本利和是

$$F = A \times [(F/A, i, n+1) - 1] = 2\,000\,000 \times [(F/A, 8\%, 9) - 1]$$
$$= 2\,000\,000 \times (12.488 - 1) = 22\,976\,000 \text{（元）}$$

（2）预付年金现值的计算。

预付年金现值是指在一定时期内的每期期初收入或付出的系列等额款项，按复利计算的现时的价值，即每期期初等额收付款项的复利现值之和。

由于年金现值系数表是以普通年金为基础编制的，因此预付年金的现值应在普通年金现值基础上进行调整。

由图1-8可以看出，预付年金现值比普通年金现值应少计一期的利息，因此在普通年金现值的基础上，乘以（$1+i$）便可计算出预付年金的现值。

$$P = A \times \frac{1-(1+i)^{-n}}{i}(1+i) = A \times \frac{1+(1+i)^{-(n-1)}}{i} + 1$$

式中，$\left[\dfrac{1-(1+i)^{-(n-1)}}{i} + 1\right]$ 称为预付年金现值系数，或称1元的预付年金现值。它和普通年金现值系数相比，期数减1，而系数加1，也可用符号 $[(F/A, i, n-1) + 1]$ 来表示，可利

用普通年金现值系数表查得（$n-1$）期的值，然后加 1 得出 1 元预付年金现值。

【例题 1-13】某旅游企业分 5 期付款购买办公楼，每年年初付款 50 万元，若利率为 8%，试按复利计息方式测算分期付款相当于一次付款的购买价。

查 1 元的年金现值系数表，在 $n-1=4$ 这一行，当 $i=8\%$ 时，对应的年金现值系数为 3.312 1，则分期付款相当于一次付款的购价为

$$P = A \times \left[\frac{1-(1+i)^{-(n-1)}}{i} + 1\right] = A \times [(P/A, i, n-1) + 1]$$
$$= 500\,000 \times (3.312\,1 + 1) = 2\,156\,050 \text{（元）}$$

注意：预付年金与普通年金系数间的变动关系。

预付年金终值系数与普通年金终值系数：期数 +1，系数 −1。

预付年金现值系数与普通年金现值系数：期数 −1，系数 +1。

3. 递延年金终值和现值的计算

（1）递延年金终值的计算。

递延年金终值是指间隔一定时期后每期期末或期初收入或付出的系列等额款项，按照复利计息方式计算的在最后一期期末所得的本利和，即间隔一定时期后每期期末或期初等额收付资金的复利终值之和。

递延年金是普通年金的一种特殊形式，其第 1 次收付款发生的时间不是在第 1 期，而是在第 2 期以后某一期期末发生的普通年金。不论递延期限的长短，后 n 期限有资金收入或付出的递延年金与 n 期普通年金的计息期相同，收入或付出次数相同，递延年金与普通年金的关系示意如图 1-9 所示。

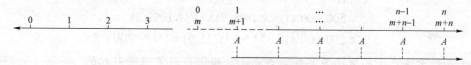

图 1-9　递延年金与普通年金的关系示意

由此，可以判断，n 期递延年金终值与 n 期普通年金终值的计算方法是一样的，其终值大小与递延期无关。

【例题 1-14】某旅游公司与其他企业共同开发一旅游项目，预计该项目从第 3 年开始进入盈利期，该企业每年年末可收回资金 150 万元，合作期 10 年，设银行存款利率为 10%，试测算：至合作期满该公司可从新项目获取资金的本利和是多少？

$$F = A \times \frac{(1+i)^{n-1}}{i} = 1\,500\,000 \times (F/A, 10\%, 8)$$

查 1 元的年金终值系数表，在 $n=8$ 这一行，当 $i=10\%$ 时，对应的年金终值系数为 11.435，则该企业从新开发项目获取的资金总额为

$$F = 1\,500\,000 \times 11.435 = 17\,152\,500 \text{（元）}$$

注意：递延年金与普通年金相比。

共同点：年末发生。

区别点：普通年金第 1 次的发生额在第 1 期期末，递延年金第 1 次的发生额不在第 1 期期末。

（2）递延年金现值的计算。

递延年金现值是指间隔一定时期后每期期末或期初收入或付出的系列等额款项，按照复利计息方式折算的现时价值，即间隔一定时期后每期期末或期初等额收付资金的复利现值之和。递延年金现值计算方法有分段法和补缺抵扣法。

方法一（分段法）：将递延年金划分成两部分，先按普通年金现值计算方法，计算出递延年金在第 m 期期末的现值 P'，然后将其作为终值按照复利现值的计算方法贴现至第 1 期期初，计算公式如下。

$$P = P' \times (P/A, i, m) = A \times (P/A, i, n) \times (P/A, i, m)$$

方法二（补缺抵扣法）：先计算（$m+n$）期普通年金的现值 P_1，再计算前 m 期普通年金的现值 P_2，从 P_1 中扣除 P_2 便可得到递延年金的现值，计算公式如下。

$$P = P_1 - P_2 = A \times (P/A, i, m+n) - A \times (P/A, i, m)$$

【例题 1-15】某旅游公司投资某一项目，第 3 年至第 8 年每年年末可获得投资收益 50 万元，按年利率 10%，试计算该项投资收益的总现值。

方法一（分段法）：

$$P = A \times (P/A, i, n) \times (P/A, i, m)$$
$$= 500\ 000 \times (P/A, 10\%, 6) \times (P/A, 10\%, 2)$$
$$= 500\ 000 \times 4.355\ 3 \times 0.826\ 4 = 1\ 799\ 610（元）$$

方法二（补缺抵扣法）：

$$P = A \times (P/A, i, m+n) \times (P/A, i, m)$$
$$= 500\ 000 \times (P/A, 10\%, 8) \times (P/A, 10\%, 2)$$
$$= 500\ 000 \times (5.334\ 9 - 1.735\ 5) = 1\ 799\ 700（元）$$

以上两种方法产生的微小差异是系数表小数保留位数有限所引起的。

4. 永续年金终值和现值的计算

（1）永续年金终值的计算。

永续年金是普通年金的特殊形式，可视为期限趋于无穷的普通年金，没有终止时间，因此永续年金的终值无法计算。

（2）永续年金现值的计算。

永续年金现值的计算可以根据普通年金现值求极限的方法求得。

根据公式：$P = A \times \dfrac{1-(1+i)^{-n}}{i}$，当期数 $n \to \infty$ 时，$(1+i)$ 极限为零，故上式可简化为

$$P = A \times \dfrac{1}{i}$$

【例题 1-16】某旅游企业准备存入银行一笔基金，以便日后无限期地于每年年末取出利息 20 000 元，用于支付年度职工工作奖励。若银行存款利率为 5%，则该企业应该一次性存入银行多少资金？

$$P = A \times \frac{1}{i} = 20\ 000 \times \frac{1}{5\%} = 400\ 000（元）$$

资金时间价值的计算在旅游企业财务管理中有广泛的用途，如旅游公司的长期投资决策、酒店的存货管理等。随着旅游企业管理人员素质的提高，资金时间价值观念也得以加强。

公式总结3：

普通年金：收入或支付在每期期末的年金。

预付年金：收入或支付在每期期初的年金。

递延年金：距今若干期后收到或支付在每期期末的年金。

永续年金：无限期连续收付款的年金。

1. 普通年金终值与现值的计算

普通年金终值的计算公式：

$$F = A \times (1+i)^0 + A \times (1+i)^1 + \cdots + A \times (1+i)^{n-2} + A \times (1+i)^{n-1}$$

$$= A \times \frac{(1+i)^n - 1}{i}$$

普通年金现值的计算公式：

$$P = A \times \frac{1-(1+i)^{-n}}{i}$$

2. 预付年金终值与现值的计算

预付年金终值的计算公式：$F = A \times [(F/A, i, n+1) - 1]$

预付年金现值的计算公式：$P = A \times \left[\frac{1-(1+i)^{-(n-1)}}{i} + 1 \right]$

3. 递延年金终值和现值的计算

递延年金现值计算方法有两种：

方法一（分段法）：

$$P = P' \times (P/A, i, n) = A \times (P/A, i, n) \times (P/A, i, m)$$

方法二（补缺抵扣法）：

$$P = P_1 - P_2 = A \times (P/A, i, m+n) - A \times (P/A, i, m)$$

4. 永续年金终值和现值的计算

永续年金现值的计算公式：

$$P = A \times \frac{1}{i}$$

任务二 建立风险价值观念

任务描述

能区分旅游企业不同理财中的风险类别，会衡量投资风险价值的大小，能够对不同风险进行有效防范。

任务目标

任务目标	知识目标：理解风险、风险价值，掌握风险价值的计算
	能力目标：具备在理财中的风险意识和正确处理风险的能力，会对理财中的不同风险进行有效防范
	素质目标：培养正确的理财观念和理财方法

理论引导

一、风险的含义与分类

旅游企业财务管理的每一个环节几乎都是在风险和不确定情况下进行的，离开了风险因素就很难正确评价企业收益的高低。投资风险价值原理揭示了风险与报酬间的关系，同资金时间价值一样都是财务决策的基本依据。

（一）风险的含义

风险是在一定条件和一定时期内可能发生的各种结果的变动程度，也可以说是未来收益与预期收益的偏离程度。风险是事件本身的不确定性，具有客观性。风险存在于不确定性当中，风险的大小取决于不确定性的程度，风险与不确定性是在财务管理中用来衡量收益和损失可能性程度的常用的两个概念，但从程度上看二者是有区别的。

风险是对可能结果的描述，即决策者一般都能预测某项财务事项的未来结果及其出现的可能性大小，但不能确定会出现哪种结果，因此，风险的出现是一个概率问题。不确定性是指决策者没有任何可供依据的资料和历史数据来对可能发生的结果做出预测，因此就不可能对未来最终结果做出类似数学分析上的准确判断，不确定性比风险更难以预测。

现实生活中，人们通常把风险与损失理解为同一概念，认为风险就是不好的，反映不利事件发生的可能性，这是对风险的片面理解。实际上，风险虽然可能带来超出预期的损失，呈现不利的一面，但也可能给企业带来超出预期的收益，呈现有利的一面。因此，风险有可能是危险，也有可能是机会，机会与危险并存。

（二）风险的类别

（1）按照导致的后果，风险可分为纯粹风险和投机风险。

纯粹风险是指未来只会造成损失而没有获利可能性的风险，如战争。

投机风险是指既可能造成损失，也可能产生收益的风险，如举债。

（2）从投资主体的角度分类，风险可分为系统性风险和非系统性风险两大类。

系统性风险又称为市场风险或不可分散风险，是指那些对所有企业产生影响的因素引起的风险，如战争、经济衰退、通货膨胀、利率的调整等。这类风险是由企业的外部因素引起的，企业自身无法控制、无法分散，涉及所有投资对象，不能提供多元化投资来分散。

非系统性风险又称为公司特有风险或可分散风险，是指个别公司的特有事件造成的风险，如罢工、新产品开发失败、没有争取到重要合同、诉讼失败等这类事件，是非预期、随机发生的，是个别公司或个别资产特有的，只能影响一个或少数公司，不会对整个市场产生太大的影响，可以通过投资多样化分散掉，即发生于一家的不利事件可以被其他公司的有利事件所抵消。

（3）从公司自身来看，按风险形成的原因可将非系统性风险进一步分为经营风险（商业风险）和财务风险（筹资风险）两大类。

经营风险是指企业因经营上的不确定性带来的风险，它是任何商业活动都有的，也叫商业风险。

财务风险是指因举债而给企业财务成果带来的不确定性，是筹资决策带来的风险，也叫筹资风险。

二、风险价值

风险价值是指投资者由于冒着风险进行投资而获得的超过资金时间价值的额外收益，是对人们所遇风险的一种价值补偿，也称风险溢价或风险报酬，其表现形式是风险报酬额和风险报酬率。在实际工作中，一般以风险报酬率表示。风险报酬率是风险报酬额与投资额的比率。旅游企业财务管理工作中，按风险程度，可把财务决策分为三种类型。

（1）确定性决策：未来情况确定不变或已知，完全确定的方案是极少的。
（2）风险性决策：未来情况不完全确定，但各种情况发生的可能性（概率）已知。
（3）不确定性决策：未来情况不确定，各种情况发生的可能性（概率）也不清楚。

注意：在实际工作中，对风险和不确定性并不严格区分，当谈到风险时，可能是指风险，更可能是指不确定性。

三、风险的衡量

旅游企业在进行财务活动时，就需要正视风险并将风险程度予以量化，掌握风险与报酬间的关系，以此来把握风险，采取有效措施降低风险。

由于风险是可能值对期望值的偏离，因此利用概率分布、期望值和标准离差衡量风险的大小就成为一种最常用的方法。

（一）概率分布

概率是用来表示某一随机事件发生可能性大小的数值。某一事件在相同的条件下可能发生也可能不发生，这类事件被称为随机事件。通常把必然发生的事件的概率定为 1，把不可能发生的事件的概率定为 0，而一般随机事件的概率介于 0 与 1，即 $0<P_i<1$，概率（P_i）越大，表示该事件发生的可能性越大；概率（P_i）越小，表示该事件发生的可能性越小；所有可能结果出现的概率之和必定为 1，即 $\sum P_i = 1$。

【例题 1-17】某旅游企业为扩大经营规模，提高市场占有率，计划投资开发两条线路，在不同市场情况下，各种可能的收益及概率情况如表 1-2 所示。

表 1-2 项目收益概率分布

市场情况	A 条线路收益率	概率（P_i）	B 条线路收益率	概率（P_i）
畅销	100	0.3	120	0.25
正常	50	0.5	70	0.5
直销	20	0.2	30	0.25

由此可见，所有的 P_i 均在 0 与 1 之间，且

A 条线路概率 $P_i = P_1 + P_2 + P_3$
$= 0.3 + 0.5 + 0.2$
$= 1$

B 条线路概率 $P_i = P_1 + P_2 + P_3$
$= 0.25 + 0.5 + 0.25$
$= 1$

（二）期望值

期望值是指各种可能的报酬率按其概率进行加权平均得到的报酬率，它是反映集中趋势的一种量度。其计算公式如下。

$$\overline{E} = \sum_{i=1}^{n} X_i P_i$$

式中，$\overline{E}$——期望报酬率；
X_i——第 i 种可能结果的报酬率；
P_i——第 i 种可能结果的概率；
n——可能结果的个数。

【例题 1-18】根据例题 1-17 的资料，计算该旅游企业 A、B 两条线路的期望值。

A 条线路期望值：

$$\overline{E} = 0.3 \times 100 + 0.5 \times 50 + 0.2 \times 20 = 59$$

B 条线路期望值：

$$\overline{E} = 0.25 \times 120 + 0.5 \times 70 + 0.25 \times 30 = 72.5$$

从上述计算结果可知，旅游企业两条线路投资的期望值 B 线路大于 A 线路，这说明项目 A 和 B 风险相同，但 B 条线路相对的期望值高。

为了定量地衡量风险的大小，还要借助于统计学中衡量概率分散程度的指标，如标准离差、标准离差率等。

（三）标准离差

标准离差用来衡量概率分布中各种可能的报酬率对期望值的偏离程度，是反映离散程度的一种量度，可以说明风险的大小。标准离差可按下列公式计算。

$$\sigma = \sqrt{\sum_{i=1}^{n}(E_i - \overline{E})^2 \times P_i}$$

式中，σ——表示期望报酬率的标准离差；
$\overline{E}$——期望报酬值；
E_i——第 i 种可能结果的报酬；
P_i——第 i 种可能结果的概率；
n——可能结果的个数。

【例题1-19】根据例题1-17的资料计算A、B两条线路的标准离差，判断各自风险大小。

$$\sigma_A = \sqrt{(100-59)^2 \times 0.3 + (50-59)^2 \times 0.5 + (20-59)^2 \times 0.2} = 29.14$$

$$\sigma_B = \sqrt{(120-72.5)^2 \times 0.25 + (70-72.5)^2 \times 0.5 + (30-72.5)^2 \times 0.25} = 31.9$$

从计算结果看，A条线路标准离差小于B条线路标准离差，因此，A条线路的投资风险小于B条线路。

标准离差是以绝对数来衡量决策方案的风险，在多个方案的情况下，若期望值相同，标准离差越大，风险越大；相反，标准离差越小，风险越小。标准离差也有局限性，就是它是一个绝对数，只适用于期望值相同的决策方案风险程度的比较。而A、B两个方案的期望值不同，失去比较基础，为克服这一缺陷，可用标准离差率来比较。

（四）标准离差率

对期望报酬率不同的各项投资的风险程度计算，就应选用标准离差率。标准离差率是标准差与期望值之比，用 V 表示。用公式表示为

$$V = \frac{\sigma}{K} \times 100\%$$

式中，V——标准离差率；
σ——标准离差；
K——期望报酬率。

【例题1-20】根据例题1-17的资料，计算A、B线路的标准离差率，比较投资的风险大小。

项目A、B的标准离差率：

$$V_A = \frac{\sigma}{K} \times 100\% = \frac{29.14}{59} = 0.49$$

$$V_B = \frac{\sigma}{K} \times 100\% = \frac{31.9}{72.5} = 0.44$$

从计算结果看，A线路的标准离差率高于B线路的标准离差率，因此，A线路的投资风险大于B线路。

在期望值不同的情况下，标准离差率越大，表明可能对期望值的偏离程度越大，结果的不确定性越大，风险越大；反之，标准离差率越小，风险越小。

四、风险与报酬的关系

风险报酬是对企业可能遇到的风险的一种价值补偿，它要求等量风险带来等量收益。企

业进行投资时必须对报酬和风险做出权衡,为追求高额报酬而承担较大风险,或为减少风险而接受较低报酬,在考虑报酬的同时必须考虑风险。

(1) 风险报酬有两种表示方法:风险报酬额和风险报酬率。

风险报酬额:投资者因进行风险投资而获得的超过时间价值的那部分额外报酬。

风险报酬率:投资者因冒险投资而获得的超过时间价值率的那部分报酬率。

为方便比较和分析,财务管理中一般用风险报酬率表示风险报酬。

(2) 如果不考虑通货膨胀因素,投资报酬率即时间价值与风险价值之和。因此,风险和期望的投资报酬率之间的关系可表示为

$$G = b \times V$$

式中,G——投资报酬率;

b——风险报酬系数;

V——标准离差率。

【例题 1-21】根据例题 1-20 的资料,假设 A 线路的风险系数为 10%,B 线路的风险系数为 8%,则投资新线路所要求的风险报酬(收益)率为

$$G_甲 = 10\% \times 0.49 = 4.9\%$$
$$G_乙 = 8\% \times 0.44 = 3.52\%$$

综上所述,风险与报酬是理财的两个核心元素,决策者只有通过一系列方法将决策方案的风险与报酬加以量化,才可做出正确判断。对于单个方案,决策者可根据其标准离差(率)的大小,与其设定的可接受的此项指标最高限值对比,然后做出取舍;对于多方案择优,则应选择期望值高、标准离差(率)低的。但在旅游企业财务活动中,高报酬方案往往伴随着高风险,低报酬方案风险也较低,究竟何去何从,不仅要权衡期望值和风险,还要视旅游企业的具体情况、视决策者对待风险的态度而定,因时、因事、因人而异。例如,喜欢稳妥、思想保守的人可能会选择低风险、低报酬的方案,而喜欢冒险、思想激进的人会选择高风险、高报酬的方案。

五、风险对策

当风险所造成的损失不能由该项目可能获得的利润予以抵销时,避免风险是最可行的简单方法。避免风险的方法可以是拒绝与不守信用的厂商有业务往来;放弃可能明显导致亏损的投资项目;新产品在试制阶段发现诸多问题而果断停止等。

1. 减少风险

减少风险主要有两方面:一是控制风险因素,减少风险的发生;二是控制风险发生的频率和降低风险损害程度。减少风险的常用方法:进行准确的预测,如进行汇率预测、利率预测、债务人信用评估等;对决策进行多方案优选和替代;及时与政府部门沟通,获取政策信息;在开发新产品前,充分进行市场调研;实行设备预防检修制度,以减少设备事故;选择有弹性的、抗风险能力强的技术方案,进行预先的技术模拟测试,采用可靠的保护和安全措施;采用多领域、多地域、多项目、多品种的投资方式,以分散风险。

2. 转移风险

企业以一定代价(如保险费、盈利机会、担保费和利息等),采取某种方式(如参加保

险、信用担保、租赁经营、套期交易、票据贴现等），将风险损失转嫁给他人承担，以避免给企业带来灾难性损失。可向专业性保险公司投保，采取合资、联营、联合开发等措施实现风险共担，通过技术转让、特许经营、战略联盟、租赁经营和业务外包等实现风险转移。

3. 接受风险

接受风险包括风险自担和风险自保两种。风险自担是指风险损失发生时，直接将损失摊入成本或费用，或冲减利润；风险自保是指企业预留一笔风险金或随着生产经营的进行，有计划地计提资产减值准备等。

案例分析

宋国有个养猕猴的老人，养的猕猴成群，他能够理解猕猴们的意思，猕猴们也懂得养猴老人的心意。养猴老人减少了一家人的口粮，用来满足猕猴们的需要。没过多久，养猴老人的粮食不够了，他准备限定猕猴每天的食物。他怕猕猴们不服从自己，便先哄骗它们说："给你们香蕉吃，早晨3根，晚上4根，够了吗？"猕猴们听了嫌少，都站了起来，非常恼怒。不多一会儿，养猴老人又说："那么给你们香蕉吃，早上4根，晚上3根，够了吧！"猕猴们听了，都伏在地上，显得很高兴。这篇寓言中的养猴老人是个善使计谋、工于心计的人。他略施小计，就达到了既控制猕猴们的食量，又使它们驯服而不闹乱子的目的。其实，"早晨3根，晚上4根"与"早晨4根，晚上3根"，总数同样都是7根，数量完全没有增加，只是改变了一下分的方法，猕猴们竟由怒变喜，这是由于它们没有看清问题的实质，被养猴老人所迷惑了。我们几乎可以认为猴子在这个故事中是愚蠢的。它们只看到眼前的一步，没有看到下一步；只看到早晨的食物多了1根，没有看到晚上的食物少了1根；只知道片面地看问题，不知道全面地看问题；没有看到"朝三暮四"与"朝四暮三"，在总体上是完全一样的。假如你是故事中的"猴子"！你在一家企业工作，企业决定每个月给你7 000元工资。你可以有两种选择：一种是在月初支付你3 000元，在月末支付你4 000元；另一种是在月初支付你4 000元，在月末支付你3 000元。你会选择哪一种支付方式？关键：检验在月末，这两种方案是不是让你获得的收入总额是一样的。差异：第二种方案将第一种方案中月末支付的4 000元中的1 000元提前到月初支付。

第一种方案：

月初3 000，月末3 000＋1 000。

第二种方案：

月初3 000＋1 000，月末3 000。

判断：1 000＝？＝1 000

解析：这两种方案是不同的，假定1 000元放在银行可以取得2元的利息，若是在月初提前拿到这1 000元，到月末还可以再得到2元的利息，因此选择方案二。

我们可以看到，虽然企业支付给你的总额是一样的，但是对你来说，最后获得的收入是不一样的。第二种方案中，你最后获得的收入大于第一种方案，这就是时间价值的体现。回到刚才的故事，我们发现，我们与猴子做出的选择是一样的。这么看来，猴子似乎不是我们想象中那么愚蠢。因为它们也选择了第二种方案。当然，香蕉是不可能被猴子用来作为投资的，猴子在"朝四暮三"的选择下获得的香蕉数也就不可能增多。但是我们只是想通过这个故事说明，在经济问题中，"朝三暮四"和"朝四暮三"是不一样的，因为货币存在时间价值。

技能训练

一、单项选择题

1. 商业信用筹资方式筹集的资金只能是（　　）。
   A. 银行信贷资金　　　　　　　　B. 国家财政资金
   C. 其他企业资金　　　　　　　　D. 企业自留资金
2. 一定时期内每期期末等额收付的系列款项称为（　　）。
   A. 永续年金　　B. 预付年金　　C. 普通年金　　D. 递延年金
3. 为在第3年年末获本利和100 000元，每年年初应存款多少，应用（　　）计算。
   A. 年金现值系数　　　　　　　　B. 年金终值系数
   C. 复利现值系数　　　　　　　　D. 复利终值系数
4. 那些影响所有公司的因素引起的风险称为（　　）。
   A. 公司特有风险　　　　　　　　B. 经营风险
   C. 市场风险　　　　　　　　　　D. 财务风险
5. 现在开始每年年末存入银行10 000元，年复利率7%，则第5年年末得到本息（　　）元。
   A. 53 500　　B. 14 030　　C. 57 500　　D. 41 000
6. 某项存款年利率为6%，每半年复利一次，其实际利率为（　　）。
   A. 12.36%　　B. 6.09%　　C. 6%　　D. 6.6%

二、多项选择题

1. 下列各项中，属于筹资决策必须考虑的因素有（　　）。
   A. 取得资金的渠道　　　　　　　B. 取得资金的总规模
   C. 取得资金的方式　　　　　　　D. 取得资金的风险与方式
2. 下列各项中，属于"吸收直接投资"与"发行普通股"筹资方式所共有的缺点有（　　）。
   A. 限制条件多　　B. 财务风险大　　C. 控制权分散　　D. 资金成本高
3. 股份有限公司与有限责任公司相比，具有以下特点（　　）。
   A. 股东人数不得超过规定的限额
   B. 公司的资本分为等额股份
   C. 股东可依法转让股东持有的股份
   D. 股东以其所持股份为限对公司承担有限责任
4. 负债筹资的方式是（　　）。
   A. 银行借款　　B. 融资租赁　　C. 商业信用　　D. 留存收益
5. 下列各项费用属于筹资费用的有（　　）。
   A. 支付的借款手续　　　　　　　B. 支付的股票发行费用
   C. 向股东支付股利　　　　　　　D. 支付借款利息
6. 酒店资金结构中，合理地安排负债资金对酒店的影响有（　　）。

A. 负债资金会增加酒店的经营风险　　B. 负债资金会加大酒店的财务风险
C. 负债筹资具有财务杠杆作用　　　　D. 一定程度的负债有利于降低资金成本

7. 旅游企业因借款而增加（　　）。
   A. 经营风险　　　B. 财务风险　　　C. 市场风险　　　D. 筹资风险
8. 可以用来衡量风险大小的指标有（　　）。
   A. 无风险报酬率　B. 期望值　　　　C. 标准差　　　　D. 标准差系数
9. 普通年金终值系数表的用途有（　　）。
   A. 已知年金求终值　　　　　　　　B. 已知终值求年金
   C. 已知现值求终值　　　　　　　　D. 已知终值和年金求利率
10. 影响投资报酬率的最直接的因素有（　　）。
    A. 市场利率　　　　　　　　　　　B. 无风险投资收益率
    C. 风险投资报酬率　　　　　　　　D. 通货膨胀率
11. 下列表述中正确的是（　　）。
    A. 复利现值系数与复利终值系数互为倒数
    B. 普通年金终值系数与已知终值求年金的系数互为倒数
    C. 普通年金终值系数与普通年金现值系数互为倒数
    D. 普通年金现值系数比预付年金现值系数期数和系数各差1

三、判断题

1. 在同期、同利率的情况下，预付年金终值系数同普通年金终值系数相比，是"期数加1，系数减1"。　　　　　　　　　　　　　　　　　　　　　　　　（　　）
2. 资金时间价值是指没有投资风险和通货膨胀因素的投资报酬率。　　（　　）
3. 风险和收益并存，因此高风险的投资项目一定会带来高收益。　　　（　　）
4. 计算递延年金终值的方法与计算普通年金终值的方法一样。　　　　（　　）
5. 普通年金与预付年金的区别仅在于计息时间的不同。　　　　　　　（　　）

四、案例分析题

1. 某旅游企业将收到的一张面额为20 000元的现金支票存入银行，银行同期存款年利率为5%，按单利计算，问：3年后旅游企业可从银行取回多少元？
2. 某酒店3年后将更新一套价值为23 000元的厨房设备，银行同期存款年利率为5%，按单利计算，问：现在酒店应该存入银行多少元？
3. 某旅游公司向银行借款50 000元，银行同期贷款年利率为6%，按复利计算，问：5年后旅游公司应归还银行多少元？
4. 某酒店现有闲置资金10 000元，拟寻找投资机会，使其在12年后能达到30 000元，问：选择投资机会时，可接受的最低报酬率为多少？
5. 某景区现有闲置资金12 000元，拟选择报酬率为8%的投资机会，经过多少年后能使资金翻倍？
6. 某运输公司从公司公益金中提出150 000元存入银行，作为住房基金，银行同期存款年利率为8%，经过9年后取出用于建设住房。如按复利计算，试问：存款利息为多少元？
7. 某酒店欲购置一套音响设备，供货商提供了4种付款方式：
   方式一：从现在起，每年年末支付1 000元，连续支付8年；

方式二：从现在起，每年年初支付 900 元，连续支付 8 年；

方式三：从第 3 年起，每年年末支付 2 000 元，连续支付 5 年；

方式四：现在一次性付款 5 500 元。

假定资金成本为 10%，请你帮该酒店提出可行性建议。

8. 某酒店为增加营业收入，提高市场竞争力，计划投资 500 万元建设新项目，现有三个备选方案，方案一是在酒店增设咖啡厅，方案二是开设健身房，方案三是开设桑拿按摩房。方案投资期均为 1 年，在三种不同的经济情况下，三个方案预计报酬率资料如表 1–3 所示。

表 1–3　三个方案预计报酬率

经济情况	概率	投资方案		
		方案一	方案二	方案三
衰退	0.3	5%	10%	15%
正常	0.4	15%	15%	15%
繁荣	0.3	25%	20%	15%

请你利用期望报酬率、标准差、标准离差率等指标对三个方案的风险程度进行评价，确定出最优方案。

旅游企业资金筹资管理与投资管理

模块描述

了解旅游企业在筹集资金时的筹资目的，应遵循筹资的基本要求，把握筹资的渠道与方式。能够科学合理地预测资金的需要量。可以合理地确定资金的筹资渠道与筹资方式。能够确定旅游企业个别资金成本和加权平均资金成本以及旅游企业最佳资金结构的方法。

项目一 认识旅游企业筹资管理

项目描述

通过本项目的学习，掌握旅游企业筹资的渠道和方式；掌握资金需要量的预测方法；掌握权益资金和负债资金筹措的方式、特点和要求；熟悉筹集资金的基本原则；了解筹资的分类与意义。

任务一 学会旅游企业资金筹资

任务描述

通过教师讲解掌握旅游企业筹资的含义，分组讨论企业在筹集资金时，必须明确筹资的目的是什么，遵循筹资的基本要求和把握筹资的渠道与方式是什么。

任务目标

任务目标	知识目标：了解旅游企业筹资的含义与动机、筹资的分类、筹资渠道与筹资方式、筹资原则 能力目标：能够根据筹资的分类、渠道与筹资方式来完成企业筹资活动，根据基本原则有效地筹集企业所需资金 素质目标：企业筹资是一项重要而复杂的工作，所以要认真地对待工作

理论引导

一、旅游企业筹资的概念

企业筹资是企业根据生产经营等活动对资金的需要,通过一定的渠道,采取适当的方式,获取所需资金的一种行为。企业筹资的基本目的是维持自身的生存和发展。具体说来,企业筹资动机有以下几种。

(1) 设立性筹资动机,即企业设立时为取得资本金而产生的筹资动机。

(2) 扩张性筹资动机,即企业为扩大生产经营规模或增加对外投资而产生的追加筹资的动机。

(3) 偿债性筹资动机,即企业为偿还现有债务而产生的筹资动机。

(4) 混合性筹资动机,即企业既为扩大规模又为偿债而产生的筹资动机。

二、筹资的分类

1. 按照资金的来源渠道分为权益筹资和负债筹资

所有者权益是投资人对企业净资产的所有权,包括投资者投入企业的资本及持续经营中形成的经营积累,负债是企业所承担的能以货币计量,需以资产或劳务偿付的债务。

企业通过发行股票、吸收直接投资、内部积累等方式筹集的资金都属于企业的所有者权益。所有者权益一般不用还本。企业采用吸收自有资金的方式筹集资金,财务风险小,但付出的资金成本相对较高。

企业通过发行债券、向银行借款、融资租赁等方式筹集的资金属于企业的负债,到期要归还本金和利息。企业采用借入资金的方式筹集资金,一般承担较大的财务风险,但相对而言,付出的资金成本较低。

2. 按照筹资是否通过金融机构分为直接筹资和间接筹资

直接筹资是指资金供求双方通过一定的金融工具直接形成债权债务关系或所有权关系的筹资形式。直接筹资的工具主要是商业票据、股票、债券。直接筹资的优点在于资金供求双方联系紧密,有利于资金的快速合理配置和提高使用效益。直接筹资的局限性主要表现在资金供求双方在数量、期限、利率等方面受的限制比间接筹资多,且筹资的便利程度和融资工具的流动性均受到金融市场发达程度的制约。

间接筹资是指资金供求双方通过金融中介机构间接实现资金融通的活动,如向银行借款。间接筹资的优点在于灵活便利、规模经济。间接筹资的局限性主要是割断了资金供求双方的直接联系,减少了投资者对资金使用的关注和对筹资者的压力,且中介机构要收取服务费用,从而增加了企业的筹资成本。

3. 按照所筹资金使用期限的长短分为短期筹资和长期筹资

短期筹资一般是指供一年以内使用的资金。短期资金主要投资于现金、应收账款、存货等。短期资金通常采用利用商业信用和取得银行流动资金借款等方式筹集。

长期资金一般是指供一年以上使用的资金。长期资金主要投资于新产品的开发和推广、生产规模的扩大、厂房和设备的更新。长期资金通常采用吸收投资发行股票、发行公司债券、取得长期借款、融资租赁和内部积累等方式来筹资。

三、筹资渠道与筹资方式

企业筹资活动需要通过一定的渠道并采用一定的方式来完成。筹资渠道就是指企业筹措资金的来源与通道。筹资方式是指可供企业在筹措资金时选用的具体筹资形式。资金从哪里来和如何取得资金,既有联系,又有区别,同一渠道的资金往往可以采用不同的方式取得,而同一筹资方式又往往可适用于不同的资金渠道。

1. 筹资渠道

(1) 国家财政资金是指国家以财政拨款、财政贷款、国有资产入股等形式向企业投入的资金。它是中国国有企业的主要资金来源。

(2) 银行信贷资金是指商业银行和专业银行贷放给企业使用的资金,是企业一项十分重要的资金来源。

(3) 非银行金融机构资金是指各种从事金融业务的非银行机构,如信托投资公司、租赁公司等。非银行金融机构的资金实力虽然较银行小,但它们的资金供应比较灵活,而且可以提供多种特定服务,该渠道已成为企业资金的重要来源。

(4) 其他企业资金。企业在生产经营过程中,往往形成部分暂时闲置的资金,并为一定的目的而进行相互投资,另外,企业间的购销业务可以通过商业信用方式来完成,从而形成企业间的债权债务关系,形成债务人对债权人的短期信用资金占用。企业间的相互投资和商业信用的存在,使其他企业资金也成为企业资金的一项重要来源。

(5) 居民个人资金是指企业职工和居民个人的结余货币,作为"游离"于银行及非银行金融机构等之外的个人资金,可用于对企业进行投资,形成民间资金来源渠道,从而为企业所用。

(6) 企业自留资金是指企业内部形成的资金,也称企业内部留存,包括从税后利润中提取的盈余公积金和未分配利润,以及通过计提折旧费而形成的固定资产更新改造资金。这些资金的主要特征是,不用通过一定的方式去筹集,而是直接由企业内部自动生成或转移。

(7) 外商资金是指外国投资者投入的资金。随着国际经济业务的拓展,利用外商资金已成为企业资金的一个新的重要来源。

2. 筹资方式

(1) 吸收直接投资是指企业以协议等形式吸收国家、其他企业、个人和外商等直接投入的资金,形成企业资本金的一种筹资方式。吸收直接投资不以股票为媒介,适用于非股份制企业,它是非股份制企业筹措自有资本的一种基本方式。

(2) 发行股票是指股份有限公司经国家批准,以发行股票的形式向国家、其他企业和个人筹集资金,形成企业资本金的一种筹资方式。发行股票是股份公司筹措自有资本的基本方式。

(3) 发行债券是指企业以发行各种债券的形式筹集资金。它是企业筹措资金的又一种重要方式。

(4) 银行借款是指企业向银行申请贷款,通过银行信贷形式筹集资金。它也是企业筹措资金的一种重要方式。

(5) 商业信用是指企业在商品交易中以延期付款或预收货款进行购销活动而形成的借贷关系,是企业之间的直接信用。它是企业筹集短期资金的一种方式。

（6）租赁筹资。租赁是出租人以收取租金为条件，在契约或合同规定的期限内，将资产租借给承租人使用的一种经济行为。现代租赁是企业筹集资金的一种方式，用于补充或部分替代其他筹资方式。

3. 筹资方式与筹资渠道的配合

筹资方式与筹资渠道有着密切的关系。一定的筹资方式可能只适用于某一特定的筹资渠道，但同一筹资渠道的资本往往可以采取不同的筹资方式获得，而同一筹资方式往往又适用于不同的筹资渠道。因此，旅游企业在筹资时，必须认真考虑筹资方式的经济性质及相应的经济利益，合理选择使用。两者的配合关系如表2-1所示。

表2-1 筹资方式与筹资渠道的配合

筹资渠道＼筹资方式	吸收直接投资	发行股票	银行借款	商业信用	发行债券	租赁筹资
国家财政资金	√	√				
银行信贷资金			√			
非银行金融机构资金			√			√
其他企业资金	√	√		√	√	
居民个人资金	√	√				
企业自留资金	√	√				
外商资金	√	√	√	√	√	√

四、筹资原则

企业筹资是一项重要而复杂的工作，为了有效地筹集企业所需资金，必须遵循以下基本原则。

1. 规模适当原则

企业的资金需求量往往是不断波动的，企业财务人员要认真分析科研、生产经营状况，采用一定的方法，预测资金的需要数量，合理确定筹资规模。这样既能避免因资金筹集不足而影响生产经营的正常进行，又可防止资金筹集过多造成资金闲置。

2. 筹措及时原则

同等数量的资金，在不同时点上具有不同的价值，企业财务人员在筹集资金时必须熟知资金时间价值的原理和计算方法，以便根据资金需求的具体情况，合理安排资金的筹集时间，适时获取所需资金。这样，既能避免过早筹集资金形成资金投放前的闲置，又能防止取得资金的时间滞后，错过资金投放的最佳时间。

3. 来源合理原则

资金的来源渠道和资金市场为企业提供了资金的源泉和筹资场所，它反映资金的分布状况和供求关系，决定着筹资的难易程度。不同来源的资金，对企业的收益和成本有不同影响，因此，企业应认真研究资金来源渠道和资金市场，合理选择资金来源。

4. 方式经济原则

在确定筹资数量、筹资时间、资金来源的基础上，企业在筹资时还必须认真研究各种筹资方式。企业筹集资金必然要付出一定的代价，不同筹资方式条件下的资金成本有高有低。因此，就需要对各种筹资方式进行分析、对比，选择经济、可行的筹资方式。与筹资方式相联系的问题是资金结构问题，企业应确定合理的资金结构，以便降低成本，减少风险。

任务二　预测旅游企业资金需要量

任务描述

分小组，通过分析案例总结确定旅游企业资金需要量的几种方法。

任务目标

任务目标	知识目标：掌握预测资金需要量常用的方法
	能力目标：能够科学合理地预测资金的需要量
	素质目标：培养学生用具体数据科学地预测资金需要量

理论引导

旅游企业的资金需要量是筹集资金的数量依据。企业在筹资之前，应当采用合适的方法预测资金需要量，只有这样，才能使筹集来的资金既能保证生产经营的需要，又不会有太多的闲置。现介绍预测资金需要量常用的方法。

一、定性预测法

定性预测法主要是利用有关资料，依靠个人经验和主观分析、判断能力，对企业未来资金的需要量进行测定。这种方法一般是在企业缺乏完备、准确的历史资料的情况下采用的。其预测过程如下。

首先，由熟悉财务情况和生产经营情况的专家，根据以往所积累的经验，进行分析判断，提出预测的初步意见；其次，通过召开座谈会或发出各种表格等形式，对预测的初步意见进行修正补充。这样进行一次或几次以后，得出预测的最终结果。

定性预测法是十分有用的，但它不能揭示资金需要量与有关因素之间的数量关系。预测资金需要量应和企业生产经营规模相联系。生产规模扩大，销售数量增加，会引起资金需要量增加；反之，则会使资金需要量减少。因此，企业在历史、现状和未来数据资料比较完备、准确的情况下，应尽量采用各种定量预测法预测资金需要量。定量预测法是以历史资料为依据，采用数学模型对未来时期资金需要量进行预测的方法。定量预测法常用的方法有销售百分数法等。

二、销售百分数法

销售百分数法是根据资产负债表中各个项目与销售收入总额之间的依存关系,按照计划期销售额的增长情况来预测资金需要量的一种方法,是目前最流行的预测资金需要量的方法。使用这一方法的前提是必须假设某报表项目与销售指标的比率已知且固定不变,其计算步骤如下。

(1) 分析基期资产负债表各个项目与销售收入总额之间的依存关系,计算各敏感项目的销售百分数。

在资产负债表中,有一些项目会因销售额的增长而相应地增加,通常将这些项目称为敏感项目,包括现金、应收账款、存货、应付账款、应付费用和其他应付款等。而其他如对外投资、固定资产净值、短期借款、长期负债、实收资本等项目,一般不会随销售额的增长而增加,因此将其称为非敏感项目。

(2) 计算预测期各项目预计数并填入预计资产负债表,确定需要增加的资金额。计算公式为

$$某敏感项目预计数 = 预计销售额 \times 某项目销售百分数$$

(3) 确定对外界资金需求的数量。

上述预测过程可用下列公式表示:

$$对外筹资需要量 = \frac{A}{S_0}\Delta S - \frac{B}{S_0}\Delta S - S_1 PE$$

式中,A 为随销售变化的资产(变动资产);B 为随销售变化的负债(变动负债);S_0 为基期销售额;S_1 为预测期销售额;ΔS 为销售的变动额;P 为销售净利率;E 为收益留存比率。

【例题 2-1】某旅游公司 2018 年 12 月 31 日的资产负债表如表 2-2 所示。

表 2-2 2018 年 12 月 31 日的资产负债表

资产	金额/元	负债与所有者权益	金额/元
货币资金	100 000	短期借款	800 000
应收账款	240 000	应付票据	80 000
存货	500 000	应付账款	200 000
待摊费用	40 000	预提费用	40 000
固定资产净值	2 120 000	长期借款	500 000
		实收资本	1 280 000
		留用利润	100 000
资产总额	3 000 000	负债与所有者权益总额	3 000 000

该企业 2018 年的销售收入为 2 000 000 元,税后净利润为 200 000 元,销售净利率为 10%,已按 50% 的比例发放普通股股利 100 000 元。目前企业尚有剩余生产能力,即增加收入不需要进行固定资产方面的投资。假定销售净利率仍保持上年水平,预计 2019 年销售收入将提高到 2 400 000 元,年末普通股股利发放比例将增加至 70%,要求预测 2019 年需要增加资金的数量。

首先,根据 2018 年资产负债表编制 2019 年预计资产负债表,如表 2-3 所示。

表 2-3 2019 年预计资产负债表

资产			负债与所有者权益		
项目	销售百分数/%	预计数/元	项目	销售百分数/%	预计数/元
货币资金	5	120 000	短期借款	—	800 000
应收账款	12	288 000	应付票据	4	96 000
存货	25	600 000	应付账款	10	240 000
待摊费用	2	48 000	预提费用	2	48 000
固定资产净值	—	2 120 000	长期借款		500 000
			实收资本		1 280 000
			留用利润		100 000
			追加资金		112 000
合计	44	3 176 000	合计	16	3 176 000

其次,确定需要增加的资金。可根据预计资产负债表直接确认需追加的资金额。表 2-3 中预计资产总额为 3 176 000 元,而负债与所有者权益为 3 064 000 元,资金占用大于资金来源,则需追加资金 112 000 元。也可分析测算需追加的资金额。表 2-3 中销售收入每增加 100 元,则增加 44 元的资金占用,但同时自动产生 16 元的资金来源。因此,每增加 100 元的销售收入,必须取得 28 元的资金来源。在本例中,销售收入从 2 000 000 元增加到 2 400 000 元增加了 400 000 元,按照 28% 的比率可测算出将增加 112 000 元的资金需求。

最后,确定对外界资金需求的数量。

上述 112 000 元资金需求可通过企业内部筹集和外部筹集两种方式解决,2019 年预计净利润为 240 000(2 400 000×10%)元,如果公司的利润分配给投资者的比率为 70%,则将有 30% 的利润,即 72 000 元被留存下来,从 112 000 元中减去 72 000 元的留存收益,则还有 40 000 元的资金必须从外界融通。

此外,也可根据上述资料采用公式求得对外界资金的需求量。

对外筹集资金额 = 44%×400 000 - 16%×400 000 - 2 400 000×10%×30% = 40 000(元)

任务三 筹集旅游企业权益资金

任务描述

掌握并能解释权益性筹资的三种基本形式。

任务目标

任务目标	知识目标:掌握权益性筹资有吸收直接投资、发行股票和利用留存收益三种基本形式
	能力目标:能够给企业所有者解释说明权益性筹资的基本形式
	素质目标:培养学生科学谨慎地进行权益筹资

理论引导

权益资金又称自有资金,包括企业所有者投入企业的资金以及企业在生产经营过程中形成的积累。权益性筹资有吸收直接投资、发行普通股和发行优先股三种基本形式。

一、吸收直接投资

吸收直接投资(以下简称吸收投资)是指企业按照"共同投资、共同经营、共担风险、共享利润"的原则直接吸收国家、法人、个人投入资金的一种筹资方式。吸收投资中的出资者都是企业的所有者,他们对企业具有经营管理权。企业经营状况好,盈利多,各方可按出资额的比例分享利润,但如果企业经营状况差,连年亏损,甚至被迫破产清算,则各方要在其出资的限额内按出资比例来承担损失。

1. 吸收投资的种类

(1) 吸收国家投资。国家投资是指有权代表国家投资的政府部门或者机构以国有资产投入企业,这种情况下形成的资本叫国有资本。吸收国家投资是国有企业筹集权益资金的主要方式,其特点是:

① 产权归属国家;
② 资金的运用和处置受国家约束较大;
③ 在国有企业中采用比较广泛;

(2) 吸收法人投资。法人投资是指法人单位以其依法可以支配的资产投入企业,这种情况下形成的资本叫法人资本。其特点是:

① 发生在法人单位之间;
② 以参与企业利润分配为目的;
③ 出资方式灵活多样。

(3) 吸收个人投资。个人投资是指社会个人或本企业内部职工以个人合法财产投入企业,这种情况下形成的资本称为个人资本。其特点是:

① 参加投资的人员较多;
② 每人投资的数额相对较少;
③ 以参与企业利润分配为目的。

吸收投资实际出资额,注册资本部分,形成实收资本;超过注册资本部分,属于资本溢价,形成资本公积。

2. 吸收投资的出资方式

(1) 以现金出资。
(2) 以实物出资。
(3) 以工业产权出资。
(4) 以土地使用权出资。

3. 吸收投资的优缺点

(1) 吸收投资的优点。

① 有利于增强企业信誉。吸收投资所筹集的资金属于自有资金,能增强企业的信誉和借款能力,对扩大企业经营规模、壮大企业实力具有重要作用。

② 有利于尽快形成生产能力。吸收投资可以直接获取投资者的先进设备和先进技术，有利于尽快形成生产能力，尽快开拓市场。

③ 有利于降低财务风险。吸收投资可以根据企业的经营状况向投资者支付报酬，企业经营状况好，要向投资者多支付一些报酬；企业经营状况不好，就可不向投资者支付报酬或少支付报酬，比较灵活，所以财务风险较小。

(2) 吸收投资的缺点。

① 资金成本较高。当企业经营较好，盈利较多时，投资者往往要求将大部分盈利作为红利分配，因为向投资者支付的报酬是根据投资者的出资数额和企业实现利润的多少来计算的，这样企业支付的报酬就多，所以资金成本较高。

② 容易分散企业控制，不利于企业治理。采用吸收投资方式筹集资金，投资者一般都要求获得与投资数额相适应的经营管理权。如果某个投资者的投资数额比较大，则该投资者对企业的经营管理就会有相当大的控制权，容易损害其他投资者的利益。

二、发行普通股

股份有限公司的资本称为股本，是通过发行股票的方式筹集的。股票是指股份有限公司发行的、用以证明投资者的股东身份和权益并据以获得股利的一种可转让的书面证明。以股东享受权利和承担义务的大小为标准，可把股票分成普通股票和优先股票。普通股票简称普通股，是股份公司依法发行的具有管理权、股利不固定的股票。普通股具备股票的一般特征，是股份公司资本的基本部分。

1. 普通股的种类

根据不同标准，可以对普通股进行不同的分类，现介绍几种主要分类方式。

(1) 按股票票面是否记名分类，可把股票分成记名股票与无记名股票。记名股票是在股票上载有股东姓名或名称并将其记入公司股东名册的一种股票。记名股票要同时附有股权手册，只有同时具备股票和股权手册，才能领取股息和红利。记名股票的转让、继承都要办理过户手续。无记名股票是指在股票上不记载股东姓名或名称的股票。凡持有无记名股票，都可成为公司股东。无记名股票的转让、继承不需要办理过户手续，只要将股票交给受让人，就可发生转让效力，移交股权。公司向发起人、国家授权投资的机构和法人发行的股票，应当为记名股票。对社会公众发行的股票，可以为记名股票，也可以为无记名股票。

(2) 按股票票面有无金额分类，可把股票分为有面值股票和无面值股票。有面值股票是指在股票的票面上记载每股金额的股票。股票面值的主要功能是确定每股股票在公司所占有的份额，另外，还表明在有限公司中股东对每股股票所负有限责任的最高限额。无面值股票是指股票票面不记载每股金额的股票。无面值股票仅表示每一股在公司全部股票中所占用的比例。也就是说，这种股票只在票面上注明每股占公司全部净资产的比例，其价值随公司财产价值的增减而增减。

(3) 按投资主体分类，可将股票分为国家股、法人股、个人股等。国家股是有权代表国家投资的部门或机构以国有资产向公司投资而形成的股份。法人股是企业法人依法以其可支配的财产向公司投资而形成的股份，或具有法人资格的事业单位和社会团体以国家允许用于经营的资产向公司投资而形成的股份。个人股是社会个人或公司内部职工以个人合法财产投入公司而形成的股份。

（4）按发行对象和上市地区分类，可将股票分为 A 股、B 股、H 股和 N 股等。在中国内地，有 A 股、B 股。A 股是以人民币标明票面金额并以人民币认购和交易的股票。B 股是以人民币标明票面金额但以外币认购和交易的股票。另外，还有 H 股和 N 股，H 股为在香港上市的股票，N 股是在纽约上市的股票。

2. 普通股股东的权利

普通股股票的持有人叫普通股股东。普通股股东一般具有如下权利。

（1）公司管理权。对大公司来说，普通股股东成千上万，不可能每个人都能直接对公司进行管理。普通股股东的管理权主要体现为在董事会选举中有选举权和被选举权。通过选出的董事会代表所有股东对企业进行控制和管理。具体来说，普通股股东的管理权主要表现如下。

① 投票权。普通股股东有权投票选举公司董事会成员并有权对修改公司章程、改变公司资金结构、批准出售公司重要资产、吸收或兼并其他公司等重大问题进行投票表决。

② 查账权。从原则上来讲，普通股股东具有查账权。但由于保密需要，这种权利常常受到限制。因此，并不是每个股东都可自由查账，在实践中，这种权利是通过委托注册会计师查证公司的各项财务报表来实现的。

③ 阻止越权经营的权利。当公司的管理当局越权经营时，股东有权阻止。

（2）分享盈余权。盈余的分配方案由股东大会决定，每一个会计年度由董事会根据企业的盈利数额和财务状况来决定分发股利的多少并经股东大会批准通过。

（3）出让股份权。股东有权出售或转让股票，这也是普通股股东的一项基本权利。股东出让股票的原因可能有如下几点。

① 对公司的选择；② 对报酬的考虑；③ 对资金的需求。

（4）优先认购权。

（5）剩余财产的要求权。

3. 股票的发行

（1）股票发行方式指的是公司通过何种途径发行股票。总体来讲，股票的发行方式可分为如下两类。

① 公开间接发行。这是指通过中介机构，公开向社会公众发行股票。中国股份有限公司采用募集设立方式向社会公开发行新股时，必须由证券经营机构承销的做法，就属于股票的公开间接发行。这种方式发行范围广、发行对象多，易于足额募集资本；股票的变现性强，流通性好；股票的公开发行还有助于提高发行公司的知名度和扩大其影响力。但这种发行方式也有不足，主要是手续繁杂，且发行成本高。

② 不公开直接发行。这是指不公开对外发行股票，只向少数特定的对象直接发行，因而不需经中介机构承销。中国股份有限公司采用发起设立方式和以不向社会公开募集的方式发行新股的做法，就属于股票的不公开直接发行。这种发行方式弹性较大，发行成本低；但发行范围小，股票变现性差。

（2）股票的销售方式指的是股份有限公司向社会公开发行股票时所采取的股票销售方法。股票销售方式有以下两类：

① 自销方式：发行公司自己直接将股票销售给认购者。这种销售方式可由发行公司直接控制发行过程，实现发行意图，并可以节省发行费用；但往往筹资时间长，发行公司要承

担全部发行风险，并需要发行公司有较高的知名度、信誉和实力。

② 承销方式：发行公司将股票销售业务委托给证券公司经营机构代理。股票承销又分为包销和代销两种具体办法。所谓包销，是指根据承销协议商定的价格，证券经营机构一次性全部购进发行公司公开募集的全部股份，然后以较高的价格出售给社会上的认购者。对发行公司来说，包销的办法可及时筹足资本，免于承担发行风险（股款未募足的风险由承销商承担）；但股票以较低的价格售给承销商会损失部分溢价。所谓代销，是指证券经营机构代售发行公司股票，并由此获取一定的佣金，但不承担股款未募足的风险。

（3）股票的发行价格是股票发行时所使用的价格，也就是投资者认购股票时所支付的价格。股票发行价格通常由发行公司根据股票面额、股市行情和其他有关因素决定。股票的发行价格一般有三种，即等价、时价和中间价。等价就是以股票的票面金额为发行价格，也称为平价发行。时价就是以本公司股票在流通市场上买卖的实际价格为基准确定的股票发行价格。中间价就是以时价和等价的中间值确定的股票发行价格。《中华人民共和国公司法》规定，股票发行价格可以等于票面金额，也可以超过票面金额，但不得低于票面金额。

4. 股票上市的利弊分析

股票上市指的是股份有限公司公开发行的股票经批准在证券交易所进行挂牌交易。经批准在交易所上市交易的股票则称为上市股票。股票获准上市交易的股份有限公司简称上市公司。股票上市作为一种有效的筹资方式，对公司的成长起着重要的作用。发达国家的绝大部分发展迅速的公司都选择了上市。然而，股票上市也会给公司带来一些负面效果，因此，在做出股票上市的决定前，公司管理者应该非常慎重地考虑，并且应该尽可能向专家或有过类似经历的企业家进行咨询，以便做出的决策能够达到预期目的。

（1）股票上市可为公司带来的益处有以下几个：

① 有利于改善财务状况。公司公开发行股票可以筹得自有资金，能迅速改善公司财务状况，并有条件得到利率更低的贷款。同时，公司一旦上市，就可以在今后有更多的机会从证券市场上筹集资金。

② 利用股票收购其他公司。一些公司常用出让股票而不是付现金的方式去对其他企业进行收购。被收购企业也乐意接受上市公司的股票，因为上市的股票具有良好的流通性，持股人可以很容易将股票出手而得到资金。

③ 利用股票市场客观评价企业。对于已上市的公司来说，每日每时的股市都是对企业客观的市场估价。

④ 利用股票可激励职员。上市公司利用股票作为激励关键人员的手段是卓有成效的。公开的股票市场提供了股票的准确价值，也可使职员的股票得以兑现。

⑤ 提高公司知名度，吸引更多顾客。股票上市公司为社会所知，并被认为经营优良，这会给公司带来良好的声誉，从而吸引更多的顾客，扩大公司的销售规模。

（2）股票上市可能对公司产生的不利影响有以下几个：

① 使公司失去隐私权。一家公司转为上市公司，其最大的变化是公司隐私权的消失。国务院证券监督管理机构要求上市公司将关键的经营情况向社会公众公开。

② 限制经理人员操作的自由度。公司上市后，其所有重要决策都需要经董事会讨论通过，有些对企业至关重要的决策则需要全体股东投票决定。股东们通常以公司盈利、分红、股价等来判断经理人员的业绩，这些压力往往使得公司经理人员注重短期效益而忽略长期效益。

③ 公开上市需要很高的费用，这些费用包括资产评估费用、股票承销佣金、律师费、注册会计师费、材料印刷费、登记费等。这些费用的具体数额取决于每一个企业的具体情况、整个上市过程的难易程度和上市数额等因素。公司上市后还需要花费一些费用为证券交易所、股东等提供资料，聘请注册会计师、律师等。

5. 普通股筹资的优缺点

（1）普通股筹资的优点。

① 无固定股利负担。通过发行普通股来进行筹资，公司对普通股股东发放股利的原则是"多盈多分、少盈少分、不盈不分"，可见，普通股股利并不构成公司固定的股利负担，是否发放股利、什么时候发放股利以及发放多少股利，主要取决于公司的获利能力和股利政策。

② 无固定到期日，不需要还本，通过发行普通股来进行筹资，公司筹集的资金是永久性资金，也叫权益资本或自有资金，公司不需要向投资人归还投资，这对保证公司对资本的最低需要、保证公司资本结构的稳定和维持公司长期稳定发展具有重要意义。

③ 普通股筹资的风险小。由于普通股筹资没有固定的股利负担，没有固定的到期日，不用还本，筹集的资金是永久性资金，故投资人无权要求公司破产。

④ 普通股筹资能增强公司偿债和举债能力。发行普通股筹集的资金是公司的权益资本或自有资金，而权益资本或自有资金是公司偿债的真正保障，是公司其他方式筹资的基础，它反映了公司的实力。所以利用普通股筹资可增强公司的偿债能力，增强公司的信誉，进而增强公司的举债能力。

⑤ 普通股可在一定程度上抵消通货膨胀的影响，因而易吸收资金，从长期来看，普通股股利具有增长的趋势，而且在通货膨胀期间，不动产升值时，普通股也随之升值。

（2）普通股筹资的缺点。

① 普通股筹资的资本成本较高。

② 普通股的追加发行，会分散公司的控制权。

③ 普通股的追加发行，有可能引发股价下跌。由于普通股具有同股、同权、同利的特点，因此新加入的股东会分享公司未发行新股前积累的盈余，这样公司的每股收益就会下降，从而可能导致普通股市价下跌。

三、发行优先股

1. 优先股的特征

优先股是一种特别股票，它与普通股有许多相似之处，但又具有债券的某些特征。从法律的角度来讲，优先股属于自有资金。优先股股东所拥有的权利与普通股股东近似。优先股的股利不能像债务利息那样从税前扣除，而必须从净利润中支付。但优先股有固定的股利，这与债券利息相似，优先股对盈利的分配和剩余资产的求偿具有优先权，这也类似于债券。

2. 发行优先股的动机

（1）防止公司股权分散。

（2）调剂现金余缺。

（3）改善公司的资金结构。

（4）维持举债能力。

3. 优先股股东的权利

（1）优先分配股利权。

（2）优先分配剩余资产权。

（3）部分管理权。

4. 优先股筹资的优缺点

（1）优先股筹资的优点。

① 没有固定到期日，不用偿还本金。事实上等于使用的是一笔无限期的贷款，无偿还本金义务，也不需要做再筹资计划。但大多数优先股又附有收回条款，这就使得使用这种资金更有弹性。当财务状况较差时发行，而财务状况转好时收回，有利于结合资金需求，同时也能控制公司的资金结构。

② 股利支付既固定，又有一定弹性。一般而言，优先股都采用固定股利，但固定股利的支付并不构成公司的法定义务。如果财务状况不佳，则可暂时不支付优先股股利，那么优先股股东也不能像债权人一样迫使公司破产。

③ 有利于增强公司信誉。从法律上讲，优先股属于自有资金，因而优先股扩大了权益基础，可适当增加公司的信誉，加强公司的借款能力。

（2）优先股筹资的缺点。

① 筹资成本高。优先股的股利要从税后净利润中支付，不同于债务利息可在税前扣除。因此，优先股成本很高。

② 筹资限制多。发行优先股，通常有许多限制条款，例如，对普通股股利支付上的限制，对公司借债的限制等。

③ 财务负担过重。如前所述，优先股需要支付固定股利，但又不能在税前扣除，所以，当利润下降时，优先股的股利会成为一项较重的财务负担，有时不得不延期支付。

任务四　筹集旅游企业负债资金

任务描述

掌握好资金筹集的四种方式。

任务目标

任务目标	知识目标：掌握资金筹集的主要方式
	能力目标：能够正确运用负债资金来满足经营活动需要
	素质目标：培养学生科学谨慎地运用负债资金

理论引导

一、银行借款

银行借款是借款企业向商业银行提出借款申请，经商业银行审核后，取得贷款金额的行为。银行借款偿还期在 1 年以内的是短期银行借款；银行借款偿还期在 1 年以上的是长期银行借款。通过借款筹资是我国目前市场上企业筹集资金最常用的方式之一。

（一）短期银行借款

（1）短期借款信用条件。在短期借款合同中，一般都附有信用条件，如信用额度、周转信用协议、补偿性余额、借款抵押等。

信用额度是借款企业与银行之间正式或非正式协议规定的企业借款的最高限额。通常在信用额度内，借款方可随时按需要向银行申请借款。但银行并不承担必须提供全部信贷限额的义务。如果企业信誉恶化，也可能得不到信用额度内借款。

周转信用协议是银行具有法律义务地承诺提供不超过某一最高限额的贷款协定。在约定的有效期内，银行必须满足企业任何时候提出的信贷限额内的借款要求。但企业要就贷款限额的未使用部分付一笔承诺费。

补偿性余额是银行要求借款方将借款的一定百分比（通常是 10%~20%）的平均存款余额留存银行，以便降低银行贷款风险，以补偿银行可能发生的损失。

借款抵押是银行向财务风险较大的企业和对其信誉不甚把握的企业发放贷款时，要求有抵押品担保，以减少银行的损失。

（2）短期银行借款方式的优缺点。

短期借款筹集资金的优点：① 因为银行信贷资金雄厚，银行短期借款能一次性为公司筹集到较大数额的资金，而且资金到位及时，借款公司能按合同约定如期取得所需资金。② 银行贷款方式灵活。银行贷款种类较多，贷款期限长短不一，能适应公司不同的贷款用途和不同的贷款期限所需。③ 银行贷款利率相对稳定，而且贷款利息税前支付，具有抵税作用，筹集资金成本相对较低。

短期借款筹集资金的缺点：① 银行短期借款筹集的资金只能用于规定的方向，想要改变用途，要经贷款银行同意。② 财务风险大，如若短期内经营不善导致不能按期偿还贷款，必然影响企业信用。③ 公司能否及时取得贷款，受国家政策性影响较大。

（二）长期银行借款

长期借款是指企业为解决自身长期资金的需要向银行等金融机构或其他单位借入的偿还期在 1 年以上的各种借款。

1. 长期借款的种类

（1）按用途，长期借款分为基本建设借款、更新改造借款和其他专项借款。

基本建设借款是企业为满足扩大生产经营规模的需要而借入的资金。更新改造借款是企业为解决对现有生产设备和设施进行更新和技术改造所需资金而借入的款项。其他专项借款是除上述情况外的，为解决专门用途而借入的资金，如研发专项借款、出口专项借款等。

（2）按借款条件，长期借款分为信用借款、抵押借款、担保借款和票据贴现。

信用借款是凭借款人的信用，不需要抵押品或担保人从银行取得的借款。抵押借款是以特定的抵押品为担保取得的借款。担保借款是指银行在借款时，不需要物资作为担保，而要求有信誉较好的个人或大企业作为担保人取得的借款。票据贴现是企业以持有的未到期的商业票据向银行贴付一定的利息而取得的借款。

(3) 按偿还方式的不同，长期借款分为一次偿还借款和分期偿还借款。

一次偿还借款是企业在借款到期时一次偿还本金和利息或定期支付利息、到期一次偿还本金的借款。分期偿还借款是企业在借款到期前定期等额或不等额偿还本金和利息的贷款，一般来说，企业希望采用一次偿还借款方式，而银行等金融机构更愿意采用分期偿还借款方式提供借款。

2. 取得长期借款的程序

(1) 企业向银行提出借款申请。

在借款申请中应填写借款用途、借款金额、偿还能力以及还款方式等内容，并提交有关资料。

(2) 银行审查借款申请。

银行接到企业借款申请后，要对借款情况进行调查，核实借款企业提供的资料，测定贷款的风险，评估信用等级，决定是否提供贷款。

(3) 签订借款合同。

银行经审查同意贷款后，明确双方的权利和义务，规定贷款的数额、利率、期限和一些约束性条款，然后双方签订借款合同。

(4) 取得借款。

签订借款合同后，贷款银行要按合同的规定按期发放贷款，企业便可取得资金。

(5) 使用和归还借款。

借款企业应按借款合同要求使用借款，并按合同约定及时足额归还借款本息。

3. 长期借款的优缺点

(1) 长期借款的优点。

① 筹资速度较快。与发行股票、债券相比，长期借款所需时间短，程序简单，可以快速获得现金。

② 筹资成本较低。与股票相比，长期借款的利息可在所得税税前列支，另外也不需要支付大量的发行费用。

③ 借款弹性好。企业可以直接与银行接触，协商借款金额、期限和利率，并且如有正当理由，还可以延期归还。

④ 可以发挥财务杠杆作用。利用负债筹资，在公司投资效益良好的情况下，普通股股东会由于财务杠杆作用获得更多的利益。

(2) 长期借款的缺点。

① 财务风险较大。与权益资金相比，长期借款有固定的利息负担和固定的还款期限，在经营不利的情况下，可能会产生不能偿付的风险。

② 使用限制较多。企业与银行签订的借款合同中，一般都有一些限制条款，如借款资金的用途、保持必要的流动资金等很多约束性条款，这些条款可能会限制企业自主调配和运用资金的能力。

③ 筹资数额有限。与发行股票、债券相比，银行一般不愿借出巨额的长期借款，因此利用银行借款筹资都有一定的上限。

二、发行债券

1. 债券的含义与特征

债券是债务人依照法律程序发行,承诺按约定的利率和日期支付利息,并在特定的日期偿还本金的书面债务凭证。公司债券与股票都属于有价证券,对于发行公司来说,都是一种筹资手段,而对于购买者来说,都是投资手段。但两者有很大的区别,主要有以下几点。

(1) 债券是债务凭证,是对债权的证明,股票是所有权凭证,是对所有权的证明;债券持有人是债权人,股票持有人是所有者;债券持有者与发行公司是借贷关系,而股票持有者是发行公司经营的参与者。

(2) 债券的收入为利息,利息的多少一般与发行公司的经营状况无关,是固定的;股票的收入是股息,股息的多少是由公司的盈利水平决定的,一般是不固定的,如果公司经营不善发生亏损或者破产,投资者就得不到任何股息,甚至连本金也保不住。

(3) 债券的风险较小,因为其利息收入基本是稳定的;股票的风险则较大。

(4) 债券是有限制的,到期必须还本付息;股票除非公司停业,一般不退还股本。

(5) 债券属于公司的债务,它在公司剩余财产分配中优先于股票。

2. 公司债券的基本要素

(1) 债券的面值即票面金额,是债券到期时应偿还债务的金额。债券的面值印在债券上,固定不变,到期必须足额偿还。

(2) 债券的期限。债券从发行之日起,至到期日之间的时间称为债券的期限。在债券的期限内,公司必须定期支付利息,债券到期时,必须偿还本金,也可按规定分批偿还或提前一次偿还。

(3) 债券的利率。债券的利率一般为固定年利率。在不计复利的情况下,债券面值与利率相乘可得出年利息。

(4) 债券的价格。理论上,债券的面值就应是它的价格,然而事实上并非如此。由于发行者的种种考虑或资金市场上供求关系、利息率的变化,债券的市场价格往往不等于它的面值,有时高于面值,有时低于面值。需要指出的是,发行者计息还本,是以债券的面值为依据,而不是以其价格为依据的。

3. 公司债券的种类

(1) 按有无抵押担保分为信用债券、抵押债券和担保债券。信用债券包括无担保债券和附属信用债券。无担保债券是仅凭债券发行者的信用发行的、没有抵押品作为抵押或担保人来担保的债券;附属信用债券是对债券发行者的普通资产和收益拥有次级要求权的信用债券。抵押债券是指以一定抵押品为抵押而发行的债券。担保债券是指由一定保证人来担保而发行的债券。

(2) 按债券是否记名分为记名债券和无记名债券。在公司债券上记载持券人姓名或名称的为记名债券,反之为无记名债券。两种债券在转让上的差别与记名股票、无记名股票相似。

(3) 按能否转换为公司股票分为可转换债券和不可转换债券。若公司债券能转换为本公司股票,为可转换债券,反之为不可转换债券。一般来讲,前种债券的利率要低于后种债券。

4. 公司债券的发行价格

债券的发行价格有三种:等价发行、折价发行和溢价发行。一般来说,债券的面值就是债券的价格,但由于资金市场上的供求关系及利率的变化,有时债券的价格会与面值相背离,会高于或低于面值,但差额通常不会很大。因此,债券发行的价格有三种:一是按债券面值等价发行;二是按低于债券的面值折价发行;三是按高于债券的面值溢价发行。

债券发行价格的计算公式为:

$$债券发行价格 = 各期利息现值 + 面值现值$$
$$= 利息 \times 年金现值系数 + 本金 \times 复利现值系数$$

或

$$债券发行价格 = \frac{R}{(1+i)^n} \sum_{t=1}^{n} \frac{R \times r}{(1+i)^t}$$

式中,R 表示债券面值;n 表示债券期限;t 表示付款期限;i 表示市场利率;r 表示票面利率。

【例题 2-2】旅游上市公司准备发行 3 年期限公司债券,每张发行债券面值为 1 000 元,年利率为 8%,发行时市场利率 8%,每年年末付息一次,到期还本。要求:计算此债券的发行价格。

① 资金市场的利率保持在 8%,该公司的利率为 8%,则债券可等价发行。

$$发行价格 = 1\,000 \times 8\% \times (P/A, 8\%, 3) + 1\,000 \times (P/F, 8\%, 3)$$
$$= 1\,000 \times 8\% \times 2.577 + 1\,000 \times 0.794 = 206 + 794 = 1\,000\,(元)$$

可见,当债券票面利率等于市场利率时,按 1 000 元的价格出售此债券,投资者可以获得 8%的报酬,债券的发行价格为面值。

② 资金市场的利率大幅度上升为 10%,公司债券利率为 8%,低于资金市场利率,则应采用低价发行。

$$发行价格 = 1\,000 \times 8\% \times (P/A, 10\%, 3) + 1\,000 \times (P/F, 10\%, 3)$$
$$= 1\,000 \times 8\% \times 2.487 + 1\,000 \times 0.751 = 199 + 751 = 950\,(元)$$

也就是说,只有按照 950 元的价格出售,投资者才会购买此债券,获得与市场利率 10%相等的报酬,当债券票面利率小于市场利率时,债券发行的价格小于面值,债券应按折旧发行。

③ 资金市场的利率大幅度下降到 6%,公司债券利率为 8%,则可采用溢价发行。

$$发行价格 = 1\,000 \times 8\% \times (P/A, 6\%, 3) + 1\,000 \times (P/F, 6\%, 3)$$
$$= 1\,000 \times 8\% \times 2.673 + 1\,000 \times 0.840 = 214 + 840 = 1\,054\,(元)$$

也就是说,投资者把 1 054 元的资金投资于该公司面值为 1 000 元的债券只能获得 6%的回报,与市场利率相同,当债券票面利率大于市场利率时,债券发行价格大于面值,债券应按溢价发行。

5. 债券筹资的优缺点

(1)债券筹资的优点。

① 资金成本较低。利用债券筹资的成本要比股票筹资的成本低。这主要是因为债券的发行费用较低,债券利息在税前支付,有一部分利息由政府负担了。

② 保证控制权。债券持有人无权干涉企业的管理事务,如果现有股东担心控制权旁落,则可采用债券筹资。

③ 可以发挥财务杠杆作用。不论公司赚多少钱,债券持有人只收取固定的、有限的利

息，而更多的收益可用于分配给股东，增加其财富，或留归企业以扩大经营。

(2) 债券筹资的缺点。

① 筹资风险高。债券筹资有固定的到期日，并定期支付利息。利用债券筹资要承担还本、付息的义务。在企业经营不景气时，向债券持有人还本、付息，无异于釜底抽薪，会给企业带来更大的困难，甚至导致破产。

② 限制条件多。发行债券的契约书中往往有一些限制条款。这种限制比优先股及短期债务严得多，可能会影响企业的正常发展和以后的筹资能力。

③ 筹资额有限。利用债券筹资有一定的限度，当公司的负债比率超过额定程度后，债券筹资的成本要迅速上升，有时甚至会发行不出去。

三、融资租赁

1. 融资租赁的含义

租赁是指出租人在承租人给予一定收益的条件下，授予承租人在约定的期限内占有和使用财产权利的一种契约性行为。

融资租赁又称财务租赁，是区别于经营租赁的一种长期租赁形式，由于它可满足企业对资产的长期需要，故有时也称为资本租赁。融资租赁是现代租赁的主要方式。

2. 租赁筹资的类型主要有经营租赁和融资租赁

(1) 经营租赁通常为短期租赁，是由租赁公司向承租单位在短期内提供设备，并提供维修、保养、人员培训等的一种服务性业务。经营租赁的主要特点：① 租赁期短；② 承租企业可随时向出租人提出租赁资产要求；③ 租赁合同比较灵活，在合理范围内，可以依需要灵活地解除租赁合同；④ 租赁期满，租赁财产一般归还给出租人；⑤ 出租人提供专门服务。

(2) 融资租赁通常为长期租赁，是由租赁公司按承租单位要求出资购买设备，在较长的合同期内提供给承租单位使用的融资信用业务，它是以融通资金为主要目的的租赁。融资租赁的主要特点：① 租期较长，一般为租赁财产寿命的一半以上；② 由承租人向出租人提出租赁申请，由出租人融通资金购建用户所需要的设备，然后再租给用户使用；③ 租赁合同比较稳定，非经双方同意，中途不得退租；④ 租赁期满后，可将设备作价转让给承租人，也可由出租人收回或续租；⑤ 在租赁期间，出租人一般不提供维修、保养设备等服务。

3. 融资租赁的具体形式

(1) 售后租回。

根据协议，企业将某资产卖给出租人，再将其租回使用。资产的售价大致为市价。采用这种租赁方式，出售资产的企业可得到相当于售价的一笔资金，同时仍然可以使用资产。从事售后租回的出租人为租赁公司等金融机构。

(2) 直接租赁。

承租人直接向出租人租入所需资产，并付出租金。直接出租人是制造厂商、租赁公司。除制造厂商外，其他出租人都是从制造厂商处购买资产，再出租给承租人。

(3) 杠杆租赁。

杠杆租赁要涉及承租人、出租人和资金出借者三方当事人。从承租人的角度来看，这种租赁方式与其他租赁方式并无区别,同样是按合同的规定,在基本租赁期内定期支付定额租金,取得资产的使用权。但对出租人来说不同,出租人只出购买资产所需的部分资金(如30%),作为自己的投资;另外以该资产作为担保向资金出借者借入其余资金(如70%)。因此,它既是出租人又是借款人,同时拥有对资产的所有权,既收租金又要偿还债务。如果出租人不能按期偿还债务,资产的所有权就要转归资金出借者。

4. 融资租赁筹资的程序

(1) 选择租赁公司,提出委托申请。

当企业决定采用融资租赁方式以获取某项设备时,需要了解各个租赁公司的资信情况、融资条件和租赁费率等,分析比较后选定一家作为出租单位,然后向租赁公司提出申请办理融资租赁。

(2) 签订购货协议。

由承租企业和租赁公司中的一方或双方,与选定的设备供应商进行购买设备的谈判,在此基础上与设备供应商签订购货合同。

(3) 签订租赁合同。

由租赁双方签订租赁合同,在合同中列明与租赁业务有关的所有条款。

(4) 交货验收。

承租企业收到租赁设备后,进行验货,并将验收合格的有关凭据交予租赁公司,租赁公司据以向企业支付货款。

(5) 定期交付租金。

承租企业按租赁合同规定,分期支付租金,即承租企业对所筹集资金的分期还款。

(6) 合同期满处理设备。

承租企业根据合同约定,对设备进行续租、退租或留购处理。

5. 融资租赁筹资的租金计算

(1) 租金的构成。

融资租赁每期租金的多少取决于:① 设备的价款,包括设备的买价、运杂费和途中保险费等;② 利息,指租赁公司为承租企业购置设备垫付资金所应支付的利息;③ 租赁手续费,指租赁公司承办租赁设备所发生的业务费用和必要的利润。

(2) 租金的支付方式。

租金的支付方式主要有:① 按支付间隔期长短,分为年付、半年付、季付和月付等;② 按在期初和期末支付,分为先付和后付;③ 按每次支付额,分为等额支付和不等额支付。

我国融资租赁实务中,承租企业与租赁公司商定的租金支付方式,大多为后付等额年金法。等额年金法是将租赁公司融资成本的利息率和手续费率综合成贴现率,以设备价款作为总现值,运用年金现值计算原理确定每期应付租金,其计算公式为:

$$每期应付租金 = \frac{设备价款}{年金现值系数}$$

【例题2-3】内蒙古五洲行旅游公司租入设备一台,设备价款100万元,租期10年,租期满设备归内蒙古五洲行旅游公司所有,每年年末支付租金一次,租赁公司融资利率6%,核定租赁公司手续费率8%,内蒙古五洲行旅游公司每年应支付的租金是多少?

$$贴现率 = 6\% + 8\% = 14\%$$

$$每期应付租金 = \frac{100}{(P/A, 14\%, 10)} = \frac{100}{5.216\,1}$$

$$= 19.17（万元）$$

6. 融资租赁筹资的优缺点

（1）融资租赁筹资的优点。

① 筹资速度快。租赁往往比借款购置设备更迅速、更灵活，因为租赁是筹资与设备购置同时进行，所以可以缩短设备的购进、安装时间，使企业尽快形成生产能力，有利于企业尽快占领市场，打开销路。

② 限制条款少。如前所述，债券和长期借款都有相当多的限制条款，虽然类似的限制在租赁公司中也有，但一般比较少。

③ 设备淘汰风险小。科学技术在迅速发展，固定资产更新周期在日趋缩短。企业设备陈旧过时的风险很大，利用租赁集资可减少这一风险。

④ 财务风险小。租金在整个租期内分摊，不用到期归还大量本金。

⑤ 税收负担轻。租金可在税前扣除，具有抵免所得税的效用。

（2）融资租赁筹资的最主要缺点是资金成本较高。一般来说，其租金要比举借银行借款或发行债券所负担的利息高得多。在企业财务困难时，固定的租金也会构成一项较沉重的负担。

四、商业信用

商业信用是指商品交易中的延期付款或预收货款所形成的借贷关系，是企业之间一种直接信用关系。商业信用产生于商品交换之中，是所谓的"自然性融资"。商业信用是一种形式多样、适用范围很广的短期资金筹措方式。

1. 商业信用筹资的种类

（1）商业票据筹资。

商业票据是由收款人或付款人（或承兑申请人）签发，由承兑人承兑并于到期日向收款人或被背书人支付款项的一种票据，商业票据按承兑人不同分为商业承兑汇票和银行承兑汇票。商业票据一律记名，允许背书转让，承兑期最长不超过6个月。

（2）预收账款筹资。

预收账款是旅游企业按照合同规定向接受劳务方预收的款项，旅游企业预收账款后，必须依据合同承诺在一定时期提供劳务。旅游企业通常在向散客提供服务或在与团队、常住公司进行长期合作的前期采用预收账款的方式。

（3）赊购商品筹资。

赊购商品是旅游企业根据合同规定，在购进商品一定时期后才向供应方付款的购买方式。

2. 现金折扣成本的计算

在采用商业信用形式销售产品时，为鼓励购买单位尽早付款，销货单位往往都规定一些信用条件，这主要包括现金折扣和付款期间两部分内容。

现金折扣是销货企业提供给购货企业的一种优惠。现金折扣的一般形式是："2/10，1/20，

n/30",即购买单位若在10天内付款,可享受2%的折扣;若在20天内付款,可享受1%的折扣;超过20天必须付全额,付款期限为30天。

如果销货单位提供现金折扣,购买单位应尽量争取此项折扣,因为丧失现金折扣的机会成本很高。一般而言,企业放弃现金折扣的成本可由下式求得:

$$放弃现金折扣成本 = \frac{折扣百分数}{1-折扣百分数} \times \frac{360}{信用期-折扣期}$$

【例题2-4】旅游企业拟以"2/10,1/20,n/30"的信用条件购进一批材料。这一信用条件意味着企业如在10天内付款,可享受2%的现金折扣;若不享受现金折扣,货款应在30天内付清。则放弃的现金折扣成本是多少?

$$放弃的现金折扣成本 = \frac{2\%}{1-2\%} \times \frac{360}{30-10} = 36.73\%$$

这表明,只要企业筹资成本不超过36.73%,就应在第10天付款。

3. 商业信用筹资的优缺点

(1) 商业信用筹资的优点。

① 筹资便利。商业信用筹资最大的优越性在于容易取得。因此商业信用与商品买卖同时进行,属于一种自然性筹资,不用办理正式筹资手续。

② 筹资成本低。如果没有现金折扣或使用不带息票据,则利用商业信用筹资不会发生筹资成本。

③ 限制条件少。如果企业利用银行借款筹资,银行往往会对贷款的使用规定一些限制条件,而商业信用筹资限制少。

(2) 商业信用筹资的缺点是商业信用的期限一般较短,如果企业获得现金折扣,则时间会更短;如果放弃现金折扣,则要付出较高的资金成本。

案例分析

一位创业者打算开一家集住宿、餐饮、娱乐等项目于一体的小宾馆,预计需要投资500万元,目前他自己只有200万元,请你为他设计一些可能的筹资方案,并比较不同方案的优势与劣势。设计要点提示:

(1) 资金来源分析;
(2) 筹资方式分析;
(3) 设计出可能的备选筹资方案并计算其资金成本。

技能训练

一、单项选择题

1. 一般来说,下列已上市流通的证券中,流动风险相对较小的是( )。
   A. 可转换债券 B. 普通股股票 C. 公司债券 D. 国库券
2. 旅游企业实际需要筹集资金50万元,银行要求保留20%的补偿性余额,则该企业向银行借款的总额应为( )万元。
   A. 50 B. 60 C. 65 D. 62.5

3. 商业信用筹资方式筹集的资金只能是（　　）。
A. 银行信贷资金　　　　　　　　B. 国家财政资金
C. 其他企业资金　　　　　　　　D. 本企业自留资金
4. 下列不属于权益筹资方式的是（　　）。
A. 普通股股票　　　　　　　　　B. 留存收益
C. 融资租赁　　　　　　　　　　D. 吸收直接投资
5. 下列不属于普通股优点的是（　　）。
A. 没有固定到期日　　　　　　　B. 没有分散控制权
C. 没有固定利息负担　　　　　　D. 筹资风险小

二、多项选择题

1. 融资租赁与经营租赁相比，具有（　　）特点。
A. 租赁期长　　　　　　　　　　B. 租赁期满，租赁资产必须还给出租者
C. 租赁合同稳定　　　　　　　　D. 租赁期间，出租人提供设备维修和保养服务
2. 下列各项中，属于筹资决策必须考虑的因素有（　　）。
A. 取得资金的渠道　　　　　　　B. 取得资金的方式
C. 取得资金的总规模　　　　　　D. 取得资金的风险与方式
3. 下列各项中，属于"吸收直接投资"与"发行普通股"筹资方式所共有的缺点有（　　）。
A. 限制条件多　　B. 财务风险大　　C. 控制权分散　　D. 资金成本高
4. 股份有限公司与有限责任公司相比，具有（　　）特点。
A. 股东人数不得超过规定的限额
B. 公司的资本分为等额股份
C. 股东可依法转让持有的股份
D. 股东以其所持股份为限对公司承担有限责任
5. 负债筹资的方式是（　　）。
A. 银行借款　　　B. 融资租赁　　　C. 商业信用　　　D. 留存收益

三、判断题

1. 由于优先股的股息通常高于债券利息，因此优先股的信用等级一般高于同一企业债券的信用等级。（　　）
2. 企业采用销售百分比法预测出来的资金需要量，是企业在未来一定时期资金需要量的增量。（　　）
3. 对债务企业来说，债转股是一种筹资手段，它通过增加企业的资金而减少企业的债务。（　　）
4. 贴现法是银行向企业发放贷款时，先从本金中扣除利息部分，而到期时借款企业再偿还全部本金的一种计息方法。（　　）
5. 公司债券与政府债券相比，公司债券的风险较大，因而利率一般也比较高。（　　）

四、简答题

1. 旅游企业筹资的渠道与方式有哪些？
2. 旅游企业筹资的原则是什么？
3. 普通股股东的权利有哪些？

4. 优先股筹资的优缺点是什么？
5. 银行借款的优缺点是什么？

五、案例分析

1. 某旅游公司 2005 年销售收入为 100 万元，现有剩余生产能力，销售净利率 12%，2006 年预计销售收入 120 万元，假定利润分配给股东 60%，2005 年年末资产负债表简要资料见表 2-4。

表 2-4　2005 年年末资产负债表简要资料

资产	金额/元	负债及所有者权益	金额/元
货币资金	50 000	应付账款	100 000
应收账款	150 000	预提费用	50 000
存货	300 000	应付债券	100 000
固定资产净值	300 000	实收资本	550 000
合计	800 000	合计	800 000

请你采用销售百分数法分析计算 2006 年该公司需要对外筹集多少资金。

2. 某旅游公司 2005 年 6 月拟发行面值为 1 000 万元的债券，期限为 5 年，根据当时情况，公司认为利息率为 8% 是合理的，每年付息一次，债券已交付印刷。如果债券正式发行时，市场上的利率发生变化，公司就决定调整债券发行价格。

该公司于 2005 年 12 月债券正式发行时，市场利率为 6%，请你测算公司债券发行价格应为多少，是溢价发行还是折价发行？

项目二　旅游企业资金成本与资金结构

项目描述

通过本项目的学习，学生可以了解旅游企业资金成本的概念，理解旅游企业资金成本的作用，清楚资金结构调整的方法，掌握旅游企业个别资金成本和加权平均资金成本的确定，掌握确定旅游企业最佳资金结构的方法。

任务一　认识旅游企业资金成本

任务描述

理解旅游企业资金成本的作用、财务杠杆的作用、资金结构调整的方法。

任务目标

任务目标	知识目标：了解资金成本，理解加权资金成本的含义
	能力目标：能够辨认资金成本的类型
	素质目标：了解资金成本对旅游企业发展的影响

理论引导

一、资金成本的含义和作用

资金是旅游企业使用资金而付出的代价,也是投资企业进行投资所要求的回报。作为投资企业,如银行将资金贷给企业,银行取得利息就是银行投资给企业所要求的回报,银行将这笔资金贷给其他企业也必然会要求这一报酬;而股东对企业投资,其预期回报率必须足够高,否则股东就会部分或全部出售股份。为此,资金使用企业使用资金的报酬必须尽量大于资金成本,这样企业才有利可图,所以,资金成本是投资企业的机会成本,也是资金使用企业为满足投资者回报要求而使用资金达到的最低回报率。资金成本包括筹资费用和用资费用两个部分。

1. 筹资费用

筹资费用是指旅游企业在资本筹措过程中所花费的各项开支,包括发行股票、债券支付的印刷费、发行手续费、律师费、公证费、资信评估费等。筹资费用是在取得资金时发生的,一般一次性付清,在使用资金过程中不再发生。通常是将其作为所筹资本额的减项扣除。

2. 用资费用

用资费用是指旅游企业因占用资金支付的费用,如向股东支付的股利、向债权人支付的利息等。用资费用是在使用资金时发生的,一般一年支付一次,通常与所筹资金金额和使用时间长短有关,并具有经常性、定期性支付的特点,它构成了资金成本的主要内容。

3. 资金成本的表示方法

资金成本可以用绝对数表示,但一般用相对数表示。资金成本用绝对数表示,是指旅游企业为筹集和使用一定量的资本而付出的筹资费用与用资费用的总和;资金成本用相对数表示,是指旅游企业为筹资和使用一定量的资本而付出的用资费用与实际筹得资本额的比例,即资金成本率。

4. 资金成本计算公式

通常所说的资金成本是指资金成本率。其计算公式为:

$$资金成本 = 每年的用资费用 / (筹资总额 - 筹资费用) \times 100\%$$

资金成本是旅游财务管理工作的重要指标。第一,它是旅游企业筹资决策的重要依据,旅游企业在选择筹资渠道、筹资方式、筹资资本结构时都要充分考虑资金成本的多少;第二,它是评价某个投资方案是否可行的重要标志,一般情况下,如果投资项目的投资收益率大于资金成本,则是可行的,反之则认为是不可行的。因此,通常把资金成本率称为投资项目取舍率。

二、资金成本的计算

(一)个别资金成本的计算

个别资金成本是指使用各种长期资金的成本,可以分为债务资金成本和权益资金成本。债务资金成本有借款成本和债券成本;权益资金成本有普通股成本和保留盈余成本。

1. 银行借款成本

银行借款成本包括借款利息和筹资费用两部分。筹资费用会直接减少企业所筹集资金的数额,而借款利息作为借款企业的费用,在所得税前支付,可以起到抵税的作用。企业实际负担的借款利息应为借款利息×(1-所得税税率)。

银行借款成本的计算公式为:

$$银行借款成本 = \frac{年利息 \times (1 - 所得税税率)}{银行借款筹资总额 \times (1 - 银行借款筹资费率)} \times 100\%$$

【例题2-5】某酒店欲从银行取得一笔长期借款800万元,手续费率为0.2%,年利率5%,每年结息一次,到期一次还本,企业所得税税率为25%,则该笔银行借款的资金成本为多少?

$$银行贷款成本 = \frac{800 \times 5\% \times (1 - 25\%)}{800 \times (1 - 0.2\%)} \times 100\%$$
$$= 3.8\%$$

2. 债券成本

债券成本包括债券利息和筹资费用。债券筹资费用一般都比较高,债券利息也是在税前支付,可以起到抵税的作用。其成本计算公式为:

$$债券资金成本 = \frac{每年债券利息 \times (1 - 所得税税率)}{发行总价 - 发行费用} \times 100\%$$

【例题2-6】某旅游股份有限公司拟发行10年期债券,债券面值总额为500万元,票面年利率为10%,每年付息一次,按面值发行,发行费率为2%,所得税税率为25%,则该债券的成本为:

$$债券成本 = \frac{500 \times 10\% \times (1 - 25\%)}{500 \times (1 - 2\%)} \times 100\% = 7.8\%$$

与借款相比,由于债券利息一般高于银行借款利率、债券发行费用高于银行借款手续费,因此债券成本相对要高于银行借款成本。

3. 股票筹资成本计算

(1) 优先股成本。

企业发行优先股,既要支付筹资费用,又要定期支付股利。它与债券不同的是股利在税后支付,且没有固定到期日。优先股成本的计算公式为:

$$优先股成本 = \frac{优先股每年的股利}{发行优先股总额 \times (1 - 优先股筹资费)} \times 100\%$$

【例题2-7】某旅游股份有限公司拟按面值发行100万元的优先股,筹资费率为4%,每年支付10%的股利。则该优先股的成本为:

$$优先股成本 = \frac{100 \times 10\%}{100 \times (1 - 4\%)} \times 100\% = 10.42\%$$

企业破产时,优先股股东的求偿权位于债券持有人之后,优先股股东的风险大于债券持有人的风险,这就使得优先股的股利率一般要大于债券的利息率。另外,优先股股利要从净利润中支付,不减少公司的所得税,所以,优先股成本通常要高于债券成本。

（2）普通股成本。

旅游企业普通股的资金成本就是普通股投资者的必要收益率，采用评价法对普通股筹资成本进行计算，与优先股成本计算基本相同，但是普通股股利每年支付不固定，随旅游企业经营成果变动。其计算公式为：

$$普通股成本 = \frac{每年固定股利或股息}{普通股金额 \times (1 - 普通股筹资费率)} \times 100\%$$

【例题2-8】某旅游股份有限公司拟发行一批普通股，每股发行价格为15元，筹资费率为5%，公司采用固定股利增长率政策，预定第1年分派现金股利每股1.5元，以后每年股利增长3%。则该普通股资金成本为：

$$普通股成本 = \frac{1.5}{15 \times (1 - 5\%)} \times 100\% + 3\% = 13.53\%$$

4. 留存收益成本

留存收益是企业盈余公积金和未分配利润的统称，属于企业的内部积累，也是企业资金的一种重要来源。一般认为，留存收益不存在外显性成本，但存在内含性成本。这是因为，从投资者角度看，留存收益可被要求作为股利分给投资者，而投资者如果再用这部分资金购买股票可从中取得收益，因此投资者同意放弃分取股利而选择留存，等于投资者对企业进行追加投资，这部分资金期望收益应达到与购买公司普通股的收益相同。因此留存收益成本的计算与普通股资金成本基本相同，所不同的是不用考虑筹资费用。

在普通股股利固定的情况下，留存收益成本的计算公式为：

$$留存收益成本 = \frac{每年固定股利}{普通股金额} \times 100\%$$

在普通股股利逐年固定增长的情况下，留存收益成本的计算公式为：

$$留存收益成本 = \frac{第1年预期股利}{普通股金额} \times 100\% + 股利固定增长率$$

【例题2-9】参考例题2-8的资料，假定该公司留存收益50万元，则该部分留存收益成本为多少？

$$留存收益成本 = \frac{1.5}{15} \times 100\% + 3\% = 13\%$$

（二）综合资金成本的计算

旅游企业由于受多种因素的影响，不可能只使用某种单一的筹资方式，往往需要通过多种方式筹集所需资金。为了正确进行筹资和做出投资决策，就必须计算企业的综合平均资金成本。综合资金成本是分别以各种资金成本为基础，以各种资金占全部资金的比重为权数计算出来的。综合资金成本是由个别资金成本和各种长期资金比例这两个因素所决定的，是综合反映资金成本总体水平的一项重要指标。其计算公式为：

$$加权平均资金成本 = \sum (某种资金占总资金的比重 \times 该种资金的成本)$$

【例题2-10】某旅游股份有限公司拟筹资2 000万元，所采用的筹资方式和所筹集资金分别为公司债券400万元、优先股500万元、普通股1 600万元、留收益500万元；各种资金成本依次为 6%、10%、14%、13%。则加权平均资金成本为：

$$综合资金成本 = \frac{400}{2\,000} \times 6\% + \frac{500}{2\,000} \times 10\% + \frac{1\,600}{2\,000} \times 14\% + \frac{500}{2\,000} \times 13\% = 18.2\%$$

【例题 2-11】某旅游公司筹资渠道及其资金成本如表 2-5 所示，在有可能的几组筹资结构 A、B、C、D 中，选择最优方案。

表 2-5 某旅游公司筹资渠道及其资金成本

资金来源	方案及资金成本				年筹资成本
	A	B	C	D	
发行股票	45%	50%	55%	40%	8%
银行借款	20%	25%	20%	30%	12%
发行债券	15%	15%	10%	20%	16%
吸收直接投资	20%	10%	15%	10%	13%

方案 A 综合资金成本 = 45%×8% + 20%×12% + 15%×16% + 20%×13% = 11%
方案 B 综合资金成本 = 50%×8% + 25%×12% + 15%×16% + 10%×13% = 10.7%
方案 C 综合资金成本 = 55%×8% + 20%×12% + 10%×16% + 15%×13% = 10.35%
方案 D 综合资金成本 = 40%×8% + 30%×12% + 20%×16% + 10%×13% = 11.3%

通过以上计算可以看出，方案 C 的成本率最低。旅游企业在进行筹资决策时，要对筹资成本率与预计的利润进行比较。如果筹资成本率大于资金利润率，或者筹资成本率的增加幅度大于资金利润率的增长幅度，则说明旅游企业的投资决策或筹资决策存在问题。从筹资的角度看需采取措施，降低成本率，可以考虑改变资金筹集的方式，以降低综合资金成本率，如考虑降低个别资金成本，则选择利息和费用较低的借款；调整资金来源结构，适当提高成本率较低的资金在全部资金中的比重。

任务二 旅游企业筹资结构优化

任务描述

旅游企业现行的资本结构合理吗？如果不够合理，目标资本结构是什么？要解决这些问题，就需要按照一定标准、一定方法做出资本结构决策。

任务目标

任务目标	知识目标：理解旅游企业资金结构的种类，熟悉旅游企业资金结构优化条件
	能力目标：能够对旅游企业进行资金结构优化调整
	素质目标：运用比较的方法确定旅游企业资金的结构

理论引导

一、资金结构的概述

1. 资金结构的含义

资金结构是指旅游企业各种资金的构成及比例关系。它有广义和狭义之分,广义的资金结构是指旅游企业全部资金的构成及比例关系。狭义的资金结构特指旅游企业各种长期资金(长期债务与权益资金)的构成及比例关系。因为短期资金的需要量和筹集是经常变化的,而且在整个资金总量中所占的比重不稳定,故将其列作营运资金。我们采用狭义的资金结构,即长期债务资金与权益资金的构成,它常常又被称为"杠杆资金结构"。因此,资金结构决策就是决定债务与权益的比例问题,即债务资本在资本结构中占有多大比重。

2. 资金结构的种类

旅游企业资金结构有单一资金结构和混合资金结构两种类型。

(1) 单一资金结构。

单一资金结构是指旅游企业的长期资金仅由单一性质的资金构成,一般是指旅游企业的长期资金均由权益资金构成。这种资金结构的特点:在无优先股的情况下,旅游企业没有固定还本付息的负担,可以提高旅游企业的资信和筹资能力,但资金成本很高,并且无法获得负债经营的财务杠杆效益。

(2) 混合资金结构。

混合资金结构是指旅游企业的长期资金由长期债务资金和权益资金构成。这种资金结构的特点:债务成本一般低于权益成本,这种资本结构的综合资本成本较低,在旅游企业息税前利润率高于长期债务成本率的情况下,旅游企业可以获得财务杠杆效益。但是,长期负债的固定利息支付和固定的还本期限,形成旅游企业的固定负担,财务风险较大。

3. 资金结构决策

资金结构决策是指资金结构合理化的标准,用以衡量旅游企业资金结构是否合理的标准主要有以下几点:

(1) 综合的资金成本最低,企业为筹资所花费的代价最少。

(2) 筹集到能供企业使用的资金最充分,能确保企业长短期经营和发展需要。

(3) 股票市价上升,股东财富最大,企业总体价值最大。

(4) 企业财务风险最小。

要使旅游企业资金结构完全满足上述标准往往十分困难。在实务中,旅游企业常常择其一或部分,作为旅游企业的价值判断准则,并确定相应的决策方法。比如,为追求"股东财富最大",则通过比较不同筹资方案的每股收益来确定最优方案;为追求"综合的资金成本最低",则通过比较不同筹资方案的综合资金成本来确定最优方案。通常把在一定条件下使旅游企业综合的资金成本最低、企业总体价值最大的资金结构当作最优资本结构。

二、最佳资金结构的确定

旅游企业进行负债经营具有双重作用,适当举债,可以降低企业资金成本,但当企业负债比率太高时,会带来较大的财务风险。为此,企业必须权衡财务风险和资金成本的关系,确定最佳的资金结构。最佳资金结构是指在一定条件下使企业加权平均资金成本最低、企业总体价值最大的资金结构。

确定最佳资金结构的方法有比较资金成本法、每股利润无差别点法和公司价值分析法。

1. 比较资金成本法

比较资金成本法是通过计算各方案加权平均的资金成本，并根据加权平均资金成本的高低来确定最佳资金结构的方法。这种方法确定的最佳资金结构也就是加权平均资金成本最低的资金结构。

【例题2-12】某旅游股份有限公司原有资金16 000万元，其中：债券筹资8 000万元，年利率为10%，普通股筹资8 000万元，每股面值5元，发行价格10元，目前价格也为10元，发行在外800万股，今年期望股利为1元/股，预计以后每年股利增长5%。该公司适用的所得税税率为25%，假设发行各种证券均无筹资费用。

该公司现拟增资4 000万元，以扩大经营规模，现有以下三个方案可供选择。

甲方案：增加发行4 000元的债券，因负债增加，投资者风险加大，债券利率增至12%才能发行，预计普通股股利不变，但由于风险加大，普通股市价降至8元/股。

乙方案：发行债券2 000万元，年利率为10%，发行股票200万股，每股发行价10元，预计普通股股利不变。

丙方案：发行股票320万股，因权益资金增加，风险下降，普通股市价增至12.5元/股。

为了确定上述三个方案哪个最好，下面分别计算其加权平均资金成本。

（1）计算计划年初综合资金成本：

$$债券资金占全部资金比重 = \frac{8\,000}{16\,000} \times 100\% = 50\%$$

$$普通股占全部资金比重 = \frac{8\,000}{16\,000} \times 100\% = 50\%$$

$$债券资金成本 = 10\% \times (1-25\%) = 7.5\%$$

$$普通股资金成本 = \frac{1}{10} + 5\% = 15\%$$

计划年初综合资金成本 $= 50\% \times 7.5\% + 50\% \times 15\% = 11.25\%$。

（2）计算甲方案综合资金成本：

$$原债券资金占全部资金比重 = \frac{8\,000}{20\,000} \times 100\% = 40\%$$

$$新债券资金占全部资金比重 \frac{4\,000}{20\,000} \times 100\% = 20\%$$

$$普通股占全部资金比重 = \frac{8\,000}{20\,000} \times 100\% = 40\%$$

原债券资金成本 $= 10\% \times (1-25\%) = 7.5\%$

新债券资金成本 $= 12\% \times (1-25\%) = 9\%$

$$普通股资金成本 = \frac{1}{8} + 5\% = 17.5\%$$

甲方案综合资金成本 $= 40\% \times 7.5\% + 20\% \times 9\% + 40\% \times 17.5\% = 11.8\%$。

（3）计算乙方案的综合资金成本。各资金的比重分别为 50%、50%；资金成本分别为 7.5%、15%。（计算过程略）

（4）丙方案综合资金成本 = 40%×7.5% + 60%×13% = 10.8%。

从以上计算可以看出，丙方案的综合资金成本最低，所以应选用丙方案，即企业最佳资金结构为：40%为负债资金，60%为自有资金。

2. 每股利润无差别点法

负债的偿还能力是建立在未来盈利能力基础之上的。研究资金结构，不能脱离企业的盈利能力。企业的盈利能力，一般用息税前利润（EBIT）表示。

负债筹资是通过它的杠杆作用来增加股东财富的。确定资金结构不能不考虑它对股东财富的影响。股东财富用每股利润（EPS）来表示。

每股利润无差别点法，又称息税前利润—每股利润分析法（EBIT—EPS 分析法），是通过分析资金结构与每股利润之间的关系，计算各种筹资方案的每股利润的无差别点，进而确定合理的资金结构的方法。这种方法确定的最佳资金结构也就是每股利润最大的资金结构。

这种方法只考虑了资金结构对每股利润的影响，而未考虑资金结构变动给企业带来的风险变化，并假定每股利润最大，股票价格也就最高，企业价值最大。但把资金结构对风险的影响置于视野之外，是不全面的。因为随着负债的增加，普通股每股利润增加，但由于投资者的风险加大，超过一定范围，股票价格和企业价值也会有下降的趋势，所以，单纯地用 EBIT－EPS 分析法有时会做出错误的决策。但在资金市场不完善的时候，投资人主要根据每股利润的多少来做出投资决策，每股利润的增加也的确有利于股票价格的上升。

3. 公司价值分析法

公司价值分析法是通过计算和比较各种资金结构下公司的市场总价值来确定最佳资金结构的方法。这种方法的出发点是，从根本上讲，财务管理的目标在于追求公司价值的最大化。然而只有在风险不变的情况下，每股利润的增长才会使股价上升，实际上经常是随着每股利润的增长，风险也加大。如果每股利润的增长不足以弥补风险增加所需的报酬，那么尽管每股利润增加，股价也可能下降。所以最佳资金结构应当是可使公司的总价值最高，而不是每股收益最大的资金结构。同时公司总价值最高的资金结构，公司的资金成本也是最低的。这种方法确定的最佳资金结构也就是公司市场价值最大的资金结构。

三、资金结构分析

为了有效保障旅游企业经营过程中所需资金，旅游企业需要进行科学的筹资决策。决策内容：是负债筹资还是权益筹资，以何种具体方式进行筹资。

1. 筹资决策的步骤

旅游企业在进行筹资决策的过程中，需要执行以下步骤：

（1）确定需要筹集的资金数额。

（2）依据旅游企业经营现状和资本市场形势，确定是负债筹资还是权益筹资。

（3）确定筹资的具体方式，如普通股、优先股、负债等。

（4）对各种筹资方案进行评价。

（5）以综合资金成本最低为标准，确定最佳资本结构方案。

2. 资金结构分析

旅游企业筹资的结构一般有以下三种形式，各种不同的组合形式各有利弊：

（1）仅有普通股的资本结构。它的优点：因没有优先股和负债，所以没有固定支付利息、股利等义务，对旅游企业现金流量的冲击较小；没有负债，所以没有财务风险；没有优先股和负债契约的约束，股利政策比较自由；负债率低，偿债能力强，旅游企业如果需要资金可以很容易通过其他方式取得。缺点：普通股成本一般较高，不能充分利用财务杠杆作用提高旅游企业价值；发行普通股过多，容易丧失对旅游企业的控制权和管理权；筹资方式单一，可能会丧失良好的筹资机会。

（2）兼有普通股和优先股的资本结构。它的优点：比仅用普通股筹资扩大了筹资范围；优先股成本一般较普通股低，可以节约资本成本；优先股一般没有选举权和表决权，所以采用优先股筹资可以不分散旅游企业的控制权和管理权；普通股和优先股均属于所有者权益，可以优化旅游企业财务状况，提高旅游企业信用；普通股和优先股股利支付没有强制性，也不需要还本，所以没有财务风险。缺点：普通股和优先股股利一般较负债高；股利支付是在所得税税后进行的，不能起到税收挡板的作用；优先股契约中多有限制普通股股利分派规定，使公司股利政策的灵活性受到影响。

（3）兼有普通股、优先股和负债的资本结构。它的优点：负债成本一般较普通股和优先股股利低，有助于充分利用财务杠杆作用提高旅游企业价值；负债利率在税前支付，可以发挥税收挡板作用；债权人不能参与旅游企业决策，不会影响旅游企业的控制权和管理权；随着我国金融市场的完善，旅游企业负债筹资范围越来越广泛。缺点：负债必须按期还本付息，会给旅游企业现金流量带来压力；负债的限制条款较多，易对旅游企业经营产生约束，从而影响旅游企业经营效率；负债筹资具有财务杠杆作用，如果旅游企业经营不利，则会产生副作用；负债规模过大，会减弱偿债能力，影响旅游企业信用。

3. 旅游企业筹资组合分析

旅游企业经营所需资金，包括短期资金和长期资金。短期资金是指旅游企业的流动负债，长期资金是指旅游企业的长期负债和所有者权益。旅游企业经营所需资金，可以通过短期资金筹措和长期资金筹措取得。在旅游企业所筹集的资金中，短期资金和长期资金在资金总额中所占比例，称为筹资组合，一般企业的筹资组合是采用短期资金筹集短期资产，长期资金筹集长期资产。

（1）高风险筹资组合及其对旅游企业风险和收益的影响。

在这种筹资组合中，旅游企业采用长期资金筹集部分长期性流动资产和全部固定资产，采用短期资金筹集另一部分长期性流动资产和短期流动资产。高风险筹资组合财务风险大，筹资成本具有不确定性，以及资金成本较低、筹资速度快、弹性好等特点。较多采用资金成本相对低的短期资金，会带来旅游企业利润的增加，但也会加大财务风险。在实际工作中，可供选择的组合模式有：① 以应付未付款融通部分长期性流动资产；② 以银行短期借款融通部分长期性流动资产；③ 以商业信用融通部分长期性流动资产。

（2）低风险筹资组合及其对旅游企业风险和收益的影响。

在这种筹资组合中，旅游企业不仅用长期资金筹集长期性流动资产，而且筹集长期资金用于满足由于季节性或循环性波动而产生的部分或全部临时性资金需求。低风险筹资组合的旅游企业可以在淡季将暂时闲置的资金用于投资短期有价证券，到旺季时出售有价证券，并使用短期信用筹集足够的资金。这种筹资组合安全性高，筹资风险低，但筹资成本高。在实际工作中，可选择以下组合模式：① 采用权益资本筹资；② 采用长期负债和权益资本筹资组合；③ 采用不同到期日的长期负债筹资组合；④ 兼并筹资组合等。

（3）中和风险筹资组合及其对旅游企业风险和收益的影响。

在这种筹资组合中，旅游企业对波动性资产，采用短期筹资方式筹集资金；对长期性资产，如长期性流动资产和固定资产，则采用长期筹资方式筹集资金。由于这种筹资组合方式较多地使用了短期资金，因此旅游企业收益会增加。但如果旅游企业资金总额不变，流动资产也不变，流动负债的增加会降低流动比率，增加旅游企业筹资风险。

4. 旅游企业资本结构的优化

旅游企业在筹资过程中，需要综合考虑各种筹资方式的成本及筹资组合，以尽量减少筹资成本，降低筹资风险，实现旅游企业筹资结构的最优和旅游企业价值最大化。

（1）资本结构优化的标准。

资本结构标准：合理的资本结构是各种筹资方式在时间和空间上相互搭配组合，使筹资成本降低、筹资风险减少，以实现旅游企业整体筹资目标。

资本成本标准：资本结构的合理性在于判断资本结构及其变动是否有利于资本成本的降低。

资本收益率标准：资本收益率是指旅游企业净利润与所有者权益之间的比率。采用此标准判断资本结构的合理性，就是判断资本结构多大时旅游企业的资本收益率最大。

评价旅游企业资本结构是否优化，标准不一样，评价的结果也不尽相同。资本结构到底为多少最好，没有统一的数量界限，需要综合考虑成本、风险、收益等因素。而且，判断资本结构是否优化，还需考虑资产结构、偿债能力、资本市场环境、风险偏好等因素。

（2）优化资本结构的有效途径。

旅游企业优化资本结构可以从调整资本存量和资本增量两个方面进行。

① 调整资本存量。第一资本存量是指旅游企业已投入的各类资产的总称，包括正参与再生产的资产存量和处于闲置状态的资产存量。调整资本存量是通过对旅游企业资产存量的重新配置，提高资本运营效率。其主要方法是对旅游企业各部门经营结构进行调整。随着市场经济的发展，人们生活水平的提高，人们的旅游消费模式也发生了相应变化，对旅游企业各项服务的需求也随之发生变动。人们对酒店某些服务项目需求的改变会造成旅游企业部分服务能力不足，而另一部分服务能力可能相对过剩，尤其是固定资产和人才的闲置，会形成资本沉淀和利用效率低下。为此，旅游企业需根据市场的变动，在保障旅游企业经营的前提下，将资产存量在不同部门之间进行转移，以提高资产使用效率。

此外，还可通过出售、拍卖、产权转让等形式对旅游企业内部沉淀资本以及利用效率低下的资产进行调整。对旅游企业永久性沉淀资本，即使其回收价值远低于成本价值，旅游企业也应及时转让出售，以便加速资金周转；对旅游企业暂时性沉淀资本，旅游企业需要综合考虑这部分资产的现金净流量，并结合对市场变动的合理预测和科技的进步，慎重选择出售、转让或是进行更新改造。

② 调整资本增量。调整资本增量就是通过新增投资的方式，对存量资产的重组，实现资本优化。调整资本增量不能盲目乐观进行，需要综合考虑市场需求的变化、旅游企业经济效益的增长以及规避风险的需要等因素，带动旅游企业现有资产的重组，以提高资产的使用

效率。

案例分析

有个小伙子，家里只有他一个人，家徒四壁，30多岁了还是光棍，所以他想做点什么致富。看见邻居家养鸡，他就去借了1只母鸡，说好每个月还10个蛋作为利息。鸡很勤快，每天都下蛋，光棍很高兴，但转念一想又后悔了。你知道为什么吗？

技能训练

一、单项选择题

1. 在计算个别资金成本时需要考虑所得税抵减作用的筹资方式有（　　）。
   A. 银行借款　　　　B. 发行普通股　　　C. 发行优先股　　　D. 留存收益
2. 如果企业的资金来源全部为自有资金，且没有优先股存在，则企业财务杠杆系数（　　）。
   A. 等于0　　　　　B. 等于1　　　　　C. 大于1　　　　　D. 小于1
3. 下列资金结构调整的方法中，属于减量调整的是（　　）。
   A. 债转股　　　　　B. 发行新债券　　　C. 提前归还借款　　D. 增发新股偿还债务
4. 在计算下列资金成本时，可以不考虑筹资费用影响的是（　　）。
   A. 发行债券　　　　B. 发行普通股　　　C. 留存收益　　　　D. 发行优先股
5. 举借新的债务以偿还同样额度的旧债，属于资金结构中的（　　）。
   A. 动态调整　　　　B. 增量调整　　　　C. 减量调整　　　　D. 存量调整

二、多项选择题

1. 下列各项费用属于筹资费用的有（　　）。
   A. 支付的借款手续费　　　　　　　B. 向股东支付股利
   C. 支付的股票发行费用　　　　　　D. 支付借款利息
2. 下列各项中影响财务杠杆系数的因素有（　　）。
   A. 息税前利润　　　　　　　　　　B. 所得税税率
   C. 固定成本　　　　　　　　　　　D. 财务费用
3. 下列筹资活动会加大财务杠杆作用的是（　　）。
   A. 增发公司债券　　　　　　　　　B. 增发优先股
   C. 增发普通股　　　　　　　　　　D. 增加银行借款
4. 资金结构减量调整的途径有（　　）。
   A. 进行企业分立　　　　　　　　　B. 融资租赁
   C. 提前归还借款　　　　　　　　　D. 股票回购
5. 在企业资金结构中，合理地安排负债资金对企业的影响有（　　）。
   A. 负债资金会增加企业的经营风险　　B. 负债资金加大企业的财务风险
   C. 负债筹资具有财务杠杆作用　　　　D. 一定程度的负债有利于降低企业资金成本

三、判断题

1. 资金成本是投资人对投入资金所要求的最低收益率，也可作为判断投资项目是否可

行的投资取舍标准。（　　）

2. 在个别资金成本一定的情况下，企业综合资金成本的高低取决于资金总额。（　　）

3. 财务杠杆系数将随固定财务费用的变化呈同方向变化，即在其他因素一定的情况下，固定财务费用越高，财务杠杆系数越大。（　　）

4. 在全部资金息税前利润率的期望值高于利息率的条件下可适当借款；当期望值等于利息率时，应停止借款；当期望值低于利息率时，就不宜借款。（　　）

5. 最佳资金结构是指在一定条件下使企业加权平均资金成本最低、企业价值最大的资金结构。（　　）

四、案例分析题

1. 某旅游饭店拟发行债券，债券面值为1 000元，5年期，票面利率为8%，每年付息一次，到期还本，若预计发行时债券市场利率为10%，债券发行费用率为2%，该饭店适用的所得税税率为25%，则债券的发行价格和债券筹资的资金成本为多少？

2. 某旅游股份有限公司目前拥有资金2 000万元，其中，长期借款800万元，年利率10%；普通股1 200万元，今年预计每股股利2元，预计每年股利增长率为5%，发行价格为20元，目前价格也为20元，所得税税率为25%。该公司计划筹集资金100万元以扩大经营，有两种筹资方案可供选择。

方案一：增加长期借款100万元，借款年利率12%，普通股市价降至18元，其他条件不变。

方案二：增发普通股4万股，普通股市价增加到25元。

假设无筹资费用。采用比较资金成本法做出筹资决策。

项目三　认识旅游企业投资管理

项目描述

通过本项目的学习，学生可以了解旅游企业项目投资的特点，理解投资决策的基本原则，最终能运用项目投资评价方法帮助企业做出正确的投资决策。

任务一　学会旅游企业投资

任务描述

通过教师讲解，掌握旅游企业投资的含义，分组讨论企业在投资资金时，必须明确投资的目的是什么，遵循投资的基本要求和把握投资的渠道与方式是什么。

任务目标

任务目标	知识目标：掌握旅游企业的投资理论
	能力目标：能够对旅游企业运用投资理论进行有效的投资，做出正确的投资
	素质目标：树立投资观念

理论引导

一、旅游企业投资的意义与分类

1. 旅游企业投资的意义

投资一般是指将财力投放于一定对象，期望在未来能够带来预期收益（或报酬）的经济行为。旅游企业所拥有的资金除用于自身经营业务外，还可投放于其他单位，形成对外投资。

投资的概念有广义与狭义之分：广义的投资是指企业对内、对外一切资金的投放与使用；狭义的投资是指企业对外投出资金。本项目是以广义投资概念为基础，对企业所有的预期会带来报偿的资产购买活动加以分析与研究的。

在市场经济条件下，旅游企业能否把筹集到的资金投放到收益高、回收快、风险小的项目上，对企业生存与发展至关重要。

2. 旅游企业投资的分类

为加强投资管理，提高投资效益，必须分清投资的性质，对投资进行科学的分类。

（1）直接投资和间接投资。按照与旅游企业业务经营的关系，投资可分为直接投资和间接投资。

直接投资是指旅游企业把资金投放于生产经营性资产，以便获取利润的投资。直接投资根据企业投放资金的价值存在形式，又可分为货币性资金投资、实物投资、无形资产投资等。

间接投资又称证券投资，是指旅游企业把资金投放于证券等金融资产，以便取得股利或利息收入的投资。其主要形式是购买国债、国库券、公司债券以及公司股票等。

目前，旅游业直接投资仍是投资主流，约占整个投资的60%，有时甚至达到100%，但随着中国金融市场的完善和多渠道筹资的形成，企业间接投资的应用将越来越广泛。

（2）长期投资和短期投资。按照投资回收时间的长短，投资可分为长期投资和短期投资两类。

短期投资是指能够随时变现并且持有时间不准备超过1年的投资，又称为流动资产投资、经营性投资，通常是对临时性占用的流动资产进行的投资。

短期投资具有时间短、耗资少、变现能力强、发生频繁、波动大等特点，如旅游企业为满足旅游旺季的临时性、季节性资金需要，对流动资金、应收款、存货的投资以及购入短期内到期的股票、债券等有价证券等都属于短期投资。

长期投资则是指不准备在1年内变现的投资，包括固定资产投资、无形资产投资、长期有价证券投资等，如旅游企业对旅游景区景点旅游设施的投资、宾馆饭店对营业场所及设备的投资以及旅游企业对长期有价证券的投资等都属于长期投资。

长期投资具有投资时间长、消耗资金多、发生次数少、变现能力差等特点，因其中固定资产投资所占比重较大，所以有时长期投资又专指固定资产投资。

（3）对内投资和对外投资。按照投资的方向，投资可分为对内投资和对外投资两类。

对内投资是指内部投资，即把资金投放于旅游企业内部，以保证旅游企业正常的生产经营。对内投资包括流动资产投资和固定资产投资。对外投资是指旅游企业将资金以现金、实物、无形资产等方式或者以购买股票、债券等有价证券方式向其他单位投资。

对内投资都是直接投资，对外投资主要是间接投资，也可能是直接投资。随着旅游企业经济联合的开展,对外投资越来越重要。

(4)初创投资和后续投资。按照在旅游企业服务经营重点作用分类,投资可分为初创投资和后续投资。

旅游企业初创投资是指在筹建企业时所进行的各种投资,是从无到有的过程,其特点是投入的资金通过开发建设沉淀为旅游企业的原始资产,成为旅游企业开业经营服务的必备条件。

后续投资是指旅游企业在营业之后为巩固和发展企业业务经营所进行的投资,包括为维持现有经营条件所进行的更新性投资,为实现扩大再生产所进行的追加性投资,为调整服务经营方向所进行的转移性投资,以及对原有旅游设备设施进行的更新改造等。

旅游企业的各项经营活动,以投资者对企业的原始投资为起点,形成了以资产和负债为表现形式的资金运动整体,按不同的标准对投资进行分类,便于把握各类投资在企业资金运动中转化的性质和特点,对于加强投资管理、正确核算企业经营成果都有重要意义。

二、旅游企业投资管理的原则

旅游企业投资的根本目的是谋求利润,增加企业价值。企业能否实现这一目标,关键在于企业能否在变幻莫测的市场环境中,善于抓住有利时机,做出最优的投资决策。投资是旅游企业一项重要的财务活动。任何一个企业从筹建开始就已进行投资活动;而在其经营活动中,为扩大企业规模,开发新产品,更需要进行经常性的投资,投资活动贯穿旅游企业经营过程的始终,也是企业获得未来收益的基本前提条件,因此加强投资管理,选择正确的投资方案,对企业的未来经营具有十分重要的意义。为此,企业投资时必须遵循以下原则。

1. 做好市场调查,及时捕捉投资机会

捕捉投资机会是旅游企业投资活动的起点,也是旅游企业投资决策的关键所在。市场经济条件下,旅游企业的投资机会不是一成不变的,它受多种因素的影响,处于不断变化之中,而最重要的是受到旅游市场需求变化的影响。随着社会经济的发展和人们生活消费水平的提高,旅游企业的产品与服务也要不断升级,不断推陈出新,为此,企业投资前,必须对旅游服务市场进行周密、动态的调查和市场分析,以寻找最有利的投资机会,找准企业投资的切入点,为保证投资决策的正确性和及时性、为实现投资目标奠定基础。

2. 建立科学的投资决策程序,认真进行投资项目的可行性分析

在市场经济条件下,旅游企业的投资决策都会面临一定的风险。为保证投资决策的正确有效,旅游企业必须按照科学的投资决策程序,认真进行拟投资项目的可行性分析,利用各种技术经济指标,采用定性与定量分析相结合的方法,对拟投资项目技术上的可行性及经济上的合理性进行充分论证,以便正确评价各项目的优劣。

3. 及时足额地筹集资金,保证项目投资的准确到位

旅游企业在实施投资前,必须科学预测投资所需资金的数量和时间,以确保资金及时足额到位,以免影响投资的顺利进行。旅游企业的投资开发项目,特别是大型投资项目,建设工期长,所需资金多,正所谓"开弓没有回头箭",一旦开工就必须有足够的资金供应,否则就会形成"半拉子工程",不仅无法带来投资效益,还会造成资产的巨大损失。

4. 处理好风险和收益的关系,适当控制企业的投资风险

在旅游企业投资活动中,投资风险和收益共存。投资收益的增加以投资风险的增大为代

价，而投资风险的增大将最终影响旅游企业的价值，不利于企业财务管理目标的实现。因此，企业投资时必须妥善处理好收益与风险的关系，在考虑获取高额收益的同时，慎重考虑投资风险的状况，力争实现收益和风险的均衡。

三、旅游企业投资环境的分析

投资环境是指影响企业投资效果的各种内外部因素的总和。旅游企业的生存、发展与获利，都是以内外部理财环境为条件的，企业进行投资时，必须对投资环境进行认真分析和研究，才能充分了解旅游市场的供求状况，了解国家的相关经济政策以及国内外政治、经济和技术发展的动向；才能科学预测未来投资环境的变化情况；才能确定正确的投资方向，保证投资项目取得预期的效果。

知己知彼，方百战不殆。旅游企业进行内外投资环境的分析，对及时、准确地做出投资决策、提高投资效益具有重要意义。

1. 投资的一般环境

投资的一般环境主要包括政治形势、经济形势和文化状况。

（1）政治形势是指政局是否稳定，有无战争或发生战争的风险大小，有无国家政权和社会制度变革的风险，有无重大政策变化等。政治环境的变化常常引起经济环境及市场环境等多方面的变化，旅游企业进行投资环境分析时，要认真分析所处的政治环境，确保投资合法有效。

（2）经济形势是指经济发展状况、经济发展水平、经济增长的稳定性、经济结构和产业政策等。旅游企业在设计投资时机、确定投资类型及投资规模时，要认真分析投资所处的经济环境，以保证投资的合理性、收益性。

（3）文化状况指教育程度、文化水平、宗教、风俗习惯等。旅游服务具有深厚的文化内涵，打的是"文化旗"，需体现以人为本，分析投资环境时，必须重视文化环境，确保投资的科学性。

2. 投资的相关环境

投资的相关环境是指与特定项目有关的一系列因素，如旅游市场、旅游资源、相关科学技术、地理环境及旅游基础设施、相关的政策优惠等。

旅游企业进行投资时，只有对旅游市场的现状及发展趋势有足够的了解，只有潜在需求旺盛持久，投资才切实可行。旅游企业投资能否取得良好的经济效益，还有赖于优质低价相关旅游资源的充分及时供应、相关科学技术的支持、良好的旅游地理环境及便利的交通运输，以及水、电、通信、金融等生活配套设施作为保障，如果盲目上马，就会骑虎难下。

任务二　项目投资的确定

任务描述

熟悉项目计算期的构成和项目投资的资金构成。

任务目标

任务目标	知识目标：知道什么是原始投资额、建设投资额、项目投资总额
	能力目标：能够计算项目的原始投资、建设投资、项目投资总额
	素质目标：树立投资意识

理论引导

一、项目投资的概念及特点

项目投资是一种以特定建设项目为对象，直接与新建项目或更新改造项目有关的长期投资行为，从性质上看，它是旅游企业直接的、生产性的对内实物投资，通常包括固定资产投资、无形资产投资、其他资产投资和流动资产投资等内容。与其他形式的投资相比，项目投资具有投资金额大、影响时间长、发生频率低、变现能力差和投资风险大等特点。

项目计算期是指投资项目从投资建设开始到最终清理结束整个过程的全部时间，即该项目的有效持续期间。完整的项目计算期包括建设期和运营期，其中，建设期是指从项目资金正式投入开始到项目建成投产为止所需要的时间，建设期的第一年年初称为建设起点，建设期的最后一年年末称为投产日。项目计算期的最后一年年末称为终结点，从投产日到终结点之间的时间间隔称为运营期。项目计算期、建设期和运营期之间有以下关系：

$$项目计算期=建设期+运营期$$

二、项目投资额资金构成

1. 原始投资

原始投资又称为初始投资，是反映项目所需现实资金水平的价值指标，从项目投资的角度看，原始投资是企业为使项目完全达到设计生产经营能力、开展正常经营而投入的全部资金，包括建设投资和流动资金投资两项内容。

（1）建设投资。建设投资是指在建设期内按一定生产经营规模和建设内容进行的投资，包括固定资产投资、无形资产投资和其他资产投资三项内容。

固定资产投资是项目用于购置或安装固定资产应当发生的投资，也是所有类型项目投资中都不可缺少的投资内容。计算折旧的固定资产原值与固定资产投资之间可能存在差异，原因在于固定资产原值可能包括应构成固定资产成本在建设期内资本化了的借款利息，两者之间的关系是：

$$固定资产原值=固定资产投资+建设期资本化借款利息$$

无形资产投资是指项目用于取得无形资产而发生的投资。

其他资产投资是指建设投资中除固定资产投资和无形资产投资以外的投资，包括生产准备和开办费投资。

（2）流动资金投资。流动资金投资是指项目投产前后分数次或一次投放于流动资产项目的投资增加额，又称垫支流动资金或营运资金投资。

2. 项目投资总额

项目投资总额是一个反映项目投资总体规模的价值指标,它等于原始投资与建设期资本化利息之和。其中,建设期资本化利息是指在建设期发生的与购建项目所需的固定资产、无形资产等长期资产有关的借款利息。

任务三　项目投资的现金流量分析

任务描述

结合旅游企业的某一投资项目,分析现金流量。

任务目标

任务目标	知识目标:理解项目投资的现金流量的构成内容,掌握计算项目投资现金净流量的方法 能力目标:能够对项目投资的现金流量进行分析 素质目标:树立开源的理念

理论引导

一、现金流量的概念及作用

现金流量又称现金流动量,在项目投资决策中,现金流量是指投资项目在其计算期内各项现金流入量与现金流出量的统称,这里的"现金",不仅包括各种货币资金,还包括项目需要投入企业拥有的非货币资源的变现价值。

1. 现金流量的概念

投资决策中的现金流量,从时间特征上看包括以下三个组成部分:

(1)初始现金流量。初始现金流量是指开始投资时发生的现金流量,一般包括固定资产投资、无形资产投资、其他资产投资、流动资金投资和原有固定资产的变价收入等。

(2)营业现金流量。营业现金流量是指投资项目投入使用后,在其寿命期内由于生产经营所带来的现金流入和现金流出的数量。

(3)终结现金流量。终结现金流量是指投资项目完成时所发生的现金流量,主要包括固定资产的残值收入和变价收入、收回垫支的流动资金等。

2. 现金流量的作用

企业在项目投资决策中并不是以利润评价项目经济效益的高低,而是以现金流入作为项目的收入,以现金流出作为项目的支出,以现金净流量作为项目的净收益,以此来评价投资项目的净收益。这是因为现金流量在项目投资决策中有以下两个方面的作用:

(1)采用现金流量指标有利于考虑资金时间价值因素。

(2)采用现金流量指标评价投资项目的经济效益更符合实际情况。

二、现金流量的内容

现金流入量是指能够使投资方案的现实货币资金增加的项目，简称现金流入；现金流出量是指能够使投资方案的现实货币资金减少或需要动用现金的项目，简称现金流出。

不同的投资项目，其现金流入量和现金流出量的构成内容有一定的差异。

1. 单纯固定资产投资项目的现金流量

（1）现金流入量。单纯固定资产投资项目的现金流入量包括增加的营业收入和回收固定资产余值等内容。

（2）现金流出量。单纯固定资产投资项目的现金流出量包括固定资产投资、新增经营成本和增加的各项税款等内容。

2. 完整投资项目的现金流量

（1）现金流入量。完整投资项目的现金流入量包括营业收入、补贴收入、回收固定资产余值和回收流动资金等内容。

（2）现金流出量。完整投资项目的现金流出量包括建设投资、流动资金投资、经营成本、营业税金及附加和调整所得税等内容。

经营成本是指在经营期内为满足正常生产经营而动用现实货币资金支付的成本费用，又称付现成本。它与筹资方案无关，不包括借款利息。其计算公式为：

$$某年经营成本 = 该年总成本费用 - 该年利息费用 - 该年折旧额 - 该年无形资产和开办费的摊销额$$

3. 固定资产更新改造投资项目的现金流量

（1）现金流入量。固定资产更新改造投资项目的现金流入量包括因使用新固定资产而增加的营业收入、处置旧固定资产的变现净收入和新旧固定资产回收余值的差额等内容。

（2）现金流出量。固定资产更新改造投资项目的现金流出量包括购置新固定资产的投资、因使用新固定资产而增加的经营成本、因使用新固定资产而增加的流动资金投资和增加的各项税款等内容。其中，因提前报废固定资产所发生的清理净损失而发生的抵减当期所得税税额用负值表示。

三、现金净流量的计算

现金净流量又称为净现金流量，是指在项目计算期内由每年现金流入量与同年现金流出量之间的差额所形成的序列指标。它是计算项目投资决策评价指标的重要依据。其计算公式为：

$$某年现金净流量 = 该年现金流入量 - 该年现金流出量$$

为简化现金净流量的计算，可以根据项目计算期不同阶段的现金流入量和现金流出量的具体内容，直接计算各阶段现金净流量。

1. 固定资产投资项目

（1）建设期净现金流量的计算。若单纯固定资产投资项目的固定资产投资均在建设期内投入，则建设期净现金流量可按以下简化公式计算：

$$建设期某年的净现金流量 = 该年发生的固定资产投资额$$

（2）运营期净现金流量的计算。运营期净现金流量的计算公式为：

运营期某年净现金流量 = 该年因使用某固定资产新增的净利润 +
　　　　　　　　　　　该年因使用某固定资产新增的折旧 +
　　　　　　　　　　　该年回收的固定资产净残值 +
　　　　　　　　　　　该年因使用某固定资产新增的利息

2. 更新改造投资项目

（1）建设期净现金流量的计算。如果更新改造投资项目的固定资产投资均在建设期内投入，则建设期净现金流量的简化公式为：

　　　建设期某年净现金流量 = 该年发生的新固定资产投资 − 旧固定资产变价净收入

（2）运营期净现金流量的计算。运营期净现金流量的简化公式为：

运营期某年净现金流量 = 该年因更新改造而增加的净利润 + 该年因更新改造而增加的折旧额 + 该年回收新固定资产净残值超过假定继续使用的旧固定资产净残值之差额 +
　　　　　　　　　　　该年因更新改造而增加的利息

【例题 2−13】假定某旅游企业拟进行一项目投资，其预计的有关资料如下：

（1）该项目建设期 2 年，分别于第 1 年年初和第 2 年年初各投资 500 万元建造固定资产，第 2 年年末（投产前）再投入流动资金 100 万元（该项投资属于垫支，项目结束时全部收回）。

（2）预计项目投产后经营 6 年，期满残值 16 万元，每年按直线法折旧。

（3）投产后第 1 年产品销售收入为 300 万元，以后 5 年均为 600 万元，假定第 1 年的支付成本为 80 万元，以后 5 年均为 160 万元。假定所得税税率为 25%。

要求：计算项目计算期内各年的净现金流量（NCF）。

案例解析：计算期为 8 年，年折旧额 = (1 000 − 16)/6 = 164（万元）

$NCF_0 = -500$（万元）

$NCF_1 = -500$（万元）

$NCF_2 = -100$（万元）

$NCF_3 = [300 - (80 + 164)] \times (1 - 25\%) + 164 = 206$（万元）

$NCF_4 = [600 - (160 + 164)] \times (1 - 25\%) + 164 = 371$（万元）

NCF_5、NCF_6、NCF_7 与 NCF_4 相同。

$NCF_8 = 371 + 100 + 16 = 487$（万元）

技能训练

一、单项选择题

1. 项目投资的特点有（　　）。
   A. 投资金额小　　　　　　　　B. 投资时间较长
   C. 投资风险小　　　　　　　　D. 变现能力强

2. 在项目投资决策中，现金流量是指投资项目在其计算期内各项（　　）的统称。
   A. 现金流入量　　　　　　　　B. 现金流出量
   C. 现金流入量与现金流出量　　D. 净现金流量

3. 付现经营成本与经营成本的关系是（　　）。

A. 经营成本＝付现经营成本＋折旧等　　B. 付现经营成本＝经营成本＋折旧等
C. 经营成本＝付现经营成本　　　　　　D. 经营成本与付现经营成本没有任何关系

4. 已知某投资项目的某年营业收入为1 000万元，该年经营总成本为600万元，该年折旧为100万元，在不考虑所得税情况下，该年营业净现金流量为（　　）。

A. 400万元　　　　B. 500万元　　　　C. 600万元　　　　D. 700万元

5. 已知某新建项目的净现金流量：$NCF_0=-100$ 万元，$NCF_1=-50$ 万元，$NCF_2 \sim NCF_5$ 为25万元，$NCF_6 \sim NCF_{10}$ 为40万元。则包括建设期的投资回收期为（　　）。

A. 5年　　　　　　B. 5.25年　　　　　C. 6年　　　　　　D. 6.25年

6. 能使投资方案的净现值为0的折现率是（　　）。

A. 净现值率　　　　B. 内部收益率　　　C. 投资利润率　　　D. 资金成本率

7. 下列指标中，属于绝对指标的是（　　）。

A. 净现值　　　　　B. 净现值率　　　　C. 投资利润率　　　D. 内部收益率

8. 在只有一个投资方案的情况下，如果该方案不具备财务可行性，则（　　）。

A. 净现值＞0　　　B. 净现值率＜0　　　C. 内部收益率＞0　　D. 现值指数＜1

9. 如果其他因素不变，折现率提高，则（　　）将会变小。

A. 净现值率　　　　B. 内部收益率　　　C. 投资回收期　　　D. 投资利润率

10. 动态指标之间的关系是（　　）。

A. 当净现值＞0时，净现值率＞0，内部收益率＞基准收益率或资金成本
B. 当净现值＞0时，净现值率＜0，内部收益率＞基准收益率或资金成本
C. 当净现值＜0时，净现值率＞0，内部收益率＞基准收益率或资金成本
D. 当净现值＜0时，净现值率＜0，内部收益率＞基准收益率或资金成本

11. 下列指标中，属于财务综合评价主要指标的是（　　）。

A. 投资回收期　　　B. 投资利润率　　　C. 净现金流量　　　D. 净现值

12. 下列表述不正确的是（　　）。

A. 净现值是未来报酬的总现值与初始投资额的现值之差
B. 当净现值大于0时，净现值率小于0
C. 当净现值等于0时，此时的折现率为内部收益率
D. 当净现值大于0时，说明该投资方案可行

13. 某投资项目若选用15%的折现率，其净现值为500；若选用18%的折现率，其净现值为－250。则该项目的内部收益率为（　　）。

A. 17%　　　　　　B. 20%　　　　　　C. 16.5%　　　　　D. 21.5%

14. 下列指标中，属于折现评价指标的是（　　）。

A. 投资回收期　　　B. 内部收益率　　　C. 剩余收益　　　　D. 投资利润率

15. 如果净现值为负数，则表明该投资项目（　　）。

A. 为亏损项目，不可行
B. 报酬率小于零，不可行
C. 报酬率没有达到预定的折现率
D. 报酬率不一定小于零，因此也有可能是可行的项目

二、计算分析题

1. 已知光大集团拟于 2009 年年初用自有资金购置设备一台,需一次性投资 1 000 万元。经测算,该设备使用寿命为 10 年,税法也允许按 10 年计提折旧;设备投入运营后每年可新增利润 200 万元。假定该设备按直线法折旧,预计的净残值为 5%;已知,$(P/A, 10\%, 5) = 3.790\,8$,$(P/F, 10\%, 5) = 0.620\,9$。不考虑建设安装期和公司所得税。求:

(1) 使用期内各年净现金流量。
(2) 该设备的静态投资回收期。
(3) 该投资项目的投资利润率。
(4) 如果以 10% 作为折现率,其净现值为多少?

2. 某酒店拟新建一项目,需要在建设起点一次投入固定资产投资 100 万元,无形资产投资 10 万元。建设期为 1 年,建设期资本化利息为 6 万元,全部计入固定资产原值,投产后需要流动资金 20 万元,试计算项目的建设投资、原始投资和项目投资总额。

模块三

旅游企业资产管理

模块描述

通过模块学习，了解营运资金的内容和特点，现金管理的目的和内容，应收账款发生的原因、作用和成本，存货的成本；理解现金、应收账款、存货的日常管理，应收账款的信用政策；掌握最佳现金持有量的确定、应收账款信用政策的决策、存货采购批量的决策，学会运用这些方法，提高旅游企业营运资金的管理水平。

项目一 认识旅游企业流动资产管理

项目描述

通过本项目的学习，了解旅游企业流动资产，学会现金管理、应收账款管理和存货管理。

任务一 了解旅游企业流动资产

任务描述

在掌握旅游企业流动资产概念的基础上，按组对比旅游企业流动资产投资与固定资产投资的特点。

任务目标

任务目标	知识目标：掌握旅游企业流动资产的概念和特点
	能力目标：能够对比旅游企业流动资产投资与固定资产投资的特点
	素质目标：培养学生的分辨能力

理论引导

一、旅游企业流动资产概念

旅游企业流动资产是指企业可以在1年或者超过1年的一个营业周期内变现或运用的资产，其具体形态主要包括现金、应收账款、存货等。

二、旅游企业流动资产特点

旅游企业的流动资产投资又称经营性投资，它与固定资产投资相比具有以下特点。

（1）投资回收期短。流动资产的消耗与补偿期限很短，可以在1年内或一个生产经营周期内发生作用，对旅游企业生产经营的影响时间比较短，一般流动资产投资所需资金可通过短期银行借款、商业信用等加以解决。

（2）流动性强。流动资产的本质是流动性强。旅游企业的流动资产总是不断地按顺序经过供、产、销三个过程，占用形态不断发生变化，即按照：现金—材料—在产品—产成品—应收账款—现金的顺序变化，循环往复。其流动性使流动资产的变现能力较强，如遇意外情况，可迅速变卖流动资产以获取现金。同时，流动资金每经过一次周转循环就可能带来一定的价值增值，它成为企业最重要、最稳定的收益来源。

（3）存在形态的多样性。旅游企业流动资产的存在形态与企业的经营特点相关，但种类繁多，在流动资产的周转过程中，每天不断有资金流入，也有资金流出，流入和流出总要占用一定的时间，从供、产、销的某一瞬间看，各种形态的流动资产同时并存于企业，并保持一定比例，才能保证企业再生产过程连续不断地进行。

（4）波动性。由于旅游企业的经营要以市场为向导，而市场是不断变化的，因此旅游企业占用流动资产的资金不是一个常数，而是随着经营波动，从而导致流动资金占用时高时低，起伏不定，也是波动的，而旅游企业经营具有明显的季节性，这一特征则更为突出。随着流动资产占用量的变动，流动负债的数量也会相应发生变化。

任务二　学会旅游企业现金管理

任务描述

了解旅游企业持有现金的动机、熟悉现金收支的日常管理，重点掌握目标现金持有量的确定方法。

任务目标

任务目标	知识目标：掌握旅游企业现金管理的目的和内容，最佳现金持有量的确定方法以及现金收支的日常管理内容 能力目标：能够运用目标现金持有量的确定方法 素质目标：加强旅游企业现金管理的风险意识，正确运用现金流创造企业价值

理论引导

一、旅游企业现金管理的目的和内容

现金是指旅游企业在经营过程中暂时停留在货币形态的资金,包括库存现金、银行存款及其他货币现金。

现金是标准的支付手段,它具有普遍可接受性和高度流动性的特点,既可以满足经营开支的各种需要,购买所需要的物资,支付有关费用,也是还本付息和履行纳税义务的保证。拥有了现金便拥有了立即用于购买或偿还债务的能力,因此,它是衡量旅游企业短期支付能力的重要指标。

1. 持有现金的动机

旅游企业要持有一定数量的现金,其动机有如下几点:

(1) 交易动机。旅游企业为了应付日常营业需要而必须保持一定数额的现金储备,用于购买原材料、支付工资、缴纳税款、偿付到期债务、支付股利等。一般来说,伴随着营业活动的进行,旅游企业随时会发生大量的现金流入与流出,但现金流入与流出不可能同时等额发生,当现金支出大于现金收入时,现金储备就可以满足需要而不致使交易中断。一般来说,企业为满足交易动机所持有的现金余额主要取决于企业销售水平。企业销售规模扩大,销售额增加,所需现金余额也随之增加。

(2) 预防动机。企业为了应付意外事件而必须保持一定量的现金,如自然灾害、突发事故、主要顾客不能如期付款以及国家政策的某些突然变化等,这些都会打破企业原来预计的现金收支平衡。因此,企业必须维持比日常交易需要更多的现金储备来应付可能发生的意外情况。企业为应付意外情况所持有的现金余额主要取决于三个方面:一是企业愿意承担风险的程度;二是企业临时举债能力的强弱;三是企业对现金流量预测的可靠程度。

(3) 投机动机。这是指企业为了抓住转瞬即逝的市场机会获得较大利益而储备的现金,如通过在证券市场上的买卖来获取投机收益。比如,当企业预计有价证券价格将有较大幅度的上升时,可利用手中多余的现金,以目前较低的价格购入有价证券。投机动机只是企业确定现金余额时所需考虑的次要因素之一,其持有量的大小往往与企业在金融市场的投资机会及企业对待风险的态度有关。

(4) 其他动机。例如,保持充足的现金以取得商业折扣;为拥有适当的现金比率而持有现金,以保持良好的信用地位等。

2. 现金管理的目的

现金管理中的重要问题之一就是要保证企业良好的支付能力。如果由于现金不足丧失接团机会和得不到折扣的好处,或无法偿还到期债务,会使企业的商业信誉受到影响,从而在利用借款和商业信用时就会有困难,影响企业正常的生产经营活动。显然,持有一定的现金将有助于避免上述现象的发生。但是,强调现金持有的重要性并不意味着旅游企业需要保存的现金越多越好,现金不能为企业带来投资收益,大量闲置现金的存在会降低资金的使用效率,丧失投资增值的机会。因此,现金管理的目的是在保证企业经营活动所需现金的基础上,尽量节约使用现金,降低资金成本,提高资金使用效率,在流动性与盈利之间做出最佳选择。

3. 现金管理的内容

旅游企业应通过现金的管理达到保证其流动性、提高其盈利性的目的。为实现这一目的，企业现金管理的内容应从以下几方面入手：一是编制现金预算，合理估计现金需求，以保证现金收入与现金支出在时间上和数量上协调；二是做好现金的日常管理工作，尽量做到收支匹配，从而提高现金管理质量；三是确定理想的现金余额。在现金管理实践中，现金收支数额完全相等的情形很少发生，因此，保持必要的现金余额也是自然的。

二、旅游企业现金最佳持有量

最佳现金持有量是指对企业最有利，既能满足日常需要，又能避免过多占用现金，使持有现金的总成本最低时的现金持有量。

前文已提过现金管理的目的之一，就是采用一定的方法找出一个最佳现金余额，这一现金余额既能满足流动性要求，又能满足盈利性期望。在预算期现金需要总量一定的条件下，影响现金持有量的因素主要有有价证券的利率（即现金的持有成本）以及有价证券与现金之间的转换成本。

1. 持有成本

持有成本是指因持有现金而放弃了其他投资机会可能获得的最大收益，也就是持有现金的机会成本，它与现金持有量成正比例关系。

2. 转换成本

转换成本是指企业购入或出售有价证券时支付的固定性交易费用，如手续费、税金、佣金等，这种成本与交易的次数成正比，与持有现金的金额无关。

在现金需求总量一定的前提下，现金持有量越多，持有成本就越大，但由于证券转换次数少，转换成本就小。反之，现金持有量少，将其余现金投资于有价证券，尽管可以降低现金持有成本，但当企业需要现金时，如果变现有价证券以补充现金，则转换成本会随着证券转换次数的增加而相应增加。企业要想满足经营所需要的现金余额，又要少付出代价，就必须处理好日常现金余额与证券变现的关系，找出一定时期内现金余额最佳存量和最佳变现次数。持有成本和转换成本与现金持有量之间的反向变动要求企业必须对现金与有价证券的分割比例进行合理安排，从而使持有成本与转换成本保持最低。所以企业持有现金的总成本是持有成本与转换成本之和的最低现金持有量，即最佳现金持有量。

$$Q = \sqrt{\frac{2AF}{R}}$$

$$TC = \sqrt{2AFR}$$

$$C = A/Q$$

式中，TC——现金管理成本；

F——现金与有价证券转换的固定成本；

A——预算期现金需要总量；

Q——最佳现金持有量；

R——短期有价证券利率；

C——最佳变现次数（证券转换次数）。

三、旅游企业现金的日常管理

现金日常管理的目的在于加速资金周转速度，提高现金的使用效率。为达到这一目的，应当做好以下几方面的工作：

1. 力争现金流量同步

如果旅游企业能尽量使它的现金流出与现金流入的发生时间趋于一致，就可以使其持有的交易性现金余额降到最低水平。

2. 使用现金浮游量

浮游量是指旅游企业从银行存款户上开出支票的总额超过其银行存款账户的余额。出现浮游量的主要原因是企业开出支票，收款人收到支票并将其送交银行直至银行办理完款项的划转通常需要一定的时间。浮游量实际上是企业与银行双方出账与入账时间差造成的，在这段时间里，尽管已经开出支票，却仍可动用在活期存款账户上的资金。但是，在使用现金浮游量时，一定要控制好使用时间，否则会发生银行存款透支，得不偿失。

3. 加速收款

这主要指缩短应收账款的时间。发生应收账款会增加资金占用；但它又是必要的，在旅游企业业务往来中应收款的比重较大，因为它可以扩大旅游产品销售规模，增加营业收入。企业可向客户提供早还款给折扣的优惠条件，促使客户早日付款，还可建立多个收款中心，以缩短邮寄和清单时间，加速收款，做到既利于客户又能有效缩短收款时间。

4. 推迟应付款的支付

这是指旅游企业在不影响自己信誉的前提下，尽量推迟应付款的支付期，充分运用对方的信用优惠。如遇急需资金时，甚至可以放弃折扣优惠，在信用期的最后一天支付款项。不过，这就要权衡折扣优惠与急需现金之间的利弊得失后再决定了。

5. 适当进行证券投资

在旅游企业日常经营中，会产生大量现金，当这些现金闲置时，可适当用于国债、可转让大额存单、股票等投资，既可以获取较多的利息收入，又有较强的变现能力。管理得当，可以为企业增加可观的净收益。

四、旅游企业现金的分析与考核

现金收支管理中，应经常对现金使用情况进行分析与考核，提高现金管理水平和使用条件，现金分析常用指标如下。

$$现金周转率 = 每期实际收到的营业额 \div 期初现金结余额$$

$$每期实际收到的营业额 = 营业收入 - 赊销额$$

使用这一指标主要考虑到旅游企业现金流入中，营业收入是最主要的来源，它反映了企业现金使用和收回情况，在其他条件相同的情况下，现金周转率越高，现金使用效果越好。

任务三　学会旅游企业应收账款的管理

任务描述

学生需要掌握应收账款的成本。为了管好应收账款，企业要确定合理的信用政策。对于已经发生的应收账款，应强化日常管理工作。

任务目标

任务目标	知识目标：应收账款发生的原因、作用与成本、日常管理以及信用政策的内容
	能力目标：能够确定合理的信用政策管好应收账款，对于已经发生的应收账款，应强化日常管理工作
	素质目标：培养学生的决策能力

理论引导

一、旅游企业应收账款发生原因

应收账款是指旅游企业因对外赊销商品、提供劳务等而应向购货或接受劳务单位收取的款项，是企业的一项短期债权。

应收账款发生的原因，大致有以下两个。

1. 销售与收款的时间差

销售成立与收到货款的时间常不一致，这是产生应收账款的主要原因。由于结算方式和结算手段等因素，销售方企业在确认收入时尚未收到的货款便形成了销售方的应收账款，销售方企业要承担由此引起的资金垫支责任。

2. 商业竞争

商业竞争也是引起应收账款的主要原因。市场竞争日趋激烈，企业为扩大销售规模，占领市场，除了依靠产品、服务质量、价格、售后服务、广告宣传以外，常常会采用赊销的方式来增加产品的销量。由竞争引起的应收账款，是一种商业信用。

二、旅游企业应收账款的作用与成本

应收账款是企业因赊销而产生的一项短期债权，是企业向客户提供的一种商业信用。而赊销实质上是企业为客户提供了融资的便利，所以，与现销相比，赊销有利于扩大企业的销售规模，提高企业的市场占有率。在密切与购买商合作关系的同时，赊销还可以缩小企业的存货规模，降低企业的存货成本。

赊销可以促进销售，减少存货，降低存货成本，但持有应收账款也会付出一定的代价，这就是应收账款的成本，包括以下内容。

1. 机会成本

应收账款是客户对企业资金的占用,从而使企业丧失了将这些资金投资于其他有利可图的生产经营活动而获取的收益。这种资金利用机会的损失,形成了应收账款的机会成本。这一成本的大小与维持赊销业务所需的资金及资金成本率或有价证券率有关。

其计算公式为:

$$应收账款的机会成本 = 维持赊销业务所需资金 \times 资金成本率$$

$$维持赊销业务所需资金 = 应收账款平均余额 \times 变动成本 \div 销售收入$$

$$= 应收账款平均余额 \times 变动成本率$$

$$应收账款平均余额 = 赊销收入净额 \div 应收账款周转率$$

$$应收账款周转期 = 360 \div 应收账款周转率$$

2. 管理成本

管理成本是指为了管理应收账款而支付的一切费用,如对客户的资信调查费用、收账费用等。

3. 坏账成本

客户的资信情况不同,导致支付能力存在差异。有些应收账款会因客户缺乏还款意愿或没有还款能力而无法收回,成为坏账,给企业带来损失,这就是坏账成本。坏账成本一般与应收账款余额成正比,与应收账款的收回时间成反比。

三、旅游企业信用政策

为了管理好债权资产,旅游企业要确定合理的信用政策,加强专项管理。

信用政策是旅游企业财务管理的一个重要组成部分,它是指企业为对应收账款投资进行规划与控制而确立的基本原则与行为规范,主要包括信用标准、信用条件和收账政策三部分内容。

1. 信用标准

信用标准是旅游企业用来判定客户能否得到商业信用所必须具备的基本条件。企业的信用标准同销售额及坏账风险有直接的联系,如果信用标准高,则只有信用很好的客户才能得到商业信用,许多客户会因达不到标准而不能享受企业的信用政策,企业的坏账损失将很低,但企业的销售额也会降低,影响企业的市场竞争能力。如果信用标准较低,信用较差的客户也会得到商业信用,企业的销售额就会有很大增长,但其坏账损失及其他应收账款成本一般也会随之增长。因此,信用标准的确定需要在应收账款的收益与成本之间权衡,力争使边际收益等于边际成本。

旅游企业应当根据客户履行偿债义务的可能性,从品质(Character)、偿债能力(Capacity)财务实力和财务状况(资本 Capital)、能否提供足够的担保(Collateral)以及可能影响付款能力的经济环境(条件 Conditions)这几个方面进行评价,即通过 5C 分析及信用评价来确定对客户的信用标准。

旅游企业在确定信用标准时可采用将风险量化的方法,以便对每个申请商业信用客户的拒付风险程度进行比较,从而确定对其提供信用的标准。风险量化法的步骤如下:

第一,设定信用等级的评价标准。

根据客户以前的信用资料分析,确定评价信用好坏的量化标准,以一组具有代表性,能够说明付款能力和财务状况的若干比率（如流动比率、速动比率、权益负债比率、资产总额、应收账款周转率、存货周转率、收入总额、应付账款总额、赊销支付情况等）作为信用风险指标，分别计算出在最坏年景里信用好和信用差的两类客户这些指标的平均值，以此作为评价其他客户信用的标准。

第二，利用申请信用客户所提供的财务资料，计算出各自的指标值并与信用评价等标准比较。

若客户的某项指标值≤信用差指标值，则预计客户的拒付风险系数（即坏账损失率）增加10%。

若客户的某项指标值在信用好与信用差之间，则预计客户的拒付风险系数增加5%。

若客户的某项指标值≥信用好指标值，则预计客户的拒付风险系数等于0。

在逐项分析的基础上，累计该客户的风险系数。

第三，进行风险排队，确定风险等级。

计算出所有申请信用客户的风险系数，然后根据风险的程度，确定出对不同客户的信用标准。这种方法将风险数量化，使得企业在确定信用标准时较为方便，对于信用等级不同的客户，分别采用不同的信用对策，包括接受或拒绝信用订单、给予不同信用优惠条件或附加某些限制条款等。当然，由于旅游企业的具体情况不同，申请信用的客户的情况也各异，所以企业在使用这种方法的同时，还应结合以往这方面的经验加以综合考虑。

2. 信用条件

信用条件是指旅游企业要求客户支付赊销款项的条件，一般由信用期限、折扣期限和现金折扣三部分组成。

信用期限是指企业为客户规定的最长付款期限。

折扣期限是指客户可享受现金折扣的付款期限。

现金折扣是指客户在折扣期限内付款可以得到的价格优惠。

信用条件的一般形式如（2/10，1/20，n/30），其含义为：10天内付款可以享受2%的价格优惠；10~20天内付款可享受1%的价格优惠；最后付款期为30天，此时付款无折扣。这里，2%、1%为现金折扣，10天、20天为折扣期限，30天为信用期限。

信用期限的长短与企业确定的信用标准是密切相关的，信用标准高，则信用期限短，应收账款的机会成本及坏账损失都相应低，但不利于扩大销售规模；反之信用标准低，则信用期限长，表明客户享受了更加优越的信用条件，节约了融资成本，对客户有较大的吸引力。信用条件优惠，可以增加销售额，但也同时增加了应收账款的成本，因此，确定信用条件也需要进行成本效益分析。信用条件分析评价如表3-1所示。

表3-1 信用条件分析评价　　　　　　　　　　　单位：元

项目	n/60	（2/15，1/30，n/60）
年赊销款	600 000	600 000
减：现金折扣	—	7 800
年赊销净款	600 000	592 200
减：变动成本	360 000	360 000
信用成本前收益	240 000	23 200

续表

项目	n/60	(2/15, 1/30, n/60)
应收账款周转次数	6 次	12 次
应收账款平均余额	100 000	50 000
维持业务订货资金	60 000	30 000
应收账款机会成本	11 500	4 500
坏账损失	6 000	3 000
收账费用	15 000	7 500
信用成本小计	32 500	15 000
信用成本后收益	207 500	217 200

3. 收账政策

收账政策是指企业的应收账款不能如期收回时，所采取的收账策略和收账方法。

为了加速回收应收账款，旅游企业的财务管理人员必须注意以下两点：

（1）确保账单能及时寄出；

（2）注意那些逾期不交款的客户，及时催收账款。

虽然旅游企业向客户提供信用条件可以扩大销售规模，但是企业坚决不允许客户长期拖欠账款。一般来说，企业可行的收账措施有信函和电话催收、派人上门催收、聘请法律顾问协助催收以及提起法律诉讼等。

企业对拖欠的应收账款，无论采用何种方式进行催收，都需要付出一定的代价，即收账费用，如收款所花费的邮电通信费、派专人收款的差旅费和不得已时的法律诉讼费等。对各种不同过期账款的催收应根据客户情况采用不同的方式。

如果企业的收款政策过宽，会导致逾期未付款的客户拖延时间更长，对企业不利；如果收款政策过严，催收过急，又可能伤害无意拖欠的客户，影响企业未来的销售和利润。因此，企业要权衡利弊，掌握好宽严界限。一般来说，收账费用越大，收账措施越有力，可收回账款的数额越大，坏账损失就越少。因此，确定收款政策，也要在收账费用和减少的坏账损失之间做出权衡。确定有效的、恰到好处的收账政策应当是使收账成本最小化，可以通过比较各收账方案成本的大小，选择成本最小的收账方案。

四、旅游企业应收账款日常管理

应收账款管理是旅游企业财务管理的一项重要工作，应注意做好。对于已经发生的应收账款，应进一步强化日常管理工作，争取有力的措施进行分析控制，及时发现问题，提前采取对策。这些措施主要包括应收账款的追踪分析、账龄分析及收现率分析和建立应收账款坏账准备制度。

1. 应收账款的追踪分析

应收账款一旦发生，赊销企业就必须考虑如何按期足额收回的问题。一般来说，客户大多不愿以损失市场信誉为代价而拖欠赊销企业的账款。但如果客户现金匮乏，或者现金的可调剂程度较低，或者客户信用品质不佳，那么赊销企业的账款被拖欠就在所难免。赊销企业为了达到按期足额收回账款的目的，就有必要在收账之前，对该项应收账款的运行过程进行追踪分析。当然，赊销企业不可能也没有必要对全部的应收账款都实施追踪分析，在通常情况下，主要对金额大或信用品质较差的客户的欠款进行重点考察，如果有必要也有可能的话，也可对客户的信用品质与偿债能力进行延伸性调查和分析。

2. 应收账款的账龄分析

企业已发生的应收账款时间长短不一，有的尚未超过信用期，有的则已逾期拖欠。应收账款的账龄分析就是对应收账款的账龄结构进行分析。账龄结构就是指各账龄应收账款的余额占应收账款总额的比重。

一般来说，应收账款发生的时间越长，发生坏账的可能性越大，催收的难度越大。因此，企业应严格监督，随时掌握回收情况，这是提高应收账款收现效率的重要环节。企业可以将应收账款账龄的动态分析作为调查和设计新的信用政策的依据，不断提高应收账款的管理水平。

3. 应收账款收现率分析

为了适应企业现金收支匹配关系的需要，企业必须对应收账款的收现水平确定一个必要的控制标准，它就是应收账款收现保证率。它所确定的是有效收现的账款占全部应收账款的百分数，是二者应当保持的最低比例。

$$应收账款收现保证率 = \frac{当期必要的现金支付总额 - 其他稳定现金流入额}{当期应收账款总额}$$

公式中的其他稳定现金流入额，是指从应收账款收现以外的途径可以取得的各种稳定可靠的现金流入数额，包括短期有价证券变现净额、可随时取得的银行贷款等。

计算应收账款收现保证率的意义在于：应收账款未来是否可能发生坏账损失对企业并非最为重要，更为关键的是实际收现的账款能否满足同期必要的现金支付要求，特别是满足具有刚性约束的纳税债务及偿付不得展期或调换的到期债务的需要。

关于应收账款的日常管理，除做好以上三方面的工作之外，还应建立应收账款坏账准备制度，在这里就不予阐述了。

任务四　学会旅游企业存货管理

任务描述

学生应掌握存货的成本内容以及常用的存货控制方法。

任务目标

任务目标	知识目标：掌握存货的概念、存货的成本内容、常用的存货控制方法和存货的日常管理 能力目标：能够用存货控制方法与管理来提高经济效益 素质目标：增强学生理财意识，提高学生管理能力

理论引导

一、旅游企业存货的概念和范围

旅游企业的存货是指企业在日常经营过程中持有以备出售的产品、商品，或者仍处于生产过程，或在提供劳务过程中将要消耗的材料、物料、用品等，主要包括各类材料（食品原材料、维修材料等）、燃料、物料用品（客房用品、餐厅用品、洗衣房用品、娱乐厅用品等）、低值易耗品和商品等。

存货是旅游企业从事经营活动的重要物质条件，为了加强存货的管理，必须要明确存货的范围。企业存货的范围是以所有权为标准来确定的。在盘存日期内法定所有权属于企业的一切货品，不论其存放在何处，均属于企业存货的范围。

存货在旅游企业流动资产总额中一般占有较大比重，是企业重要的流动资产。它具有品种繁多、收发频繁的特点。要想使旅游企业的经营活动顺利不断地进行，必须保持适当的存货。存货过多或过少都不利于经营活动的开展，存货过多会造成资金占压，影响资金周转速度；存货过少会错失销售良机，影响正常的经营活动的进行。存货资金利用的好坏，对企业财务状况影响极大。因此，采用有效方式加强对存货的管理，以最小的成本支出保持存货的最佳水平，是旅游企业财务管理的一项重要内容。

二、旅游企业存货的成本

旅游企业存货的成本是指存货的采购、加工以及存储过程中发生的各项支出，主要表现为存货的进货成本、储存成本以及缺货成本。

1. 进货成本

进货成本是指旅游企业存货的取得成本，主要由存货的采购成本和订货成本组成，其中，采购成本又叫进价成本，它是指存货本身的价值，通常用数量与单价的乘积表示，在无通货膨胀和商品折扣情况下，它与企业采购次数无关，因而在存货决策中属于无关成本。订货成本又称进货费用，是指企业在对外采购存货的过程中发生的成本，具体表现为办公费、差旅费、谈判费用、邮资、通信费用、入库前的挑选整理费用等支出。严格来讲，从订货次数与订货成本的关系来看，订货成本可以分为变动成本与固定成本两部分。变动成本是与订货次数有关的部分，如差旅费、邮资、谈判费用等，不难看出，订货次数越多，这一数额越大。变动成本在存货的决策中属于决策的相关成本。另外，订货成本中还有一部分为固定成本，如维持采购部门日常运行的开支等，这部分成本通常与订货次数无关，在存货决策中属于决策的无关成本。

2. 储存成本

储存成本是指旅游企业为保持存货而发生的成本，包括存货占用资金应支付的利息（借入资金购入存货）或存货占用资金的机会成本（以自有资金购入存货）、仓储费用、保险费用、存货的毁损和变质损失等。储存成本通常与存货的订购次数无关，而与存货的数量多少有关。从储存数量与储存成本的关系看，储存成本也分为变动成本与固定成本两部分。固定成本与存货储存数量无关，如仓库的折旧费、仓库职工的固定工资等。这类成本在存货决策中属于无关成本。变动成本与存货储存数量成正比例变动，如存货占用资金应支付的利息、保险费、毁损变质损失等，这类成本在存货决策中属于相关成本。

3. 缺货成本

缺货成本是一种机会损失，通常以存货短缺所支付的代价来衡量。缺货成本主要包括材料、物料供应中断所造成的经营活动的中断或丧失销售机会而蒙受的收入损失，以及因无法满足游客正常的需要所带来的商誉损失等。缺货成本有很大的不确定性，其数量大小也难以准确计量，它与存货储备量反向相关。

三、旅游企业存货的控制

存货的控制是指旅游企业在日常经营活动中，根据存货计划和经营活动的实际要求，对各种存货的使用和周转状况进行组织、调节和监督，将存货数量（即存货的资金占用）保持在一个合理的水平上。常用的存货控制方法有经济订货量法、ABC控制法等。

1. 经济订货量法

经济订货量是指使旅游企业在存货上所花费的总成本为最低的每次订货量。如前所述，存货成本是由变动性订货成本（简称订货成本）、变动性储存成本（简称储存成本）和允许缺货情况下的缺货成本构成的。在一般情况下（即不考虑享有价格折扣和缺货成本）与经济订货量相关联的存货总成本是由年订货成本和储存成本两部分组成的。它们二者与订货批量呈现方向相反的变动关系，即订货批量大，储存成本就高，但全年订货的次数少，订货成本低；反之，订货批量小，储存成本低，但全年订货次数多，订货成本就高。

经济订货量就是找出使储存成本与订货成本之和最低的每次订货数量。其计算公式是：

$$经济订货量（最佳订货量）=\sqrt{\frac{2\times 全年订货量\times 每次订货成本}{单位商品储存成本}}$$

即

$$Q=\sqrt{\frac{2AB}{C}}$$

式中，Q——经济订货量；

A——某种存货全年需要量；

B——平均每次订货成本；

C——单位商品储存成本。

$$存货总成本（TC）=\sqrt{2ABC}$$

$$全年订货次数（N）=A\div Q$$

$$经济订货量平均占用资金（W）=Q\div 2\times P（P为所购货物单价）$$

2. ABC控制法

一般来说，旅游企业存货品种繁多，收发频繁，如果对每一种存货都详加管理，不但费时费力，占用过多的资金和人力，而且可能因头绪太多，抓不住重点，对重点物资有所忽视，给经营活动造成损失。为了避免这一问题的产生，可以按存货的重要程度、消耗数量、价值大小、资金占用等情况，划分为A、B、C三类，对不同的物资采用不同控制方法，这就是ABC控制法。其中A类物资的品种不多，数量只占企业存货总量的10%～20%，但其所占价值份额最大，是价值高、很重要的存货，是企业存货控制的重点，如果将A类物资管好，就等于管好了库存存货总额的大部分。要随时核对物资的库存状况，采取定量订货方式管理，加强资金管理。B 类物资占企业存货总量的 30%左右，占有一定价值份额，重要性一般，对它要在管理上给予一定重视，并在管理方法方面投入适当力量。C 类物资占企业存货总量的 50%或更多，它价值低、重要性差，但种类繁多，对它只需要较少的管理和关注，就可以收到耗费少而收效大的效果。这种对物资实行区别对待、重点管理的方法，便于管理人员抓住存货管理的重点，保证存货管理的效率，同时有助于有效地减少存货资金的占用，还可以使管理者的重要精力从烦琐的工作中解脱出来，因此，ABC 控制法是合乎经济原则的。

四、旅游企业存货的日常管理

旅游企业在存货上占用的资金较大，要加强对存货的管理与控制，避免损失，减少损耗，提高经济效益，除了采用上述一些基本的管理方法外，还必须做好存货的日常管理工作。具体应做到以下几点。

1. 建立存货管理责任制，健全各项规章制度

要建立存货的收入、发出和保管的岗位责任制。仓库保管人员应根据存货的品种、规格、价值、性能、计量等方面的特征，统一编号，分类存放，以提高工作效率和保管效果，并按规定做好各类存货的收、付、存记录，力求账实相符，以保护存货的安全与完整，维护企业权益。

2. 建立健全存货的收发制度，加强定额工作，实行定额控制

规定存货定额有利于加强存货规划，以保证生产的正常进行，并降低生产成本。确定合理的储备资金定额，实行"定额下库"，要求供应、仓库保管人员严格按照定额来采购与储备，建立定额发料制度，采取各种措施，不断通过降低原材料消耗量来降低成本。

3. 改进物资采购工作，降低采购成本

尽量组织就地、就近供应，选购"物美价廉"的物资，并防止盲目购进，认真组织好运输。节约采购成本，减少在途资金，可使企业在物资储备量不变的情况下节约储备资金，使企业资金得到合理运用，从而提高经济效益。

4. 完善存货的定期盘点制度

旅游企业存货品种较多，有些还是易腐烂变质产品，为保证存货的完整与安全，减少存货霉烂变质、过期失效的现象发生，加速资金周转，对存货要建立定期盘点制度。对盘盈、盘亏和毁损变质的存货要及时查明原因，追究责任。对积压的存货或低于安全存量的存货，要及时采取措施组织销售或予以调整，做到物尽其用，以加速资金周转。对于贵重存货和易发生意外的存货，在仓储保管中要特别注意安全。旅游企业要针对盘点后的不同情况，来采取各种控制措施。

案例分析

艾利奥特旅游公司是一家线上旅游销售公司，而线上旅游销售公司竞争很激烈。艾利奥特制造公司 2010 年和 2020 年的销售成本大幅增长，并且在 2020 年会计年度，新冠疫情严重影响了公司经营。艾利奥特旅游公司试图采取与市场走向背道而驰的销售政策。由于实行这种不合时宜的政策，艾利奥特旅游公司不得不增加一笔用于催收账款的数目可观的费用。加上旅游业务极少，导致2020年的销售毛利比2019年减少了70%。因此，艾利奥特旅游公司存在严重的经营风险和财务风险，几乎破产。这也给关系公司带来了巨大的信用风险。信用政策及应收账款的管理政策，是旅游公司财务政策的一个重要组成部分。公司要管好、用好应收账款，必须事先设计合理的信用政策。

技能训练

一、单项选择题

1. 旅游酒店全年需要C产品2 400吨，每次订货成本为400元，每吨产品年储存成本为1元，则每年最佳订货次数为（　　）次。
   A. 14　　　　　　B. 5　　　　　　C. 38　　　　　　D. 6

2. 应收账款的成本包括（　　）。
   A. 资本成本　　　B. 短缺成本　　　C. 管理成本　　　D. 主营业务成本

3. 企业为应付紧急情况而置存货币资金主要是出于（　　）动机的需要。
   A. 交易　　　　　B. 预防　　　　　C. 投机　　　　　D. 安全

4. 在成本分析模式和存货模式下确定最佳货币资金持有量时，都需考虑的成本是（　　）。
   A. 现金的机会成本　　　　　　　　B. 短缺成本
   C. 管理成本　　　　　　　　　　　D. 转换成本

5. 下列（　　）属于应收账款的机会成本。
   A. 对客户的资金调查费用　　　　　B. 收账费用
   C. 坏账损失　　　　　　　　　　　D. 应收账款占用资金的应计利息

6. 下列选项中，（　　）同货币资金持有量成正比关系。
   A. 转换成本　　　　　　　　　　　B. 机会成本
   C. 货币资金的短缺成本　　　　　　D. 管理费用

7. 经济批量模型所依据的假设不包括（　　）。
   A. 所需存货市场供应充足　　　　　B. 存货价格稳定
   C. 仓储条件不受限制　　　　　　　D. 允许缺货

8. 各种持有现金的动机中，属于应付未来现金流入和流出随机波动的动机是（　　）。
   A. 交易动机　　　B. 预防动机　　　C. 投机动机　　　D. 长期投资动机

9. 下列对信用期限的表述中正确的是（　　）。
   A. 信用期限越长，企业坏账损失越少
   B. 信用期限越长，表明客户享用的条件越有优势
   C. 延长信用期限，不利于销售收入的增长
   D. 信用期限越长，应收账款的机会成本越低

10. 所谓应收账款的机会成本，是指（　　）。
    A. 应收账款不能收回而发生的损失　　B. 调查顾客信用情况的费用
    C. 应收账款占用资金的应计利息　　　D. 催收账款发生的各项费用

11. 下列属于每次订货的变动成本的是（   ）。
   A. 长设采购机构的管理费用   B. 采购人员的计时工资
   C. 订货的差旅费、邮费   D. 存货的搬运费、保险费

二、多项选择题

1. 流动资产的特点主要有（   ）。
   A. 投资回收期短   B. 流动性强
   C. 存在形态的多样性   D. 波动性
2. 在下列各项中，属于信用政策的有（   ）。
   A. 信用条件   B. 信用政策   C. 收账政策   D. 现销政策
3. 为了提高现金使用效率，企业应当注意做好的工作有（   ）。
   A. 推迟应付款的支付   B. 尽可能使用汇票付款
   C. 使用现金浮游量   D. 力争现金流量同步
4. 评估客户赖账可能性，可能通过5C系统来进行，包括（   ）。
   A. 品质   B. 偿债能力   C. 资本   D. 抵押
5. 存货的有关成本包括（   ）。
   A. 订货成本   B. 购置成本   C. 储存成本   D. 缺货成本

三、判断题

1. 企业现金管理的基本目标在于对现金的流动性与收益性做出合理的选择。（   ）
2. 能够使企业的进货成本、储存成本和缺货成本之和最低的进货批量，便是经济进货批量。（   ）
3. 企业发生应收账款的主要原因是扩大销售规模，增强竞争能力，因此，企业应当尽量放宽信用条件，增加赊销量。（   ）
4. 企业的信用标准严格，给予客户的信用期限很短，使得应收账款周转率很高，将有利于增加企业的利润。（   ）
5. 进行存货管理，就是要尽力使存货成本最低。（   ）

四、案例分析题

1. 某旅行社预计全年经营所需现金为20 000元，准备用短期有价证券变现取得，证券每一次变现的转换成本为400元，有价证券的市场利率为10%，则该旅行社最佳现金持有量是多少？它的最佳现金管理成本是多少？有价证券需转换几次才能达到全年经营所需的现金量？
2. 某旅游企业年固定成本总额为50万元，变动成本率为40%，当该企业不对客户提供现金折扣时，年营业收入额能达到120万元，应收账款的平均回收期为60天，坏账损失率是4%，若该企业给客户提供的信用条件为"2/10, n/30"。预期影响如下：销售将会增加15%，客户中利用2%现金折扣的有60%，40%的客户平均收款期为40天，坏账损失率降为1%，资金成本为10%。试分析，该企业是否应当采用新的信用条件？为什么？
3. 某旅游饭店全年需要饮料4 000件，每件的购买价格为60元，每次订货成本为40元，每件年储存费用需8元，供应商又提出，当每次订货数量为500件时，可给予5%的价格折扣。试分析该企业是否会接受数量折扣。

项目二　认识旅游企业非流动资产管理

项目描述

通过本项目学习,学生要了解旅游企业非流动资产,学会旅游企业固定资产管理。

任务一　了解旅游企业非流动资产

任务描述

了解旅游企业非流动资产概念和特点。

任务目标

任务目标	知识目标:掌握旅游企业非流动资产概念和特点 能力目标:能够按照旅游企业非流动资产各自不同的特点,分别采用不同的程序和方法管理 素质目标:提高学生分辨能力

理论引导

一、旅游企业非流动资产概念

非流动性资产是指不能在1年或者超过1年的一个营业周期内变现或者耗用的资产。非流动资产是指流动资产以外的资产,主要包括固定资产、在建工程、无形资产、长期待摊费用、可供出售金融资产等。由于该类资产占用的资金多、企业持有的时间长,会对企业相互联系的多个会计期间的财务状况、经营成果产生影响,故而对它们的管理,应按照各自不同的特点,分别采用不同的程序和方法。

二、旅游企业非流动资产特点

非流动资产具有占用资金多、周转速度慢、变现能力差等特点。

任务二　旅游企业固定资产管理

任务描述

了解旅游企业固定资产的概念和特征,掌握旅游企业成本和费用的核算方法,以及旅游企业固定资产的日常管理。

任务目标

任务目标	知识目标：了解旅游企业固定资产的概念、分类，理解固定资产的确认与计价方法，掌握固定资产增减的核算 能力目标：能够正确地计算旅游企业固定资产 素质目标：提高学生规范管理的能力

理论引导

一、旅游企业固定资产的概念及特点

固定资产是指单位价值在国家规定标准以上，使用年限在1年以上的房屋、建筑物、机器、机械、运输工具和其他与旅游服务经营有关的设备、器具、工具等。

1. 旅游企业的固定资产种类繁杂，数量繁多，按其实物形态分为七类

（1）房屋及建筑物：企业的营业用房、非营业用房、简易房、建筑物等。

（2）机器设备：供电系统设备、供热系统设备、中央空调设备、通信设备、洗涤设备、维修设备、厨房用具设备、电子计算机系统设备、电梯、相片冲印设备、复印设备、打字设备和其他机器设备等。

（3）交通运输工具：大型客车、中型客车、小轿车、行李车、货车、摩托车等。

（4）家具设备：营业用家具设备、办公设备、纯毛地毯、混纺地毯、化纤地毯等。

（5）电器及影视设备：闭路电视播放设备、音响设备、电视机、电冰箱、空调、电影放映机及幻灯机、照相机和其他电器设备等。

（6）文体娱乐设备：高级乐器、游乐场设备、健身房设备等。

（7）其他设备：工艺摆设、消防设备等。

固定资产是旅游企业一项非常重要的资产，它是企业从事旅游服务经营活动的物质条件，在一定程度上代表着企业的经营服务水平，熟悉固定资产投资的特点，加强固定资产投资项目管理，提高固定资产利用效率，减少投资风险是旅游企业财务管理的一项重要内容。

2. 固定资产投资的特点

（1）固定资产投资回收期较长。一般的固定资产投资都需要几年甚至十几年才能收回，所以固定资产投资一旦形成，便会在较长时间内影响旅游企业的经济效益，甚至关乎企业的生死存亡，这就要求旅游企业必须强化固定资产的预期管理，准确预测固定资产的未来收益。

（2）固定资产投资变现能力较差，风险较大。旅游业固定资产投资的实物形态主要是房屋、建筑物、机器设备等，这些资产不易改变用途，出售困难，投资具有不可逆转性，变现力较差，从而使得固定资产只能以折旧形式逐渐变现，为此，旅游企业合理安排现金的流入流出量至关重要。

同时，固定资产用途的固定性与消费的多变性会形成矛盾。市场需求的突然变动或周期变动，很可能使运用原有固定资产所形成的产品或服务不再适应市场需要，固定资产投资不

仅不能获利,而且面临投资损失,为此旅游企业应力求固定资产用途多样化,尽量避免和减少投资专项固定资产。

(3)固定资产投资的资金占用数量相对稳定。固定资产投资一经完成,在资金占用量上便保持相对稳定,而且其实物运营能力即被确定。在相关业务量范围内,实际固定资产营运能力的增加可以通过挖潜、提高效率解决,并不需要增加固定资产投资;实际营运能力下降,企业为维持一定的生产能力,也不必大量处置固定资产。

(4)固定资产投资数额大,投资次数少。固定资产投资在企业形成正常经营能力后就较少重复发生了,特别是大规模的固定资产投资,一般要几年甚至十几年才发生一次。虽然投资次数少,但每次资金的投放量较大,对企业未来的财务状况有较大影响。

固定资产投资是旅游企业固定资产再生产的主要手段。通过建造和购置固定资产,旅游企业不断采用先进技术装备,不断扩大经营规模与经营范围,合理调整经营结构和市场的地区分布,实现不断增强企业经济实力的目的。

二、旅游企业固定资产的成本

1. 旅游服务企业成本和费用的核算方法

(1)旅游服务企业经营的项目多。经营项目有旅行社、客房、客车出租等服务业务,也有商品经销业务,还有餐饮生产服务性业务。

对生产服务性业务,在成本费用核算上有归集成本费用的核算,对商品经营项目要核算经营成本,对旅行社、客房服务,则主要是核算营业费用和管理费用。

(2)旅游服务企业与工业企业比较,其主要特点在于后者为物质产品生产企业,会计核算的主要对象是生产制造过程,而前者为旅游服务性企业,会计核算的主要对象是商品经销和各项服务过程。因此,旅游服务企业的营业成本和费用核算有其自身的特点。

(3)旅游服务企业的成本项目和费用主要是按营业成本和营业费用划分的。管理费用和财务费用作为当期费用单独核算,从每期的营业收入中直接扣除。

2. 固定资产计价

固定资产计价是指以货币为计量单位来计量固定资产的价值。固定资产的计价包括两个方面,一是初始计价,是指取得固定资产时成本的确定;二是期末计价,是指固定资产期末价值的确定。这里先介绍初始计价。旅游企业固定资产的计价主要有两种方法:

(1)按历史成本计价。

历史成本又称原始价值或原值,是指旅游企业购建某项固定资产达到预定可使用状态前所发生的一切合理、必要的支出,包括买价、运杂费、包装费、增值税等,它是固定资产的基本计价标准,主要用于新购建固定资产的计价、确定计提折旧的依据等。

固定资产按其历史成本计价,因为所确定的价值均是实际发生并有支付凭证为依据的,因此,具有客观性和可验证性。正因为如此,在我国会计实务中,固定资产的计价均采用历史成本。

(2)按净值计价。

固定资产净值也称为折余价值,是指固定资产原始价值或重置完全价值减去已提折旧后的净额。它可以反映企业实际占用在固定资产上的资金数额,主要用于计算盘盈、盘亏、毁损固定资产的溢余或损失等。对固定资产原值与净值进行对比,可以反映固定资产的新旧程度。

3. 固定资产的价值构成

固定资产的价值构成是指固定资产价值所包括的具体内容。固定资产准则指出："固定资产应当按其成本入账。取得时的成本包括买价、增值税、进口关税、运输和保险等相关费用，以及为使固定资产达到预定可使用状态前所必要的支出。即一项固定资产的价值应是其达到预定可使用状态前所发生的一切直接和间接支出，直接支出如购置固定资产的价款、运杂费、包装费、相关税金、安装成本等；间接支出如借款利息、外币借款折算差额、应分摊的其他间接费用等。

固定资产的取得方式不同，成本的组成内容也不同。旅游饮食、服务企业不同来源的固定资产原始价值的确定方法如下：

（1）购入不需要经过建造过程即可使用的固定资产，应按照实际支付的买价、专用发票上注明的增值额、进口关税、运输费、包装费、保险费、安装成本等，作为入账价值。场地整理费、专业人员服务费等为使固定资产达到预定可使用状态前发生的可直接归属于该资产的其他支出，也应计入固定资产的入账价值。

（2）自行建造的固定资产，按建造该项资产达到预定可使用状态前所发生的全部支出，作为入账价值，包括工程用的物资成本、人工费用、予以资本化的固定资产借款费用、交付的固定资产投资方向调节税、耕地占用税等相关税金以及应分摊的其他间接费用。

（3）投资者投入的固定资产，按投资各方确认的价值，作为入账价值。

（4）融资租入的固定资产，按租赁开始日租赁资产的原账面价值与最低租赁付款额的现值两者中较低的作为入账价值。若融资租赁资产占企业资产总额的比例等于或小于30%，在租赁开始日，企业也可按最低租赁付款额，作为固定资产的入账价值。

（5）在原有固定资产的基础上进行改建、扩建的固定资产，按固定资产的原账面价值，加上由于改扩建而使该项资产达到预定可使用状态前发生的支出，减去改扩建过程中发生的变价收入，作为入账价值。

（6）盘盈的固定资产，入账价值按同类或类似固定资产的市场价格减去按该资产新旧程度估计的价值损耗后的余额，作为入账价值。如果同类或类似固定资产不存在活跃市场，按该项固定资产的未来现金流量现值，作为入账价值。

（7）旅游企业接受的债务人以非现金资产抵偿债务方式取得的固定资产，或以应收债权换入的固定资产，按应收债权的账面价值（即账面余额－已计提的准备，下同）加上应支付的相关税费，作为入账价值。如涉及补价，收到补价的，按应收债权的账面价值减去补价，加上应支付的相关税费，作为入账价值；支付补价的，按应收债权的账面价值加上支付的补价和应支付的相关税费，作为入账价值：

入账价值＝应收债权的账面价值＋支付的相关税费＋补价（或－补价）

固定资产计价的正确与否，不仅关系到固定资产的管理和核算，而且关系到企业的收入与费用是否配比，经营成果的核算是否真实。

三、旅游企业固定资产的日常管理

（一）明确固定资产管理的定义

1. 确定公司对固定资产的定义以及低值易耗品的标准

提到固定资产，很多人会顾名思义，将其理解成"不能移动的资产"。其实这个理解是不准确的。固定资产是会计学中的概念，而不管是《企业会计准则》还是《小企业会计准则》，都没有具体说明固定资产金额的标准。所以，在设立固定资产管理制度时候，只要符合企业本身经营规模、能较为真实地反映企业经营情况，就都是可以的。

2. 一横一纵，掌握固定资产管理的底层逻辑

固资管理，并非把物品贴上标签，核对有没有减少丢失就可以的。想要做好固定资产管理，先要明白这项工作的底层逻辑。

"一横"是指固定资产管理的范围和广度，而"一纵"是指固定资产管理的生命周期，也就是固定资产管理的深度，跨越固定资产从生成到清理的整个周期。

（1）横向管理。具体来说，常见的横向管理范畴包含：

① 电子设备：包括最常见的员工办公使用的主机、显示器、笔记本；机房使用的安全设备，如防火墙、门禁、闸机等；办公设备，如扫描仪。

② 通信设备：比如手机等移动通信类；交换机、路由器等网络通信类；会议电话等语音通信类。

③ 其他：比如自有房屋建筑物、办公家具、厨房设备、自有车辆、房屋及建筑物附属，如电梯。

不同的公司，固定资产横向管理的范畴不一，需要大家结合自己公司的实际情况，列清属于公司的管理范畴。

（2）纵向管理。在明确了管理范围后，我们再来看看固定资产的纵向管理。

固定资产的纵向管理，是对固定资产整个生命周期的管理，即从采购需求、采购、验收、登记、领用、使用、维护、清理报废等全过程的管理。

此外，还包括库房管理、年度盘点等关键的节点管理。

资产的生命周期，由财务付款开始，由财务销账结束。在开始和结束环节，除了要有财务和采购人员的参与，最好还能有第三方来进行监督。（关于各部门在资产管理中的工作分配，在下文中会有详细阐述）

（二）设立固定物资使用情况的相关标准

1. 固定资产验收，为固资管理与盘点奠定基础

固定资产验收的整个过程分为四步：发起固定资产验收、校验、贴标签、实物入库和信息登记。需要注意的是，固定资产的验收不是由单一部门完成的，而是由采购、资产、IT以及财务各个部门共同完成的。

固定资产验收各部门职责：

（1）采购部：固定资产到货后，要由采购部发起验收。

（2）校验部：通常是 IT 部，需要对所有固定资产的参数、外观、性能进行验收。这部

分要求 IT 部根据公司的业务需求设计一套完整的校验标准。

（3）财务部：同样要去确定审核标准。比如，固定资产的采购价格、税率等。

（4）资产部：固定资产标签的制作粘贴、入库与信息登记。

这里要特别提醒大家注意的是，无论公司大小，采购人、校验人和资产管理人绝对不能是同一个人。如果过程中间缺少了多部门的监督，则固定资产的管理风险会大大增加。公司规模越大，风险越高。

2. 明确物资领用流程，坚守底线

一般来说，标准的固定资产领用流程应该包括以下四步：

（1）确认员工的固定资产申请提交并通过审批。

（2）由固定资产管理人员找到员工申请的资产。

（3）与员工完成实物交接，签字领用。

（4）及时更新固定资产系统和台账数据。

领用流程里的每一个环节都不可省略，这也是行政必须坚守的底线。

如遇员工着急领走，没有走流程的情况，资产管理者可以帮助员工推进流程，尽快审批完成。但不要一味满足员工而无视资产管理的相关标准和规则。无视规则，只会让资产的管理越来越混乱。

3. 针对变更、带出、归还等情况，确立规则

给行政人固定资产盘点造成麻烦的，通常就是物资的变更、带出、归还以及丢失行为。因此，确立相应的规则并严格遵守很重要。

（1）固定资产的变更。固定资产管理中，资产信息变更通常包括以下三步：

第一，作为转出人，先发起变更申请，并跟进这个流程的结束。

第二，作为接收人，确认接收实物，检查核对固定资产无误后再接收。

第三，由资产管理人员更新信息。

整个固定资产变更过程，看似是发生在员工与员工之间的行为，但固定资产管理人员的工作也很重要。

确定整体流程，通过各种渠道告知员工，不仅体现了大家的专业能力，同时也是对员工切身利益的保障，让员工感受到关怀。

（2）固定资产的带出。

资产管理人要完善固定资产带出大楼的标准以及流程。明确带出目的地、申请带出的资产编号、实际带出的资产编号等。

资产带出申请，不仅有助于明确办公楼内存在的固定资产数量，而且对于外场的固定资产的统计和盘点，也能提供一定的数据支持。

（3）固定资产的归还入库。归还入库以员工发起归还入库的申请作为启动点。在这个流程中，有以下注意点：

第一，归还入库一定是归还到资产管理人员手中，还给同部门的同事并不能算归还。

第二，在归还过程中，资产管理人要验收质量，以确保资产再次出库的状态。

第三，发起申请后，等到整个归还入库的流程结束，该固定资产才能从员工名下清除。

(4) 固定资产的清理。固定资产清理包含报废、拍卖，有些公司还会捐赠。我们主要说其中的一种途径——固定资产报废。

固定资产报废是固定资产由于参加生产或某种特殊原因，丧失其使用价值而发生的废弃。流程如下：

首先，应先由固定资产管理部门提出申请，按报废清理对象填制"固定资产报废单"，详细说明固定资产的技术状况和报废原因。员工只能发起资产归还，不能发起报废。

需要注意的是：如果你管理的是多家子公司的固定资产，每家公司的报废资产需要单独提，因为固定资产是有公司属性的，报废款项需要对应进入公司的账户。

其次，由 IT 部门出具完整的检测评估单据并给出专业的处理意见，经领导或上级部门批准后作为固定资产清理业务的凭证，据以进行清理。

再次，由资产管理人员联系回收商，进行报废资产的报价，报价单必须加盖回收商的印章。资产被回收时，为确保公司的信息安全，硬盘要全部拆卸，并进行物理损坏。

最后，及时交给财务人员一份回收商打款的记录、审查批准后的"固定资产报废单"，作为核算依据。财务部门核算入账后，报废流程结束。

(5) 固定资产的丢失赔偿。固定资产管理，制度先行。为应对丢失情况的发生，资产管理者要提前确立相关制度，事先明确责任。若出现固定资产丢失的情况，能够及时明确责任人。如果是员工个人行为导致的丢失，则需要发起赔偿，让员工赔付。

这里涉及两个关键步骤，建立责任意识和赔偿通道。建立责任意识，是让员工清楚个人行为导致的丢失，需要员工自行赔偿；而建立员工赔偿通道，是保证员工的有效赔偿，具体需要明确赔偿方式和金额以及转入的银行账户信息等。

(6) 固定资产的维修保养。固定资产需要定期维修保养，在资产归还环节，管理人员验收资产状况后，如果有损坏，则需判断原因，确定维修方式和费用。涉及办公设备、电子仪器的资产，则需要 IT 部门协助判断。

在保修期内的产品，由资产管理部提供保修凭证；在非保修期，则按照公司的财务结算制度进行结算。但无论在不在保修期，如果是人为损坏，则都需资产保管/使用人照价赔偿。

(三) 制作台账，盘点库房

1. 制作每日台账，掌握资产进出状况

台账就是把设备的整个寿命周期综合起来进行记录管理，以便确定设备的经济寿命、最佳的更新时机，也是库房管理的参考依据。

公司每天有多少固定资产要被领用出库？有多少固定资产要入库？资产管理者每天的工作量是多少？这些只有记录了台账才能了解。分析台账，能够明确每天的总工作量，合理地安排每天的工作时间，也能精准地把握固定资产出入库情况。

另外，需要注意的是：除了每日管理台账，还需建立一个固定资产保养台账，对需定期保养的固定资产实行保养跟踪制度，辅助使用部门进行保养工作。

2. 定期盘点库房，账实相符

库房固定资产流动顺畅与否，直接关系到固定资产管理的指标、整个固定资产数据的准确性和员工的体验度。

库房盘点是独立于每年大型固定资产盘点工作之外的一个日常项目。

（1）盘点频率：通常为每月一次，具体要根据公司情况而定。但不能一年一次，因为出现问题无法及时发现。

（2）盘点周期：定义好盘点周期，在盘点周期内集中完成盘点工作。在不中断员工日常服务的情况下，经验丰富的管理者3个工作日就可以完成500台左右的设备库存盘点。盘点期间新入库的资产，需要单独存放，不需要盘点。

（3）盘点方法：通常有逐台核对签字、扫码盘点等。

（4）盘点报告：在盘点报告中，需要体现盘点范围、盘点人、盘点周期、盘点方法以及盘点符合度。如果你所盘点的实际资产和财务的账上一致，则标志着这次盘点结束；如果不一致，负责人需要找到不一致的原因，并且最终和财务一起根据实际盘点结果，调整账面资产，做到账实相符。

（四）年度盘点，全面厘清资产情况

1. 确定盘点计划，列出详细方案

年度固定资产盘点的第一步，是确定完善的年度固定资产盘点方案，具体包含以下几步：

（1）明确年度固定资产盘点的目的。年度固定资产盘点的目的通常都是统一的：通过盘点，了解公司固定资产的账物相符程度。

（2）确定年度固定资产盘点日期。这项工作需要盘点人规定好年度固定资产盘点开始、结束的具体日期，推动项目各方把握时间。通常情况下，你可以将盘点周期避开12月这样的工作高峰期。

（3）分配年度固定资产盘点相关方的职责。一般来说，参与固定资产盘点的部门有固定资产管理部、财务部、IT部。

年度固定资产盘点的各部门职责：

财务部：提供固定资产清单。

资产管理部：计划、推动并完成整个盘点，出具盘点报告、完成最后的资产处置。

IT部门：协助盘点固定资产中涉及机房资产或是软件资产的部分。

（4）设立、明确沟通机制。固定资产盘点是一个完整的项目，在项目推进的过程中，必须要明确工作沟通频率、沟通方式、沟通内容。

假如你所在公司盘点工作需要一次项目启动会和每周一次的例会。那么，启动会需要所有相关方参加，内容涉及整个项目的讲解和职责分工；周例会主要沟通的是盘点的进度以及在盘点过程中遇到的问题，参与方一般只包括资产部门的内部人员。

（5）制作年度固定资产盘点清单。当我们做固定资产盘点的时候，需要一个完整的固定资产清单。这份清单通常由财务部门提供。

为了防止盘点过程中不断有近期购入的新资产增加进来，给盘点造成麻烦，资产盘点人员还需要确认一个盘点基准日：以一个明确的日期作为一个分界点，日期之前购入的进行年度固定资产盘点，日期之后购入的固定资产将不在盘点范围之内。不然就会感觉固定资产一直在增加，永远都盘不完。

另外，很多公司会在年终盘点清单中，单独列出无形资产一项，包括经营权、特许权、商标权……主要目的是核实其有效期、主体、业务范围等。

（6）根据公司情况，选择合适的盘点方法。每个公司情况不同，适用的方法也不一样。这里给大家推荐两种，作为参考。

第一种，定期盘点法。

定义：在每年的固定时间阶段将所有物品一次点完。

具体操作：将整个固定资产盘点区域划分成小块责任人分区，不同区由专门的小组负责点数、复核和监督。一个小组通常至少需要3人分别负责清点数量并填写盘存表，复查数量并登记复查结果，第三人核对前二次盘点数量是否一致，对不一致的结果进行检查。等所有盘点结束后，再与电脑或账册上反映的账面数核对。

优缺点：工作量大、要求严格；盘点责任人明确，能有效防止重复盘点和漏盘，一定程度上提高效率。

第二种，循环盘点法。

定义：在每天、每周清点一小部分物品，在一个循环周期将每种物品至少清点一次的方法。

具体操作：对价值高或重要的物品可进行相对多次的检查，而对价值低或不太重要的物品，盘点的次数可以尽量少。盘点时，保管人员自行对照库存资料进行点数检查，发现问题按盘点程序进行复核，并查明原因，然后调整。也可采用专门的循环盘点单登记盘点情况。

优缺点：实时跟进重要物品情况，监督严密；每天进行，能避开工作高峰期；遇到保管人员不了解的物品，无法判定状态和磨损情况。

2. 确立编号规则，执行盘点计划

（1）确立资产编号，统一粘贴位置。如果公司之前没有编号系统，盘点人就要给公司固定资产确立明确的编号规则，利用编号可识别出资产分类，这能让之后的管理与盘点工作事半功倍。

具体编号规则可以根据自己公司的情况来确定。比如，软通动力的固定资产编号规则里，前4位代表分公司，第5、6位代表固定资产品类，后续几位为自然序列号。

对于固定资产编号的粘贴位置，有几个原则：

第一，同一品牌、同一类型的固定资产，标签要粘贴在同一位置，便于后面的查找、盘点等工作。比如电脑主机编码统一粘贴在主机正上方。

第二，粘贴在不易拆卸的位置。比如，笔记本的硬盘、电池是比较容易拆卸的，在粘贴时就要避开这些位置。

（2）在执行盘点计划时，可以通过线上或线下的方式给员工确认。线下方式，即将整理好的纸质清单出示给员工，员工一一核对名下资产后，在盘点单上签字确认。这种方式适用于资产体量小且无盘点系统的中小型公司。线上方式是由员工在线上完成确认。这种方式适用资产体量大、分公司多、有盘点系统的公司，盘点效率和自动化程度都更高。但由于整个过程在线上完成，更可能出现资产虚增的情况。为减少这种情况发生，我们可以要求员工上传资产照片，或对结果进行抽查。

在年度固定资产盘点中，负责人一定要实时掌握盘点进度，落实沟通机制。沟通机制可以简单，但不能忽略。及时同步信息，让各方保持在同一个沟通频道上，是身为管理者的职责。

3. 与财务对账，出具盘点报告

（1）对账。年度盘点的对账，跟库房盘点对账相似。

在盘点出资产的实际情况后，资产管理部门要与财务对账。如果账实相符，就可以出具盘点报告；如果不一致，负责人就需要找到不一致的原因，并且最终和财务一起根据实际盘点结果，调整账面资产，直到相符。

（2）出具盘点报告。在整个盘点执行完成之后，最后一步就是出具盘点报告。报告需要包含以下几个方面：

第一，盘点符合度。盘点符合度就是盘点结束后，实际盘点的资产数量占总盘点数量的百分比。如果盘点符合度不是100%，那么一定是出现了盘亏。在很多公司，盘点符合度必须是100%，但也有一些公司能够接受一定比例的盘亏，达到99%或者99.9%都是达标的。每个公司具体情况不同，可以根据实际情况来确定。

第二，数据汇总与原因分析。计算符合度之后，盘点人还需要将盘亏的类型及账面净值进行汇总。用数据呈现出具体结果，哪类固定资产盘亏了多少件、盘亏了多少钱，然后分析出现亏损的原因，比如员工将资产弄丢了等。

第三，给出应对建议。首先，是对于已经发生的亏损情况，可以明确责任人，进行赔偿。其次，给出建设性意见，比如通过什么样的方式减少以后亏损现象的发生等。

第四，根据签批意见处置资产。盘点报告完成后，接下来就是盘点报告签批的阶段。固定资产盘点报告签批完成后，资产管理人还要进行年度盘点的处置：根据签批结果给出的明确处置意见，将资产处置完成。

案例分析

有的旅游公司将使用1年以上，价格超过1 000元的设备列为固定资产来盘点，然后再做台账；有的公司是将5 000元以上作为固定资产标准；而有的公司标准是2 000元以上就可以列为固定资产，100元以上、2 000元以下就是低值易耗品。旅游公司容易因为固定资产管理不规范而影响企业的经营效果。

技能训练

1. 旅游企业的固定资产按经济用途和使用情况相结合分类，可以分为（　　）。

A. 房屋及建筑物　　　　　　　　B. 机器设备
C. 家具设备、地毯　　　　　　　D. 文体娱乐设备及其他设备
E. 电器设备及影视设备

2. 购入不需要安装的固定资产，其原值包括（　　）。

A. 实际支付的买价　　　　　　　B. 运杂费
C. 包装费　　　　　　　　　　　D. 安装成本
E. 原安装成本

3. 购入需要安装的固定资产，其原值包括（　　）。

A. 实际支付的买价　　　　　　　B. 运杂费
C. 包装费　　　　　　　　　　　D. 安装成本

E. 原安装成本

4. 融资租赁的固定资产,(　　)。

A. 视同自有固定资产进行核算和管理
B. 作为租入固定资产进行备查登记
C. 由租出企业计提折旧
D. 由租入企业计提折旧
E. 租赁期满,设备产权归承租方

5. 按照规定,在(　　)情况下可以对固定资产的账面价值进行调整。

A. 根据国家规定对固定资产进行重新估价
B. 增加补充设备或改良装置
C. 根据实际价值调整原记暂估价值
D. 将固定资产一部分拆除

模块四

旅游企业成本与费用管理

模块描述

通过学习,了解成本费用的概念、内容和基本原则;理解成本费用的分类、保本点的概念、成本费用控制和考核的方法;掌握保本点的计算,学会运用这一方法提高在经营管理中的决策能力。

项目一 认识旅游企业成本费用管理

项目描述

通过本项目学习,学生学会旅游企业成本费用管理,掌握成本费用控制和考核的方法,了解保本点的计算。

任务一 学会旅游企业成本费用管理

任务描述

能够了解成本费用的概念和内容,对成本费用按不同的标志进行分类。

任务目标

任务目标	知识目标:要了解成本费用的概念、内容和基本原则 能力目标:能够根据旅游企业成本费用管理的原则和要求,进行成本费用的分类 素质目标:培养学生正确的分辨能力

理论引导

一、旅游企业成本费用概念及特点

成本是指企业为生产产品、提供劳务而发生的各种耗费,是按一定对象所归集的费用,是对象化了的费用。

费用是指企业为销售产品、提供劳务等日常活动所发生的经济利益的流出,是某个时期获取收入时发生的资产的耗费,当产品或劳务耗用以后,成本就转化为费用,费用仅与某个时期或当期的收益有关。

按照成本费用与生产经营有无直接关系和关系密切程度,可以将其分为直接成本费用和间接成本费用两部分。

二、旅游企业成本费用分类

不同的管理要求,用不同的标志划分,其分类的结果各不相同。

1. 按照成本费用的性态

成本性态是指成本总额对业务量的依存关系,所以这种分类也叫按成本费用与经营业务量的关系分类。按照成本费用的性态可以将成本费用分为固定成本费用、变动成本费用与混合成本费用。

(1) 固定成本费用(也叫不变成本),是指企业经营中在一定时间内(1年或1年以内),其总额不随经营业务量的变化而同步变化的成本费用,如管理人员的工资、保险费、利息费、折旧费等。虽然固定成本费用的总额不随业务量的变化而同步变化,但单位固定成本费用与业务量变化有关,即随着经营业务量的变化而减少。例如,某一时期客房部固定成本为1万元,该时期客房出租量为100间,则每间客房应分摊的固定费用为100元,但若该时期客房出租量提高为200间,则每间客房应分摊的固定费用就为50元了。由此可见,随着经营业务量增加,固定成本费用总额不变,而单位固定成本费用是下降的。

(2) 变动成本费用(也叫可变成本),是指企业经营中,其总额随着经营业务量的变化而同步变化的成本,主要包括经营中的各项直接支出,如餐饮原料客房用品、旅行社的代收代付费用等。虽然变动成本费用总额随营业量的增减而同步变化,但是单位变动成本不随业务量的变化而同步变化。无论业务量如何增减,单位变动成本始终保持不变,因为单位消耗定额是固定的。例如,每增加一名游客,他的票务成本是不变的。可见,随着经营业务量的增加,变动成本费用总额同步变化,但单位变动成本费用是固定不变的。

(3) 混合成本费用,是指企业经营中其总额不随业务量的变动而同步变动,但是并不是固定不变的,或者说这种成本既含有固定成分也含有变动成分。大多数成本都是混合成本费用,如工资、电话费、维修费、公用事业费等。以电话费用为例,固定部分是指系统租金(月租金),即无论打电话次数是多还是少都必须支付的固定费;变动部分是随打电话次数增加而增加支出的费用(电话计次费用)。对混合成本要采用一定的方式,使之分解为固定成本和变动成本。进行分解的方式可以采用高低点法、散点图法和回归分析法等。无论采用哪种方法分解,都要先确定一个划分固定和变动部分的依据,也就是确定对可变成本最有影响的那个因素,然后再根据企业管理的不同目的及具备的条件灵活选择。

2. 按照管理责任

按照管理责任可以将成本费用划分为可控成本费用和不可控成本费用。

（1）可控成本费用是指在会计期间由一个责任单位能事先确定成本项目及预计发生额，并能准确计算其实际发生额，对成本项目和耗费进行直接调节、控制的成本，如材料的买价和采购费用属于采购部门的可控成本费用。

（2）不可控成本费用是指在一定会计期间责任单位对成本项目和耗费无法确定、计算，并无法直接调节、控制的成本，如外购的材料的成本对加工部门或某些服务部门来说，其实是不可控成本。

（3）可控成本费用和不可控成本费用关系。

一般来说，可控成本与不可控成本是相对而言的，应视具体情况而定。这是因为，在企业内部，某种成本对有些部门是可控成本，对另外一个部门来说可能就是不可控成本。同时，某些成本对于下一级责任中心而言是不可控成本，但对于上一级责任中心而言是可控成本。如本企业发生的保险费，对于企业管理部门而言是可控成本，但对于加工或服务部门而言是不可控成本。再者，某些成本从局部来看是不可控成本，但从全局来看是可控成本。如固定资产的折旧费，每期实际分配给有关使用单位负担的具体数额，对单个使用单位而言，属于不可控成本，但对于整个企业而言，是可控成本。

从一个责任中心来看，变动成本大多都是可控成本，固定成本大多都是不可控成本。然而这种划分并不是绝对的，还要结合有关情况，按成本性态进行具体分析。从成本的归属与责任中心的关系看，直接成本大多是可控成本，间接成本大多是不可控成本。但这样划分也不是绝对的。所以，划分可控成本费用与不可控成本费用是相对一定时间和空间而言的，是为了明确各责任单位的职责，起到更有效地控制成本费用的作用。

旅游企业成本费用内容如图4-1所示。

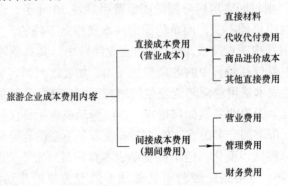

图4-1 旅游企业成本费用内容

三、旅游企业成本费用管理工作

成本管理的基础工作，是成本管理工作能否见成效的重要环节。有些旅游企业成本管理效果不佳，成本总是降不下来，主要是因为其成本管理的基础工作薄弱、管理方法陈旧、管理手段落后，不能适应管理工作的要求。做好成本管理的基础工作，主要从以下几方面着手：

1. 建立健全成本管理的原始记录

建立健全成本管理的原始记录是正确计算费用、成本、考核的依据。因此，原始记录必须全面、完整、准确、及时，否则成本管理的考核、分析都将失去意义。原始记录是直接反映旅游企业经营活动的最初记录资料，如原料的领用记录、工时耗用记录、考勤记录、费用开支记录等。原始记录要符合经营的需要，要加强对原始凭证，尤其是发票、支票收据的管理，以保证成本核算信息源头的真实、合法。做好原始记录工作，是旅游企业成本管理的一个重要方面。

2. 建立健全成本管理的物资收发、计量、验收和盘点制度

物资管理混乱、成本不实的重要原因，就是缺乏物资管理制度，或是物资管理制度不健全。物资管理制度，就是对所有物资的收发都要进行计量、验收，办理必要的手续。有消耗定额的，应按消耗定额发料；没有消耗定额的，应按预算和计划的合理需要量发料，防止乱领乱用，造成积压浪费。定期对库存物质进行盘点，防止质变和呆滞积压，从而降低成本中的材料费用。

3. 建立健全钱、财、物的管理制度

根据旅游企业自身的实际情况，建立钱、财、物的管理制度，如成本计划、原料采购成本、消耗定额、收发料手续、费用开支标准、计量、计价等制度，从根本上扭转不讲成本、不计盈亏、采购无计划、用料无定额等无章可循的现象。

4. 采取先进的成本管理方法

管理方法落后，就不能充分发挥管理工作的作用，应创造条件，积极采用一些先进的科学管理方法：① 实行目标成本管理。旅游企业应根据其具体情况，通过调查研究，设计出先进合理的标准成本作为企业的目标成本。目标成本确定后，再逐级分解，下达到责任单位、责任者，认真落实并加强监督，定期检查目标的执行情况。目标成本管理有利于旅游企业之间的比较，发现自己管理工作的薄弱环节；也有利于旅游企业开展成本预测、决策、分析和比较。② 逐步形成科学的成本管理体系，采用成本预测、成本决策、成本计划、成本控制、成本分析以及考核的科学系统的方法体系，使成本预测能及时、准确地为成本决策提供所需要的数据；成本决策也能为成本计划提供科学的依据，成本核算提供的资料能够更好地为成本预测、成本决策、成本控制服务。

任务二　学会旅游企业成本费用控制与考核

任务描述

能够进行旅游企业成本费用控制与考核。

任务目标

任务目标	知识目标：掌握成本费用控制的意义，以及成本费用控制和考核的方法 能力目标：能够按照成本费用计划和管理要求，对发生的各项经营耗费和支出进行调节和监督，将成本费用控制在计划目标范围之内 素质目标：培养学生反应能力

理论引导

一、旅游企业成本费用控制的意义

1. 旅游企业成本费用控制内容

成本费用控制是指企业在生产经营过程中,按照既定的成本费用目标,对构成成本费用的诸要素进行的规划、限制和调节,及时纠正偏差,控制成本费用超支,把实际耗费控制在成本费用计划范围内。其控制的内容包括材料消耗成本控制、工资成本控制、费用成本控制。成本费用控制是企业经营管理的一个重要组成部分,成本费用控制的动力也应来自企业内部经验管理的需要。成本是一个企业生产经营效率的综合体现,是企业投入和产出的对比关系,低成本意味着以较少的资源投入提供更多的产品和服务,以便提高效率。我国许多企业按照成本习性划分和核算产品成本,通过提高产量来降低单位产品分担的固定成本。如此,产量越高,单位产品成本就越低,在销售量不变的情况下,企业的利润也就越高。这种做法导致企业不管市场对产品的需求如何,都片面地通过提高产量来降低产品成本,通过存货的积压,将生产过程发生的成本转移或隐藏于存货,提高短期利润。认为这种现象产生的原因就在于企业成本管理缺乏市场观念,成本信息在管理决策上出现误区,似乎产量越大,成本越低,利润越高。

2. 旅游企业成本费用控制原则

(1) 树立企业成本经营的理念原则;
(2) 树立企业依靠成本竞争理念原则;
(3) 树立作业成本理念原则;
(4) 严格遵守国家规定的成本开支范围及费用开支标准;
(5) 按权责发生制原则严格进行旅游企业成本费用的核算;
(6) 加强成本管理的基础工作;
(7) 正确处理好与降低成本费用有关的各种关系;
(8) 健全成本管理责任制,实行全面成本费用管理。

二、旅游企业成本费用考核

1. 成本费用是旅游企业的一项重要经济指标

(1) 根据部门和业务特点,确定业绩评价对象;
(2) 明确业绩评价目标;
(3) 对业绩评价对象设立请假指标;
(4) 根据行业特点,选择评价标准;
(5) 对业绩评价对象进行评价,得出结论;
(6) 提出评价报告;
(7) 对评价结果进行考核与激励。

2. 考核方法

旅游企业经济效益的好坏既取决于营业收入的多少,也取决于成本费用的高低。经营成本费用既影响企业的利润,又影响与其他企业竞争的地位。成本费用考核是对旅游企业成本费用预算执行结果的评价。正确进行成本费用考核，对成本费用进行细致的分析，可以促使旅游企业改善经营管理，加强经济核算，努力寻求降低成本费用的途径，提高经济效益。

旅游企业的成本费用考核可以用下列指标进行。

$$成本率 = \frac{一定时期直接成本}{一定时期营业收入} \times 100\%$$

$$费用率 = \frac{一定时期费用额}{一定时期营业收入} \times 100\%$$

如果将本期的成本、费用率与预算或去年同期成本、费用率进行比较，则所得差额表示成本、费用率的变化程度。

成本、费用率变化程度 = 本期成本费用率 − 预算（或去年同期）成本、费用率

对成本费用进行分析和考核，就是要找出成本费用变化的原因，并针对问题采取措施。

任务三　学会旅游企业保本点分析及其运用

任务描述

掌握保本点的概念、保本点的计算。

任务目标

任务目标	知识目标：掌握保本点的概念、保本点的计算方法 能力目标：能够运用保本点的计算方法进行旅游企业经营决策 素质目标：培养学生作为管理人员运用保本点分析法的能力，增强预见性，做出正确决策

理论引导

一、旅游企业保本点分析法的内容

保本点分析法也叫本量利分析法或盈亏临界分析。本、量、利是指成本、销售量与利润之间的关系。保本点又叫盈亏临界点或损益平衡点，是指企业收入和成本相等，即边际贡献等于固定成本时，企业所处的既不盈利也不亏损的状态。也就是说，企业经营达到不赔不赚时，应取得的营业收入的数量界限。在旅游企业的经营过程中，成本、销售量和利润之间存在着各种各样的变化关系，如旅游企业销售量一定时，利润状况如何？如果成本发生了变化，要使利润不减少，销售量的变化怎样？产品价格发生了变化，会对利润产生什么影响，销售应做什么样的调整？这些问题在运用保本点分析时都能得到解决。

二、旅游企业保本点的计算方法

在进行保本点分析时，是以成本和业务量之间的关系为基础进行分析的，即以成本性态

分析为基础。前已述及,根据成本性态要将成本按其与业务量的关系划分为固定成本与变动成本。固定成本额一般保持不变,变动成本额会随业务量的增减而变动。旅游企业所获得的营业收入减去变动成本后的余额要先用于补偿固定成本,余额与固定成本相等的点就是保本点(盈亏临界点)。

【例题4-1】某旅行社开办了"沙漠探险七日游"的旅行线路,每位游客的变动费用为1 200元,每人需交2 000元,该旅游团的固定费用为100 000元,该社接待多少游客时则可达到保本?保本点状况可以如表4-1所示。

表4-1 保本点状况

游客人数	变动费用/元	固定费用/元	总费用/元	收入/元	盈亏状况
1	1 200	100 000	101 200	2 000	亏损
25	30 000	100 000	130 000	50 000	亏损
50	60 000	100 000	160 000	100 000	亏损
100	120 000	100 000	220 000	200 000	亏损
125	150 000	100 000	250 000	250 000	保本点

也就是说,当游客达到125人时,总成本与总收入相等,那么这125人便是保本点的游客数量,收入250 000元为保本点的营业收入。

边际贡献是保本分析中的一个重要概念,是指营业收入扣除变动成本后的余额。

$$\text{边际贡献} = \text{营业收入} - \text{变动成本总额}$$
$$= \text{销售总价} \times \text{营业量} - \text{单位变动成本} \times \text{营业量}$$
$$= (\text{销售总价} - \text{单位变动成本}) \times \text{营业量}$$

用单位产品来表示边际贡献,就产生了单位边际贡献的概念,这是指每增加一个单位营业量所得到的营业收入扣除单位变动成本后的余额。

$$\text{单位边际贡献} = \text{销售单价} - \text{单位变动成本}$$

而单位边际贡献占销售单价的比率,就是边际贡献率,公式如下:

$$\text{边际贡献率} = \frac{\text{单位边际贡献}}{\text{销售单价}} = \frac{\text{销售单价} - \text{单位变动成本}}{\text{销售单价}}$$
$$= 1 - \text{单位变动成本率}$$

或

$$\text{边际贡献率} = \frac{\text{销售额} - \text{变动成本}}{\text{销售额}} \times 100\%$$

边际贡献先要用来补偿固定成本,其余额才能为旅游企业提供利润。当边际贡献正好与固定成本相等时,旅游企业的经营活动就处于保本状态。如旅游饭店客房的平均房价为150元,每间客房的变动费用为30元,则边际贡献=150-30=120元,这是用绝对数来表示的边际贡献;边际贡献率=120÷150×100%=80%,这是用相对数表示的边际贡献。

保本点分析法的一般公式为:

$$保本点销售量 = \frac{固定成本}{单位边际贡献} = \frac{固定成本}{销售单价 - 单位变动成本}$$

$$保本点销售额 = 销售单价 \times 保本点销售量 = \frac{固定成本}{边际贡献率}$$

$$= \frac{固定成本}{1 - 变动成本率}$$

三、旅游企业保本分析法的计算

1. 旅游线路保本点的计算

【例题4-2】某旅行社开通"沙漠探险七游"的旅游线路，预计每位游客收取2 000元，单位变动成本为1 200元，该线路开通的固定成本为100 000元，计算该线路的保本销售量。

$$保本销售量 = 100\,000 \div (2\,000 - 1\,200) = 125 \text{（人）}$$

$$保本销售额 = 125 \times 2\,000 = 250\,000 \text{（元）}$$

开通该旅游线路，当游客达到125人，营业额达到250 000元时，旅行社才能保本。

2. 客房保本点的计算

【例题4-3】某饭店拥有客房278间，每天分摊固定费用13 900元，客房出租平均房价为150元，单位变动费用为30元，则客房的保本销售量为：

$$月保本销售量 = (13\,900 \times 30) \div (150 - 30) = 3\,475 \text{（间）}$$

$$月保本销售额 = 3\,475 \times 150 = 521\,250 \text{（元）}$$

客房出租率是每个饭店管理者都时刻关注的综合经营效果指标，当计算出保本出租量时，就可用下式计算出保本出租率为多少。

$$客房保本出租率 = \frac{客房保本出租量}{可供出租客房数 \times 计算期天数} \times 100\%$$

则上例中的客房保本出租率为：

$$客房保本出租率 = 3\,475 \div (278 \times 30) \times 100\% = 41.67\%$$

3. 餐厅保本点的计算

对餐厅进行保本点分析，由于食品菜肴的品种较多，价格较复杂，因此也适用保本点销售额计算公式：

$$保本点销售额 = \frac{固定成本}{边际贡献率}$$

餐饮材料支出是最典型的变动成本。从边际贡献的公式可以看出，边际贡献的概念和餐厅使用的毛利率的概念相似。

$$毛利 = 营业收入 - 食品原料 \quad 边际贡献 = 营业收入 - 变动成本$$
$$毛利率 = 毛利 \div 营业收入 \quad 边际贡献率 = 边际贡献 \div 营业收入$$

当然变动成本除了食品原材料之外，营业费用中有一部分项目也具有变动成本的性质，如水电燃料支出、物料用品支出，但为了简化计算手续，可以用毛利率取代边际贡献率计算保本点，同时可以根据物料用品、燃料等的支出情况，对毛利率加以适当调整。这时餐饮部的保本点营业额的计算公式就可调整为：

$$保本点营业额 = 固定成本 \div 毛利率$$

由于餐饮经营种类繁多,因此公式中的毛利率按综合毛利率计算。

【例题 4-4】 某旅游饭店餐饮部预算期固定成本为 12 万元,综合毛利率为 53.8%,则保本点营业额是多少?

$$保本点营业额 = 120\,000 \div 53.8\% = 223\,048.33（元）$$

即月收入达到 223 048.33 元时,餐饮部可保本经营。

4. 商品部保本点的计算

商品部经营的商品种类不同,数量较多,所以也可用综合毛利率来计算,其计算方法与餐饮部相同。

四、保本分析法在旅游企业经营决策中的运用

保本点分析实际上是本量利分析法的一个特例。它是在利润为零的情况下来研究营业量（额）与成本间的变动关系,但对企业来说,保本并不是目的,盈利才是目的。但只有先保本才能有利润赚,从财务上说,保本是经营活动的最低要求。在此基础上再看具有一定利润的前提下,三者的变动关系。用公式表示为:

$$实现目标利润销售量 = \frac{固定成本 + 目标利润}{单位边际贡献}$$

接例题 4-2:若该条旅游线路旅行社想实现利润 60 000 元,则

$$销售量 = (100\,000 + 60\,000) \div (2\,000 - 1\,200) = 200（人）$$
$$销售额 = 200 \times 2\,000 = 400\,000（元）$$

1. 成本变动时销售量的变动情况

在产品销售价格不变的情况下,成本增加了,那么旅游企业的利润就会下降,要想使利润不减少,就必须增加销售量（额）。如果成本的变化是固定成本增加了,那么计算销售量的公式就要调整为:

$$销售量 =（原有固定成本 + 新增加固定成本 + 预期利润）\div 边际贡献$$

接例题 4-2,某旅行社预计增加广告费 8 000 元以扩大销售规模,如果仍要保持 60 000 元的利润,则销售额需增加为:

$$(100\,000 + 8\,000 + 60\,000) \div (2\,000 - 1\,200) = 210（人）$$
$$销售额 = 210 \times 2\,000 = 420\,000（元）$$

如果成本的变化是变动费用引起的,由原来的 1 200 元提高到 1 360 元,当向游客收取的费用不变时,仍想保持原有的利润水平,则销售量为:

$$(100\,000 + 60\,000) \div (2\,000 - 1\,360) = 250（人）$$
$$销售额 = 250 \times 2\,000 = 500\,000（元）$$

2. 销售价格变化时销售量（额）的变动情况

旅行线路的价格在旅游淡旺季是不同的,有时为了提高竞争力,也可能使价格下降一定的幅度,在这种情况下,为不使利润下降就必须提高销售量。

【例题 4-5】 上例中的固定费用 100 000 元不变,预期利润 60 000 元不变,这时价格平均下降 15%,单位变动成本仍为 1 200 元/人,则销售量应为:

$$销售量 = (100\,000 + 60\,000) \div [2\,000 \times (1 - 15\%) - 1\,200] = 320（人）$$

$$销售额 = 320 \times 1\,700 = 544\,000（元）$$

也就是说，售价下降了 15%，游客必须增加 120 人（320−200），才能保证原预期利润的实现。

3. 复合成本下的销售组合问题

旅游企业是由多部门组合的集合体。各部门在经营中会发生一些属于各自的变动成本，同时又会发生一些共同成本。如旅游饭店餐厅中的食品部和饮料部都要使用餐厅的几乎所有设备设施，固定成本是相同的。两个或两个以上部门在经营中共同形成的成本称为复合成本。在固定成本不变的情况下，食品部和饮料部的变动成本不同，边际贡献率也不同，对利润增长的贡献也不同。谁的贡献率高，利润增长额就大，反之，利润增长额就小，这就是销售组合问题。

【例题 4−6】表 4−2 为某旅游饭店餐厅两个部门的经营情况。

表 4−2　某旅游饭店餐厅两个部门的经营情况

部门	销售额/元	变动成本/元	变动成本率/%	边际贡献/元	边际贡献率/%
食品部	150 000	75 000	50	750 000	50
饮料部	60 000	21 000	35	39 000	65
合计	210 000	96 000	—	114 000	—

两部门的实际贡献总额为 114 000 元，固定成本为 100 000 元，利润总额为 14 000 元，如果在其他条件不变的情况下，计划增加利润 6 000 元，其途径有二：一是提高某一部门的销售额；二是同时提高两个部门的销售额，实际经营中常是后一种情况。

由于食品销售额增长与饮料销售额的增长对利润影响不同，在计算总销售额增长量才能实现计划利润增长额时，必须先根据以前销售的资料核定它们各自在总销售额中所占的比重，用 Y 来表示，有 $Y_食 = 70\%$，$Y_饮 = 30\%$；用 Y' 表示边际贡献率，有 $Y'_食 = 50\%$，$Y'_饮 = 65\%$。则

$$\begin{aligned}
实现利润必需的总销售额 &= 计划利润 / [(Y_食 \times Y'_食) + (Y_饮 \times Y'_饮)] \\
&= 6\,000 \div [(70\% \times 50\%) + (30\% \times 65\%)] \\
&= 6\,000 \div 54.5\% \\
&= 11\,009.17（元）
\end{aligned}$$

上述结果验证如表 4−3 所示。

表 4−3　结果验证

部门	销售额/元	变动成本/元	对总利润的贡献额/元
食品部	11 009.17 × 70% = 7 706.42	7 706.42 × 50% = 3 853.21	3 853.21
饮料部	11 009.17 × 30% = 3 302.75	3 302.75 × 35% = 1 155.96	2 146.79
合计	11 009.17		6 000

上面假设固定成本没变化，如果发生了变化，分析的思路是一样的，可以用下式计算：

$$销售额 = \frac{固定成本 + 预期利润}{(Y_食 \times Y'_食) + (Y_饮 \times Y'_饮)}$$

可以把它推广运用到多个部门的分析中去。

4. 为弥补亏损所必需的销售量的计算

【例题 4-7】 某旅游饭店客房部经营情况如下。

固定费用 500 000 元，变动费用 120 000 元（每间 30 元），销售额 600 000 元（4 000 间、房价 150 元），亏损 20 000 元。要消除亏损所必需的销售量为：

$$20\,000 \div (150 - 30) = 167（间）$$

$$消除亏损所必需的销售额 = 20\,000 \div (1 - 20\%) = 25\,000（元）$$

如果在扭亏基础上计划获利 20 000 元，则：

$$所需销售量 = (20\,000 + 20\,000) \div (150 - 30) = 333（间）$$

$$所需销售额 = (20\,000 + 20\,000) \div (1 - 20\%) = 50\,000（元）$$

可见，保本分析有助于管理人员在经营管理中增强预见性，做出正确的决策，保证目标利润的实现。

案例分析

现有一个经济型的酒店，大概 40 间客房，两层，100 米² 左右，房间平均面积 20 米²。打算以锦江之星的风格装修，不过可能要比它低一点档次（资金问题），使用分体空调、空气源热水器。请你计算，每间房每日的运营费用大概要多少呢？分别是哪项？总的费用又是多少？

技能训练

一、单项选择题

1. 成本按其性态可划分为（ ）。
   A. 约束成本和酌量成本　　　　B. 相关成本和无关成本
   C. 固定成本、变动成本和混合成本　　D. 可控成本和不可控成本

2. 在下列费用中，不属于间接成本费用的是（ ）。
   A. 旅行社为游客支付的餐费　　B. 清洁卫生费
   C. 购销业务应酬费　　　　　　D. 利息支出

3. 成本费用考核的指标有（ ）。
   A. 存货周转率　　　　　　　　B. 流动比率
   C. 成本率　　　　　　　　　　D. 变动成本率

4. 如果产品的单价与变动成本上升的百分率相同，其他因素不变，则保本点销售量（ ）。
   A. 不变　　　　　　　　　　　B. 上升

C. 下降 　　　　　　　　　　　　D. 不确定

5. 对于保本点，下列表述正确的是（　　）。
A. 流动资产减去流动负债后的余额　　B. 营业收入成本减去变动成本后的余额
C. 营业收入减去固定成本后的余额　　D. 边际贡献等于固定成本

二、多项选择题

1. 在下列各项中，属于旅游企业直接成本的有（　　）。
A. 旅游饭店的调料、配料　　　　　B. 旅行社支付给交通部门的订票费
C. 为旅游者支付的房费　　　　　　D. 工作餐费

2. 影响边际贡献大小的因素有（　　）。
A. 固定成本　　　　　　　　　　　B. 销售单价
C. 单位变动成本　　　　　　　　　D. 产销量

3. 成本费用控制的主要内容包括（　　）。
A. 确定成本费用的标准　　　　　　B. 检查与考核
C. 加强成本费用的日常控制　　　　D. 实行成本费用责任制

4. 影响旅游企业保本点的因素有（　　）。
A. 固定成本总额　　　　　　　　　B. 销售单价
C. 单位变动成本　　　　　　　　　D. 销售量

5. 下列说法中，可以视为保本点状态的是（　　）。
A. 销售收入总额与成本总额相等　　B. 边际贡献与固定成本相等
C. 变动成本与固定成本相等　　　　D. 边际贡献率与变动成本率相等

三、判断题

1. 成本是指企业在一定时期内发生的用货币表现的资产耗费。（　　）
2. 在固定成本总额不变的情况下，单位产品固定成本随产量减少而增加。（　　）
3. 对于一个企业而言，变动成本和直接成本大多是可控成本，而固定成本和间接成本大多是不可控成本。（　　）
4. 实行成本费用控制，就是要降低成本。（　　）
5. 已知固定成本、保本点销售额、销售单价即可计算出单位变动成本。（　　）

四、案例分析题

某旅游饭店经营 B 项目，计划单位售价为 380 元，单位项目变动成本为 220 元，固定成本总额为 30 000 元，试分析该饭店经营 B 项目，销售量达到多少时才能保本？若税前目标利润准备达到 120 000 元，销售量达到多少时，才能实现目标利润？

项目二　认识旅游企业收入与分配管理

项目描述

通过项目学习，理解营业收入、税收、利润的概念，了解旅游企业营业收入的分类、确认、意义及旅游企业利润分配的原则，明确影响旅游企业定价的因素和定价目标，掌握旅游企业营业收入的日常管理、旅游企业的定价策略、旅游企业的定价方法、旅游企业税金的种

类及计算、旅游企业利润管理及旅游企业利润分配的程序。

任务一　学会旅游企业收入管理

任务描述

掌握旅游企业收入概念、分类、意义和旅游企业收入日常管理。

任务目标

任务目标	知识目标：掌握旅游企业收入概念、分类、意义和旅游企业收入日常管理
	能力目标：能够根据不同的标准对旅游企业收入做出不同的分类
	素质目标：培养学生工作认真，有责任心的品质

理论引导

一、旅游企业收入概念

收入是指企业在销售商品、提供劳务及让渡资产使用权等日常中形成的经济利益的总流入，旅游企业的营业收入主要来自旅游企业各营业部门在经营中得到的劳务收入。

二、旅游企业收入分类

（1）根据企业业务的主次之分，企业营业收入可以分为主营业务收入和其他业务收入。全业经常性、主要业务所产生的收入为主营业务收入，非经常性、兼营业务交易所产生的收入为其他业务收入。通常，企业收入中主营业务收入占企业收入的比重大，对企业的经营效益产生较大的影响，其他业务收入则占企业收入的比重较小。例如，现代酒店是以经营提供食宿为主，兼营其他多种服务的旅游接待设施。收入来源众多，主要以提供服务为主，非经常性业务较少，可分为客房收入、餐饮收入、康乐收入，酒店又可按需要划分为若干个项目。例如，客房收入包括房费租金收入、房内食品饮料收入、洗衣收入等；餐饮收入可按各餐饮销售点（如中餐厅、西厅、酒吧、咖啡厅等）划分；可以按康乐种类划分康乐收入；商品收入可按所销商品种类划分等。

（2）按收入形成的原因划分，可分为商品销售收入、提供劳务收入和让渡资产使用权收入。

三、旅游企业收入意义

营业收入是企业生产经营成果的货币表现，企业根据市场需要有效地组织多种生产经营活动，及时取得营业收入，加强营业收入管理，对于企业自身以及整个国民经济都有着重要的意义。

1. 营业收入是企业生产经营正常运转的基本前提

旅游企业进行生产经营活动的目的，是给顾客提供合格的商品与服务，并尽可能取得最大的经济效益。企业只有更多地实现和及时取得营业收入,才能补偿生产资料的耗费,支付职工工资及其他各项费用,保证企业再生产不断进行。如果企业不能及时取得营业收入,生产经营活动中的各种耗费不能得到补偿,收不抵支,企业资金无法正常循环周转,资金运动就会中断,生产经营就不能正常进行。

2. 营业收入是实现企业利润的资金保障

企业的营业收入中包含着补偿生产经营耗费及应实现的利润。只有取得营业收入,才能获得利润,才能依法分配利润。营业收入是衡量企业经营业绩的重要指标,企业为了实现目标利润,必须千方百计地增加营业收入。

四、旅游企业收入日常管理

1. 做好营业收入预测、决策和预算工作

预测是编制预算的基础,预测准确与否直接影响到企业经营决策的确定。在复杂多变的市场经济环境中,企业应通过营业收入预测,掌握旅游市场供求关系变化和价格变化的规律;在营业收入预测的基础上,根据预测所提供的各种依据,在多种可供选择的方案中选出最佳方案,从而做出营业收入决策;营业收入预算属于短期计划,是企业对营业收入决策中销售目标的具体化,预算出企业在一年内各种商品或劳务的销售数量和销售收入。企业只有做好营业收入的预测、决策和预算工作,才能增强营业收入管理的预见性和主动性,提高营业收入管理水平,以适应不断变化的旅游市场。

2. 做好价格管理工作

商品或服务的销售价格是对企业营业收入影响最大的因素之一,是企业之间竞争的一个重要手段,同时也是顾客最为关心的一个方面,因此旅游企业要对商品或服务的销售价格加强管理。合理定价有利于提高企业的竞争能力,能够保证企业在提供一定的商品或服务以后,取得预想的营业收入。

3. 强化营销手段,认真履行合同,努力完成销售计划

在市场经济条件下,企业的营销手段对商品或服务的销售会产生重大影响,营销手段高明,可以增加商品或服务的销售量,增加营业收入。在销售商品或服务时,要认真履行与顾客签订的经济合同,这样不仅可以加速销售资金的回收,而且可以提高企业的信誉,为企业的经营活动创造良好的营销环境。

4. 做好销售环节控制,保证营业收入及时足额入账

在旅游企业中,营业收入项目繁多,为了保证营业收入准确无误地收回,应对营业收入的发生、计算、取得、汇总等环节进行严格的控制,其基本点有四个方面。

(1) 保证营业收入的合法性。营业收入的合法性就是发生的所有收入都必须有合法的依据和凭证,有合法的手续以及规范的管理制度和程序。旅游企业发生的营业收入,要严格依照现行会计准则规定,按权责发生制进行核算。企业不得违反营业收入入账时间的规定,将应在本期反映的收入反映在以后各期,或将应反映在以后某期的收入反映在本期。

(2) 保证营业收入的真实性。营业收入的真实性就是记录的所有收入必须是真实客观存在的,而不是虚假的。企业不得虚增或虚减营业收入,以达到多计或少计当期收益的目的;也不得故意隐匿收入,造成当期收入减少,利润减少,从而达到少付税款的目的;企业应严格划分营业收入与营业外收入的界限,不能将营业收入列入营业外收入,也不能将营业外收

入列入营业收入。

(3) 保证营业收入的完整性。营业收入的完整性就是发生的所有收入都应全部收回。企业要采取相应措施加强收入的内部控制,堵塞企业在营业收入取得过程中可能发生的一切漏洞,防止舞弊、贪污等不正常现象的发生。

(4) 保证营业收入的及时性。营业收入的及时性就是发生的所有收入应尽快收回入账,暂时不能收回的应收账款,应采取积极措施催收,尽量避免存在应收账款给企业造成的费用增加、资金周转减缓及资金利用效果下降。同时,企业对超过账龄的应收账款应及时反馈信息,加强管理,尽量避免营业收入无法收回给企业造成的坏账损失。

任务二 学会旅游企业价格管理

任务描述

掌握影响旅游企业价格的因素,了解旅游企业定价目标的类型和方法。

任务目标

任务目标	知识目标:掌握影响旅游企业价格的因素,了解旅游企业定价目标的类型和方法 能力目标:能够针对不同的情况选择不同的定价策略 素质目标:培养学生灵活性

理论引导

一、旅游企业价格概念及影响因素

1. 旅游企业价格概念

旅游价格是旅游市场最敏感、最复杂的问题,定价合理与否,关系着企业劳动消耗是否能够得到补偿,决定着旅游产品的市场销路,直接影响着旅游企业的营业收入和市场竞争能力。

2. 影响旅游企业价格的因素

产品价值是价格的基础,产品价格是产品价值的货币表现。产品价值包括已消耗的生产资料的价值、必要劳动创造的价值、剩余劳动创造的价值三部分,用货币形式分别表现为物资消耗支出、劳动报酬支出、税金和利润。所以产品的价格具体表现为产品成本费用、税金和利润。

产品的价值决定其价格,这是基本的经济规律,但旅游产品的市场价格由于受多方面经济因素的影响往往并不等于其价值,因此在确定旅游产品价格时应考虑以下几个方面的影响因素。

(1) 成本因素。企业在定价时先考虑的应是产品成本,它是产品定价的基础。一般来讲,产品价格的最低界限取决于产品的成本,也就是说,产品的售价只有高于其成本,才有可能获利，否则就会亏损。因此，企业在确定价格时必须考虑补偿成本，这是保证企业生存和发展的基本条件。

（2）需求因素。产品的最低价格取决于产品成本，最高价格取决于产品的市场需求，市场需求对企业定价有着重要影响。分析需求对价格的影响主要是分析潜在顾客人数、顾客可能购买的数量以及顾客对不同价格的反应，也就是分析市场潜力与需求价格弹性。市场潜力是指营销组合最佳状态下，市场需求达到的最高水平。需求价格弹性反映需求对价格的敏感程度，以需求变动的百分比与价格变动的百分数之比值来计算，即价格变动百分之一会使需求变动百分之几。在正常情况下，市场需求会按照与价格相反的方向变动。价格提高，市场需求就会减少；价格降低，市场需求就会增加，这是供求规律发生作用的表现。因此，每个企业都要预测各种价格水平下的市场需求状况，根据市场需求的大小，选择合理的价格水平，以便顺利地将产品销售出去，获取尽可能大的利润。同时，企业产品的需求价格弹性制约着企业的价格决策，如果忽视这一点，盲目提高价格，就会抑制市场需求，造成企业产品滞销。

（3）竞争因素。产品的最高价格取决于该产品的市场需求，最低价格取决于该产品的成本费用，在最高价格和最低价格的幅度内，企业能把价格定多高则取决于竞争者同种产品的价格水平。在开放性的市场上，几乎每种产品都有或多或少的竞争对手，一般来讲，竞争越激烈，对价格的影响也就越大，企业必须采取一定的方式和手段，及时掌握竞争对手的产品质量和价格，以便与竞争对手的产品比质比价，更合理地确定本企业产品价格。

（4）政策因素。在市场经济条件下，国家在自觉运用价值规律的基础上，通过物价工作方针和各项政策，对企业产品价格实施宏观调控。国家的制度与规定有监督性的，有保护性的，也有限制性的，企业定价时必须严格遵守。企业虽然有自主定价权，国家不直接进行干预，但对于利用垄断价格牟取暴利，或以不正当的手段哄抬物价，欺骗消费者的行为，国家是坚决反对的。

（5）目标因素。企业一般都根据自己的经营目标，在不同时期灵活地采取不同的定价方法。是薄利多销，以大众为消费对象，还是坚持名牌战略，为高收入阶层服务，采取的定价策略是不同的。

（6）心理因素。在消费者心目中，对产品价格通常会有一种客观的心理估价，即消费者心目中这种产品值多少钱，也称预期价格。预期价格往往不是一个绝对的金额，而是一个价格范围。

二、旅游企业的定价目标

定价目标既是明确企业产品定价的方向，又是企业经营目标的具体体现。因此，定价目标的确定对企业产品定价十分重要。由于定价应考虑的因素很多，因此定价目标也是多种多样的。不同企业可能有不同的定价目标，同一企业在不同时期也可能有不同的定价目标，企业应权衡各个目标的利弊，慎重选择。

（1）利润导向目标。利润导向目标是指企业以追求最大利润为目标进行价格决策，它是市场经济中所有企业的经营目标之一。追求最大利润并不等于实行最高价格，当旅游企业的经营在市场竞争中处于特别有利地位时，可采取高价策略以获取高额利润。但在竞争激烈的旅游市场上，任何企业想维持长久的高价，都会导致各方面的抵制，例如，需求减少，竞争者加入，替代品盛行，甚至由于消费者的不满与抗议，招致政府的干预，使企业遭受不必要的冲击。

企业追求最大利润要处理好以下关系：第一，要处理好短期利益与长远利益的关系。企业应把追求最大利润作为一个长期目标、一个战略目标来实现，而不能只顾眼前利益，盲目追求最大利润，做一锤子买卖。第二，要处理好局部利益与整体利益的关系。企业追求最大利润应以企业整体经营效益来衡量，既要考虑企业微观经济效益，又要考虑社会宏观效益。

（2）收益导向目标。收益导向目标是指企业以获得其投资的预期收入为目标进行价格决策。任何企业对于其投资都希望获得预期的报酬，预期报酬水平通常用投资收益率指标来衡量。为实现收益导向目标，企业一般采用成本加成定价法，因而难免会忽略诸如市场需求、竞争格局等重要影响因素。所以，实行预期收益定价目标的企业，应具备较强的实力，在本行业中处于领先地位，或其经营差异化程度高。

（3）销售导向目标。销售导向目标是指企业以达到一定的销售量或市场占有率为目标进行价格决策。市场占有率对企业而言十分重要，它是一个企业经营状况和竞争力状况的直接反映，企业只有获得更大的市场份额才可能在市场上取得更为有利的控制权。从长远看，获得最大市场份额，就能获得长期最大利润。由于市场占有率指标对于企业经营具有特殊的作用，因此，许多企业都用一定时间的低价和促销策略来建立和扩充其市场份额，尤其是对正处于成长期的产品更为适宜。

（4）竞争导向目标。竞争导向目标是指企业以在激烈竞争的市场上应付或避免发生价格竞争为目标进行价格决策。大多数企业对于竞争对手的价格较敏感，企业通常的做法是以对产品价格有决定影响的竞争对手的价格为基础，在广泛收集资料、慎重比较权衡以后，对本企业产品的定价方法做出抉择。采用的方法：第一，以低于竞争对手的价格销售产品；第二，以高于竞争对手的价格销售产品；第三，以与竞争对手相同的价格销售产品。

竞争导向目标是企业广泛采用的一种目标，当企业想进入一个市场领导地位已经得到确认的产品市场时，一般只能采取与竞争对手相同的价格；对于小型企业来讲，由于经营费用较低，故应该采取低价策略；只有具备一定的优越条件（如资产雄厚、产品质量优异、服务水平很高等）的企业才有可能实行高价策略。

（5）稳定导向目标。稳定导向目标是指企业成为行业领导者后，其产品已经拥有很大的市场份额，由此企业会为自己的产品谋求一个相对稳定的价格。稳定的价格通常是获得一定的目标收益的必要条件，尤其当企业拥有丰富的资源，需要一个长期稳定发展的市场时，或者在市场供求与价格经常发生波动的行业，为了稳定市场而稳定价格就显得尤为重要。

稳定的价格对企业而言是一种稳妥的保障政策，稳定的价格意味着价格不能定得太高，也不能定得太低。定得过高，产品难以销售出去；定得过低，会招致竞争对手采用报复价格，由此引发价格大战。在价格大战中，企业通过提供越来越低价的产品进行相互残杀，结果是所有卷入价格大战的企业都要蒙受巨大的损失。

三、旅游企业的定价策略

旅游企业定价时，为了实现不同的目标，针对不同的情况应选择不同的定价策略。

1. 新产品定价策略

（1）撇脂定价策略。撇脂定价策略是指新产品刚投放市场时，把价格定得很高，以求尽快收回投资，获取最大利润，这如同从鲜奶中撇取油脂。把产品价格定得很高，使人们产生这种产品是高档产品的印象。在以下条件下，企业可以采用撇脂定价策略：市场有足够的购买者，他们的需求缺乏弹性，即使把价格定得很高，市场需求也不会大量减少，在高价情况下，仍然独家经营，别无竞争者。

这种策略的优点是能快速收回投资，获取高额利润。缺点是产品刚进入市场，在消费者中尚未建立一定的声誉之前，不利于开拓市场；如果产品销路好，易导致竞争者加入，竞争加剧。

（2）渗透定价策略。渗透定价策略是指企业把新产品价格定得相对较低，以吸引大量顾客，求得迅速提高市场占有率。采取渗透定价策略需要具备以下条件：市场需求对价格非常敏感，低价会刺激市场需求迅速增长；企业的经营成本费用随着生产经营经验的增加而下降；低价不会引起实际和潜在的竞争。

这种策略的优点是能使产品销路增加，快速开拓新产品市场，可排斥竞争者加入。其缺点是产品投资回收缓慢，一定时期内获利较少。

2. 区分需求定价策略

（1）时间差价策略。时间差价策略是指旅游企业对相同的旅游产品，按旅游者需求的时间不同而确定不同的价格，也就是说，企业在不同季节、不同日期，甚至不同钟点分别设立不同的价格出售同一产品。

（2）地区差价策略。地区差价策略是指旅游企业将同一旅游产品在不同地区以不同价格销售。这种差价形成的原因是不同地区的旅游者具有不同的爱好和习惯。

（3）对象差价策略。对象差价策略是指旅游企业针对不同旅游者的需要和购买的数量等因素，对同一旅游产品实行不同的价格。例如，饭店为了稳定客源，往往对熟客给予不同比例的优惠价。

（4）产品差价策略。产品差价策略是指旅游企业生产经营的产品形式不同、成本费用不同，但企业并不按照各种形式的产品成本差异比例规定不同的售价。这种差价存在的原因是旅游者对旅游产品价格的认可并不完全依据其生产经营成本，而往往与对不同旅游产品的偏好和需要程度联系在一起。

3. 折扣定价策略

（1）现金折扣。现金折扣是指旅游企业为了鼓励顾客在一定时期内早日付款而给予的一种价格优惠。

（2）数量折扣。数量折扣是企业根据顾客购买数量多少，给予不同的价格优惠，以鼓励顾客大量购买，如团体折扣、长住折扣等。

（3）功能折扣。功能价格折扣又称贸易折扣，它是根据中间商在产品营销中所负担的功能不同，而给予不同的价格优惠，以鼓励中间商提高推销的积极性。例如，饭店给予旅行社折扣，鼓励其为饭店推销客房。

4. 心理定价策略

（1）声望定价策略。声望定价策略是指针对消费者仰慕名牌商品或名店的声望所产生的某种心理，把在消费者心目中有信誉的产品价格故意定成整数或高价。

（2）尾数定价策略。尾数定价策略又称非整数定价策略，即给产品定一个零头数结尾的非整数价格，它能使消费者产生价格便宜的感觉，还能使消费者产生计算准确认真的感觉，从而使消费者对定价产生信任感。

（3）分级定价策略。分级定价策略又称系列定价策略，企业把所有的产品划分为不同档次、等级，再对各个档次、等级设定不同的价格，这种定价策略可使消费者觉得各种价格反映了产品质量上的差别，不仅便于消费者按需要购买，而且可以简化消费者选购过程。旅行社经常采用这种定价策略，如同样的旅游线路产品分为豪华、普通和特价三种产品价格，从而以不同的价格吸引不同的旅游者；饭店对客房也经常采用这种策略，来确定客房价格。

（4）招徕定价策略。招徕定价策略又称特价品定价策略，企业把某些产品或服务的价格定得很低，甚至亏本，以"亏本特价品"招徕顾客，其目的是希望消费者同时购买更多的非特价产品。例如，饭店向旅游者免费提供饮料，虽然饮料亏损，但旅游者必然多购买菜肴等产品，以此提高饭店的营业收入。

四、旅游企业的定价方法

旅游企业生产经营不同的旅游产品，由于其成本和经营方式具有不同的特点，因此旅游企业应根据这些特点和定价策略采取不同的方法，灵活地确定价格，以实现经营目标。

1. 客房产品的定价方法

（1）成本定价法。成本定价法是以客房成本为基础，通过分析成本、税金和利润的数量关系，然后根据客房出租率来确定客房价格的一种方法。计算公式为：

$$理论成本 = \frac{客房总成本费用}{365 \times 客房总面积} \times 平均每间客房面积$$

$$出租成本 = \frac{理论成本}{1 - 房间闲置率 \times 每天每间客房固定成本占单位成本的比率}$$

$$平均房价 = \frac{出租成本}{1 - 税率 - 利润率}$$

【例题4-8】某旅游饭店有客房300间，客房总面积6 600平方米，预算客房年度固定成本费用5 250 000元，单位变动成本费用30元/间—天，每天每间客房中固定成本费用占单位成本费用的50%，预计出租率60%，营业税金及附加率5.56%，利润率35%，计算饭店客房的平均价格。

$$总成本 = 5\,250\,000 + 30 \times 300 \times 60\% \times 365 = 7\,221\,000（元）$$

$$理论成本 = \frac{7\,221\,000}{365 \times 6\,600} \times (6\,600 \div 300) = 65.95（元）$$

$$客房出租成本 = \frac{65.95}{1 - 40\% \times 50\%} = 82.44（元）$$

$$客房平均房价 = \frac{82.44}{1 - 5.56\% - 35\%} = 138.69（元）$$

（2）目标利润定价法。目标利润定价法是在客房成本预算的基础上，通过确定目标利润来确定客房价格的一种方法。计算方法如下。

第一，预算年度成本费用，包括人工费用、固定资产折旧、开办费用、能耗、物耗、利息、保险费、办公费等。

第二，确定目标利润。计算公式为：

$$目标利润 = 年度总成本费用 \times 成本费用利润率$$

第三，确定平均房价。计算公式为：

$$平均房价 = \frac{年度总成本费用 + 目标利润}{客房数量 \times 客房出租率 \times 365}$$

【例题 4-9】某旅游饭店有客房 200 间，年度总成本费用 4 200 000 元，客房出租率 60%，目标成本费用利润率 45%，计算平均房价。

$$平均房价 = \frac{4\,200\,000 + 4\,200\,000 \times 45\%}{200 \times 60\% \times 365} = 139（元）$$

（3）总经费法。总经费法是在客房成本预算的基础上确定客房价格的一种方法。计算公式为：

$$每日经费 = \frac{全年总经费}{日历天数}$$

$$日均目标营业额 = \frac{每日经费}{1 - 税率 - 利润率}$$

$$平均房价 = \frac{日均目标营业额}{客房数量 \times 客房出租率}$$

式中，全年总经费是指客房经营过程中全年的费用开支，包括固定费用和变动费用。

【例题 4-10】某旅游饭店有 400 间客房，客房销售有季节性波动，全年客房固定成本费用总额为 7 300 000 元，单位变动成本费用 30 元/间一天，淡季 120 天，利润率 10%，出租率 50%；旺季 245 天，利润率 40%，出租率 80%，营业税金及附加率 5.56%。计算不同时期的客房平均价格。

计算客房总经费：

$$淡季客房总成本费用 = 7\,300\,000 \times \frac{120}{365} + 30 \times 400 \times 50\% \times 120 = 3\,120\,000（元）$$

$$旺季客房总成本费用 = 7\,300\,000 \times \frac{245}{365} + 30 \times 400 \times 80\% \times 245 = 7\,252\,000（元）$$

计算客房每日经费：

$$淡季每日经费 = \frac{3\,120\,000}{120} = 26\,000（元）$$

$$旺季每日经费 = \frac{7\,252\,000}{245} = 29\,600（元）$$

计算客房日均目标营业额：

$$淡季客房日均目标营业额 = \frac{26\,000}{1 - 5.56\% - 10\%} = 30\,791.10（元）$$

$$旺季客房日均目标营业额 = \frac{29\,600}{1 - 5.56\% - 40\%} = 54\,371.79（元）$$

计算客房平均价格：

$$淡季客房平均价格 = \frac{30\,791.10}{400 \times 50\%} = 153.96（元）$$

$$旺季客房平均价格 = \frac{54\,371.79}{400 \times 80\%} = 169.91（元）$$

2. 饮食制品的定价方法

旅游饭店的饮食制品花色品种繁多，规格不一，各具特色，而且各旅游饭店的设备条件、烹饪技术、服务质量不同，很难由国家直接规定统一的销售价格。饮食制品的价格由原材料成本和毛利额构成，其中，定价的重点是掌握好毛利率的高低。饭店可根据"按质论价、优质优价、时菜时价"的原则，按国家规定的毛利率幅度和饭店经营服务特点，确定饮食制品的毛利率以后，再根据饮食制品的原材料成本计算饮食制品的销售价格。

（1）销售毛利率法。饮食制品的销售毛利率是饮食制品的毛利与其销售额之间的比率。销售毛利率法就是依照毛利与销售额之间的比例关系，计算饮食制品销售价格的方法。

$$销售价格 = \frac{食品原材料成本}{1 - 销售毛利率}$$

销售毛利率法也称为内扣毛利率法或内扣法。采用销售毛利率法计算价格，对毛利率在产品销售额中的比重十分清楚，一目了然，有利于销售核算。

（2）成本毛利率法。饮食制品的成本毛利率是饮食制品的毛利与其成本之间的比率。成本毛利率法就是按照既定的成本毛利率加成计算饮食制品销售价格的方法。计算公式为：

$$销售价格 = 食品原材料成本 \times (1 + 成本毛利率)$$

成本毛利率法也称为外加毛利率法或外加法。用成本毛利率法计算饮食制品的销售价格，简单明了，易于掌握，但不易反映饮食制品营业收入中毛利所占的比重，所以一般不采用此法。

3. 旅行社的定价方法

（1）中国现行旅游价格构成。第一，综合服务费，包括全程陪同费、翻译导游费、领队减免费、组团社和接团社手续费、旅游宣传费、杂费等。第二，房费。房费单列，旅游者的住房费一般有三种方式，包括海外旅行社自订、组团社代订、委托接团社代订。第三，餐费。餐费单列，餐费标准采用标准加餐差的办法，即早餐标准不分地区统一按规定标准安排，与饭店房费一起收取，午、晚餐采用标准餐加餐差的办法，各旅行社最低的订餐标准不能低于国家规定的标准餐费。第四，车费。车费单列，即市内交通费（含行李运输费）、停车费等，目前均采用包车计价方式，包车价＝车公里（1公里＝1千米）租价×包车公里＋附加费。第五，文娱活动费。它是旅行社为游客安排文化娱乐等项目而收取的手续费和门票费。游览日程在3天以上的，活动不少于1次；4～7天的，不少于2次；8天以上的，不少于3次。第六，城市间交通费，包括飞机、轮船、内河及古运河船和汽车客票价格。第七，专项附加费，包括汽车超公里费、游江游湖费、特殊游览点门票费、风味餐费、专业活动费、责任保险费、不可预见费等。

（2）中国现行旅游价格形式。第一，全包价。全包价是指价格中包含了综合服务费、房费、餐费、车费、文娱活动费、城市间交通费和专项附加费等七个部分。全包价费用的多少是按旅游路线所涉及城市的远近、旅游团的人数、等级和所要求加项服务的多少来决定的。第二，小包价。小包价的确切含义是"选择性旅游价"，即旅游者可按本人意愿选择所需的旅游项目。可提供小包价旅游服务的旅行社将所有旅游项目单列定价并印制服务券，每张服务券上标明旅游项目价格，旅游者需要哪个项目就买哪种服务券，费用现付。第三，半包价。

半包价与全包价的区别主要在于提供服务的内容不包括午、晚餐两项,其他服务完全一样。第四,委托代办费。委托代办费简称单项服务价格,即旅行社接受游客的委托,提供单项旅游服务的费用。委托代办费项目主要有九类:翻译导游费;全程陪同费;接送费;接送汽车费;代办旅华签证、签证延期、签证分离、旅行证等服务的收费;本市内代订饭店、代订汽车、代购交通票、代购文娱票、联系参观等项目的收费;提取、托运行李的服务费;国际回电委托费;国内城市间委托,包括委托手续费、确认回电费、接送费、接送汽车费、代订饭店费、代订交通票费等。第五,特殊形式的旅游收费。特殊形式的旅游是指旅行社开展的新婚旅游、休学旅游、会议旅游、体育旅游、山间旅游、青年旅游、学术交流旅游等特殊形式的旅游项目,在执行组团包价时,要按客人的特殊要求收取特殊服务费用,并扣除没有发生的费用。

任务三　学会旅游企业利润分配管理

任务描述

需要掌握利润的概念,旅游企业利润管理的工作内容,旅游企业利润分配的程序和原则。

任务目标

任务目标	知识目标:掌握利润的概念,旅游企业利润管理的工作内容,旅游企业利润分配的程序和原则 能力目标:能够熟悉旅游企业利润管理的工作,能够根据利润分配的原则进行旅游企业利润分配 素质目标:培养学生有全局意识和法律意识

理论引导

一、利润概念及构成

利润是指企业在一定会计期间的经营成果。利润包括收入减去费用后的净额、直接计入当期利润的利得和损失等。直接计入当期利润的利得和损失,是指应当计入当期损益、会导致所有者权益发生增减变动的、与所有者投入资本或者向所有者分配利润无关的利得或者损失。

1. 利润总额

利润总额由营业利润和营业外收支构成,计算公式为:

$$利润总额=营业利润+营业外收入-营业外支出$$

$$营业利润=营业收入-营业成本-营业税费-销售费用-管理费用-财务费用-资产减值损失+公允价值变动净收益(-公允价值变动损失)+投资净收益(-投资损失)$$

2. 净利润

净利润是企业当期利润总额减去所得税以后的余额，即企业的税后利润。计算公式为：

净利润 = 利润总额 – 所得税费用

二、利润分配的原则

旅游企业分配是指旅游企业按照国家财经法规和旅游企业章程对所实现收益进行分配，以满足各方面经济需求的一种财务行为。为了充分发挥收益分配，协调各方经济利益，促进旅游企业理财目标实现的功能，要求贯彻以下原则：

1. 依法分配原则

为规范旅游企业的收益分配行为，国家制定和颁布了若干法规，这些法规规定了旅游企业收益分配的基本要求、一般程序和分配比例，主要体现在：一方面，旅游企业实现的利润应按照税法的规定先计算缴纳所得税；另一方面，旅游企业税后利润的分配要按照《中华人民共和国公司法》的有关规定进行包括合理确定税后利润分配的项目、顺序和比例等。

2. 积累优先原则

收益分配要在给投资者即时回报的同时考虑旅游企业的长远发展，留存一部分利润作为积累。我国财务制度规定，企业必须按照当年税后利润扣减弥补亏损后的10%提取法定盈余公积金，当法定盈余公积金达注册资本50%时可不再提取；旅游企业以前年度未分配利润可以并入本年度利润分配；旅游企业在向投资者分配利润前，经董事会决定，可以提取任意盈余公积金。

3. 兼顾各方面利益原则

参与旅游企业分配的主体主要有国家、投资者和职工等。国家以行政管理者的身份无偿参与企业的利润分配，主要形式是征收所得税；投资者作为旅游企业的所有者，对旅游企业的利润拥有所有权，因而旅游企业必须按照所有者出资的比例对其分配税后净利润；职工作为旅游企业的创造者也应以适当的方式参与净利润的分配。

4. 投资收益对等原则

旅游企业税后利润分配直接关系到投资者的经济利益，企业在向投资者分配利润时，应一视同仁地对待所有投资者。应当体现谁投资谁收益，收益大小与投资比例相适应，即投资与收益对等原则。所有投资者只应按其投资比例分享收益，做到同股同权、同股同利。

5. 弥补年度亏损的原则

企业发生经营性亏损，国家不再予以弥补，而是由企业用以后年度实现的利润弥补。旅游企业发生的本年度亏损，可用下一年度税前利润弥补，下一年度利润不足弥补的，可以在以后5年内延续弥补。5年内不足弥补的，用税后利润和盈余公积弥补。

三、旅游企业利润管理

1. 做好利润的预测、决策和预算工作

利润预测是指对企业未来时期的利润情况预先进行科学的估计和预测，旅游企业应根据自身发展情况和影响企业利润变动的各个因素，预测出企业计划期可能达到的利润水平。利润预测的内容包括：营业利润的预测、投资净收益的预测、营业外收支的预测和利润总额的预测。根据利润预测的结果进行科学的决策，以确定企业的目标利润。在利润预测、决策的

基础上编制利润预算,分解利润指标,采取有效措施,努力完成利润目标。

2. 实行利润目标管理责任制,加强利润的内部控制与管理

旅游企业应以目标利润为核心,层层落实目标管理责任制。要把企业的总体目标利润层层分解,做到各个部门的目标利润明确,责任分明,把企业的整体经济利益与每个部门和职工的切身利益联系在一起,使人人关心利润,充分调动职工的积极性和创造性。

3. 合理运用资金,加速资金周转

为保证旅游企业生产经营的正常进行,企业的资金结构要合理,各项财务收支要严格计划,同时做到科学合理地核定各项资金定额,减少不合理的资金占用,及时催收应收账款,尽量避免发生坏账损失,要积极处理闲置的固定资产,降低资金成本,千方百计加速资金周转。

4. 努力扩大销售规模,降低成本,合理投资,保证目标利润实现

旅游企业的营业利润是营业收入与投资净收益减掉成本费用、营业税、期间费用后的余额,它是利润总额的主要组成部分,企业营业利润的大小直接与企业销售收入的高低、成本费用控制的严格程度密切相关。一般情况下,企业营业利润多,可以说明企业在三个方面取得了成绩:第一,企业产品销售状况良好,具有一定的销售规模和市场占有率,业绩突出;第二,企业成本费用控制合理,一个企业不能严格控制成本,降低各项费用,即便有再高的营业收入,也会被成本费用所侵蚀,形不成较多的营业利润;第三,对外投资取得了投资收益。所以较多的利润来自企业扩大销售规模、严格的成本费用控制以及正确的对外投资决策,提高利润必须从增加营业收入、投资收益和降低成本费用入手。

另外,营业外收支净额也是旅游企业利润总额的组成部分,因此扩大利润总额不能忽视营业外收支净额的作用。营业外收支净额是企业在非生产经营活动中取得的,收支净额大,可以增加企业的总利润,但不能说明企业的经营业绩好。相反收支净额为负数时,则应引起企业管理者的重视,分析原因,如果主要是固定资产盘亏、企业经营中违约支付赔偿金和违约金或违法经营支付罚金等造成的,那么管理者应采取相应措施,加强管理,杜绝不必要的损失发生。

四、旅游企业利润分配程序

旅游企业利润分配的程序是企业根据国家有关规定和投资者的决议,对企业净利润所进行的分配。企业本年实现的净利润加上年初未分配利润为可供分配的利润。企业年度净利润,除法律、行政法规另有规定外,按照以下顺序分配。

(1) 弥补以前年度亏损。

(2) 提取10%法定公积金。法定公积金累计额达到注册资本50%以后,可以不再提取。

(3) 提取任意公积金。任意公积金提取比例由投资者决议。

(4) 向投资者分配利润。企业以前年度未分配的利润,并入本年度利润,在充分考虑现金流量状况后,向投资者分配。属于各级人民政府及其部门、机构出资的企业,应当将应付国有利润上缴财政。

国有企业可以将任意公积金与法定公积金合并提取。股份有限公司依法回购后暂未转让或者注销的股份,不得参与利润分配;以回购股份对经营者及其他职工实施股权激励的,在拟订利润分配方案时,应当预留回购股份所需利润。

企业弥补以前年度亏损和提取盈余公积金后，当年没有可供分配的利润时，不得向投资者分配利润，但法律、行政法规另有规定的除外。

案例分析

内蒙古百悦大酒店由 A、B、C、D 4 人共同出资创立。其中，A 投入资金 10%，任总经理；B 投入资金 10%，任副总经理；C 投入资金 70%，不参与酒店运作；D 投入资金 10%，也不参与酒店运作。由于公司创办之初，没有实质性的章程，关于利润分配也没有明确的协议，因此在酒店利润分配上矛盾重重，A、B 两人认为，酒店经营业绩主要是他们的功劳，但平时的薪酬较低，利润按投资比例分配不合理，应该提高自己的薪酬；而 C、D 两人认为，提高 A、B 的薪酬会影响自己的分红。

技能训练

一、单项选择题

1. 产品定价的基础是哪一个因素？（　　）
   A. 成本因素　　　　B. 需求因素　　　　C. 竞争因素　　　　D. 心理因素
2. 旅游企业把新产品价格定得相对较低，以吸引大量顾客，求得迅速提高市场占有率的定价策略称为（　　）。
   A. 撇脂定价策略　　　　　　　　　　B. 渗透定价策略
   C. 心理定价策略　　　　　　　　　　D. 区分需求定价策略
3. 所得税的计税依据是（　　）。
   A. 营业利润　　　B. 利润总额　　　C. 净利润　　　D. 应纳税所得额
4. 旅游企业主要缴纳的销售税是（　　）。
   A. 增值税　　　　B. 房产税　　　　C. 消费税　　　　D. 城建税
5. 计提盈余公积的比例为税后利润的（　　）。
   A. 5%　　　　　　B. 10%　　　　　　C. 15%　　　　　　D. 20%

二、多项选择题

1. 旅游企业定价目标主要有（　　）。
   A. 利润导向目标　　　　　　　　　　B. 收益导向目标
   C. 销售导向目标　　　　　　　　　　D. 竞争导向目标
2. 折扣定价策略分为（　　）。
   A. 现金折扣　　　B. 数量折扣　　　C. 功能折扣　　　D. 季节折扣
3. 城市维护建设税的计税依据为（　　）。
   A. 增值税　　　　B. 营业税　　　　C. 消费税　　　　D. 企业所得税
4. 旅游企业利润分配应遵循的原则有（　　）。
   A. 依法分配原则　　　　　　　　　　B. 分配与积累并重原则
   C. 弥补年度亏损的原则　　　　　　　D. 兼顾各方利益原则
5. 中国现行旅游价格的形式包括（　　）。
   A. 全包价　　　　B. 半包价　　　　C. 小包价　　　　D. 委托代办费

三、判断题
1. 旅行社代收代付的费用应全部计入营业收入总额。   (   )
2. 旅游饭店内设的商品部既要缴纳营业税,同时还要缴纳增值税。   (   )
3. 旅游企业饮食制品的定价方法主要采用销售毛利率法。   (   )
4. 城镇土地使用税的征税范围包括城市和农村。   (   )
5. 小规模纳税人增值税的征收率统一为6%。   (   )

四、案例分析题
1. 某旅游饭店有客房200间,客房总面积4 500米², 预算客房年度固定成本费用3 400 000元,单位变动成本费用28元/间一天, 每天每间客房中固定成本费用占单位成本费用的50%, 预计出租率65%, 营业税金及附加率5.56%, 利润率35%, 计算饭店客房的平均价格。

2. 某旅游饭店有客房350间, 客房销售有季节性波动, 全年客房固定成本费用总额为6 300 000元, 单位变动成本费用28元/间一天, 淡季125天, 利润率15%, 出租率50%; 旺季240天, 利润率40%, 出租率80%, 营业税金及附加率5.56%。计算不同时期的客房平均价格。

3. 某旅游饭店2006年7月份客房营业收入实现5 000 000元,餐饮营业收入实现600 000元,娱乐营业收入实现400 000元,运输业务营业收入实现100 000元,内设的旅行社组织旅游团在中国境内旅游,收取旅游费总计20 000元,代旅游者支付的房费、餐费、交通费、门票费及其他代付费用总计120 000元,内设的商品部被定为一般纳税人,增值税税率17%,本月销售商品取得货款234 000元,同期购入商品70 000元,支付增值税11 900元,该商品部销售额为含税价格,计算旅游饭店当月应纳营业税、增值税和城市维护建设税。

模块五

旅游企业财务预算、控制与财务分析管理

模块描述

通过本模块的学习,理解旅游企业财务预算的概念、作用、分类;理解旅游企业财务分析的概念、目的、依据和财务综合分析的含义;了解旅游企业财务预算的内容、财务预算的理论和管理工作;了解旅游企业财务分析的方法;掌握财务预算的编制程序和方法;了解旅游企业财务指标分析及综合分析的具体内容。

项目一 认识旅游企业财务预算

项目描述

掌握旅游企业财务预算的概念、作用、分类;了解旅游企业财务预算的内容、财务预算的理论和管理工作;熟悉财务预算的编制程序和方法。

任务一 认识旅游企业财务预算概述

任务描述

学生主要认识旅游企业财务预算的重要性和分类。

任务目标

任务目标	
	知识目标:掌握旅游企业财务预算的概念、作用和分类
	能力目标:能够认识到财务预算的重要性
	素质目标:培养学生具备良好的财务分析能力

理论引导

预算是计划工作的成果，它既是决策的具体化，又是控制经营活动的依据。预算在传统上被看成控制支出的工具，但新的观念是将其看成"使企业的资源获得最佳生产率和获利率的一种方法"。

一、旅游企业财务预算概念

1. 旅游企业财务预测

旅游企业财务预测就是运用科学的方法来预测、推算事物发展的必然性、可能性，也就是对企业未来的财务活动发展状况，按照事物发展趋势进行合乎客观规律的预算与估量，据以提出未来一定时期内的目标和措施。

2. 旅游企业财务预算

旅游企业财务预算是指企业在预测和决策的基础上，围绕战略规划，对预算年度内企业各类经济资源和经营行为合理预计、测算并进行财务控制和监督的活动。

二、旅游企业财务预算作用

1. 预算引导和控制经济活动，使企业经营达到预期目标

预算指标可以控制实际活动过程，随时发现问题，采取必要的措施，纠正不良偏差，避免经营活动的漫无目的、随心所欲，通过有效的方式实现预期目标。因此，预算具有规划、控制、引导企业经济活动有序进行，以最经济有效的方式实现预定目标的功能。

2. 预算可以实现企业内部各个部门之间的协调

财务预算是围绕着企业的财务目标，把企业经营过程的各个环节、各个方面的工作严密地组织起来，消除部门之间的隔阂和本位主义，使企业内部各部门的力量相互协调，行动密切配合，避免互相冲突、互不衔接的现象，资金运用保持平衡，从而使企业成为一个完成其经营目标、财务目标而顺利运转的有机整体。

3. 预算可以作为业绩考核的标准

预算作为企业财务活动的行为标准，使各项活动的实际执行有章可循。预算标准可以作为各部门责任考核的依据。经过分解落实的预算规划目标能与部门、责任人的业绩考评结合起来，成为奖勤罚懒、评估优劣的准绳。

三、旅游企业财务预算的分类

财务预算是由一系列预算构成的体系，各项预算之间相互联系。财务预算有以下分类。

1. 短期预算和长期预算

财务预算按适用时间的长短，可以分为短期预算和长期预算。短期预算一般指年度预算，或者是更短的季度预算、月度预算，它是对企业一定时期经营、财务等方面的预算，比如销售的预算、房务收入的预算、餐饮营业收入的预算、成本的预算、管理费用的预算、现金的预算等。长期预算一般是指 1 年以上的预算，比如购置大型设备预算，改建、扩建、新建大型固定资产长期投资的预算等。通常情况下短期预算和长期预算的划分以 1 年为界。

2. 全面预算和专门预算

财务预算按涉及的内容，分为全面预算和专门预算。全面预算是对企业的全面、综合、总体情况的预算，比如预计资产负债表、预计利润表等会计报表；专门预算是对其他某一方面的经济活动的预算，比如现金预算等。

3. 期间预算和分项预算

营业费用、管理费用、财务费用的预算属于期间预算，所以以一定的期间为对象而编制的预算为期间预算。分项预算是指以特定项目的全过程为对象而编制的预算，比如固定资产的扩建预算。

4. 部门预算和总预算

部门预算是旅游企业内部某一部门的预算，比如客房部、餐饮部的预算；总预算是指由各部门预算汇总而成的预算。

任务二　学会旅游企业编制财务预算的方法

任务描述

学生应掌握旅游企业编制财务预算的方法。

任务目标

任务目标	知识目标：掌握旅游企业编制财务预算的方法
	能力目标：能够正确选择预算编制方法
	素质目标：培养学生有依据、科学地思考问题的能力

理论引导

按业务量基础的数量特征不同，编制预算的方法可分为固定预算法、弹性预算法、零基础预算法、滚动预算法等。

一、旅游企业固定预算法

固定预算法又称静态预算法，是指在编制预算时，只根据预算期内正常、可实现的某固定的业务量（如生产量、销售量等）水平作为唯一基础来编制预算的方法。

固定预算法的缺点表现在两个方面：一是适应性差。因为编制预算的业务量基础是事先假定的某个业务量。在这种方法下，不论预算期内业务量水平实际可能发生哪些变动，都只按事先确定的某一个业务量水平作为编制预算的基础。二是可比性差。当实际的业务量与编制预算所依据的业务量发生较大差异时，有关预算指标的实际数与预算数就会因业务量基础不同而失去可比性。

二、旅游企业弹性预算法

在实务中，企业业务量不是一成不变的，随着企业内外经营环境的变化，企业的业务量也随之变化,为更好地控制企业的经济业务和财务活动,就需要以预算期内预计的各种业务量为基础,编制出不同水平的预算。由于旅游业受市场环境变化的影响很大,影响客源的因素也很多,因此对于旅游企业来说,编制弹性预算是十分必要的。

1. 弹性预算概念

弹性预算也叫变动预算,是在按照成本习性分类的基础上,根据量、本、利之间的依存关系,按照一系列业务量水平编制的有伸缩性的预算,一般适用于与预算执行单位业务量有关的成本、利润等预算项目。

2. 弹性预算编制程序

(1) 确定预算期内各种业务量发生变化的相关范围。一般控制在正常业务量的70%～110%,或以历史上最高业务量和最低业务量为其上下限。控制的范围不宜过大,否则会加大预算的工作量;也不能过小,过小可能找不到相近似的数值进行比较,不便于日常的费用控制。

(2) 根据成本和业务量之间的依存关系划分为固定成本和变动成本。在编制弹性预算时,运用成本性态原理,分清固定成本和变动成本。

(3) 确定在预算中所包含的各个成本项目的成本特性模式。基本预算模式为:

$$销售收入预算 = \Sigma (销售量 \times 预计单位售价)$$

$$变动成本费用预算 = \Sigma (销售量 \times 单位变动成本预算)$$

$$成本费用预算 = 固定成本预算 + 变动成本预算$$

$$利润预算 = 销售量 \times 预计单位售价 - (固定成本费用 + 变动成本费用)$$

3. 弹性预算的表达方式

弹性预算的表达方式有多水平法和公式法两种。多水平法也就是列表法,在确定的业务量范围内划分出若干个不同的水平,然后分别计算各项预算成本,汇总后列入一个预算表格。业务量的间隔通常为10%,比如旅游企业客房部按出租率50%、60%、70%、80%分别进行预算,就属于弹性预算的多水平法。公式法的理论依据:在成本按性态分为变动成本和固定成本的基础上,总成本是固定成本与变动成本总额之和,其中变动成本总额又是单位变动成本与业务量乘积,只要在预算中列示固定成本和单位变动成本,就可随时利用公式计算任意一个业务量的预算总成本。

4. 弹性预算的特点

弹性预算的优点:一方面,能够适应不同经营活动情况的变化,扩大预算的范围,更好地发挥预算的控制作用,避免在实际情况发生变化时,对预算进行频繁的修改;另一方面,能够使预算对实际执行情况的评价与考核,建立在更加客观的基础之上。弹性预算的缺点是加大了工作量。

三、旅游企业零基础预算法

1. 零基础预算的概念

零基础预算法的全称为"以零为基础的编制计划和预算的方法",它不考虑以往会计期间所发生的费用项目或费用数额,而是一切以零为出发点,根据实际需要逐项审议预算期内各项费用的内容及开支标准是否合理,在综合平衡的基础上编制费用预算。

2. 零基础预算编制步骤

（1）企业内部各级部门的员工，根据企业的生产经营目标，详细讨论计划期内应该发生的费用项目，并对每个费用项目编写一套方案，提出费用开支的目的以及需要开支的费用数额。

（2）划分不可避免费用项目和可避免费用项目。在编制预算时，对不可避免费用项目必须保证资金供应；对可避免费用项目，则需要逐项进行成本与效益分析，尽量控制可避免项目纳入预算当中。

（3）划分不可延缓费用项目和可延缓费用项目。在编制预算时，应把预算期内可供支配的资金在各费用项目之间分配。应优先安排不可延缓费用项目的支出，然后再根据需要，按照费用的轻重缓急确定可延缓项目的开支。

3. 零基础预算的特点

零基础预算的优点：有助于压缩开支；可以控制和监督企业的各项财务收支，同时监督企业业务活动；能用好、管好资金，重要项目优先安排资金，不必要的项目分文不给，为企业充分利用每一元资金提供良好的基础；零基础预算不受过去老框框的约束，能够充分发挥各级管理人员的积极性和创造性，各级预算部门精打细算，合理使用资金，提高经济效益。

零基础预算的缺点：由于零基础预算一切支出均以零为起点进行分析，因而编制预算工作量较大，所花费的时间和代价也较高，有时甚至得不偿失。一般来说，旅游企业每隔3年或5年进行一次零基础预算，以后几年内在此基础上略微调整即可，从而既减少了预算编制的工作量，又能起到控制费用的作用。

四、旅游企业滚动预算法

滚动预算又称连续预算或永续预算，是随时间的推移和市场条件的变化而自行延伸并进行同步调整的预算，一般适用于季度预算的编制。滚动预算的预算期是连续不断的，始终保持一定的期限。以1年的预算为例，每经过1个月，就根据新情况进行修改和调整前几个月的预算，并在原来的预算期期末随即补充1个月的预算，使预算期始终维持在12个月。这种预算要求一年中，前几个月的预算要详细完整，后几个月可以稍微粗略一些。随着时间的推移，原来粗略的预算变得详尽，后面再补充新的较粗略的预算。这样不断滚动，往复不断。

滚动预算法编制财务预算的优点：一是从动态预算中把握企业的未来发展趋势；二是始终对未来一定时期的经营活动进行周到的考虑和全盘规划，保证企业的各项工作有条不紊地进行；三是预算与实际情况更相适应，充分发挥预算的指导和控制作用。

为避免预算编制工作较烦琐的手续，可以采用按季度滚动的方法进行编制，在编制预算的季度里，再按月份详细编制各月预算，这样可以适当简化预算的编制工作。另外，采用滚动预算法，必须有一个与之相适应的外部条件，比如上级下达的经济指标等。如果这些指标仍然以自然年为基础，则企业要编制滚动预算是非常困难的。但随着中国经济的不断发展，这些条件的限制越来越小，为滚动预算法的编制创造了有利条件。

另外，在财务预算中还有一种方法叫概率预算。概率预算是指对具有不确定性的预算项目，估计其发生各种变化的概率，根据可能出现的最大值和最小值计算其期望值，从而编制的预算，一般适用于难以准确预测变动趋势的预算项目，如销售新旅游产品、开拓新的旅游业务等。

正确选择预算编制方法是保证预算科学性、可行性的重要前提，预算编制的方法很多，如上面所讲固定预算、弹性预算、零基础预算、滚动预算和概率预算等。这些方法各有优缺点，在具体应用中往往结合使用。

任务三 学会编制旅游企业财务预算

任务描述

学会编制旅游企业主营业务收入预算、旅游企业成本及费用预算、旅游企业现金预算。

任务目标

任务目标	知识目标：掌握旅游企业财务预算的程序和内容
	能力目标：学会编制旅游企业财务预算
	素质目标：增强学生参与预测与决策的能力

理论引导

一、旅游企业财务预算的程序和内容

财务预算的编制应切实符合实际、积极、先进、可行的要素。旅游企业财务预算的编制，首先，必须服从企业决策的目标需要，尽力做到全面、协调，规划各部门、各层次的经济关系和职能，使之满足未来经营总体目标的要求；其次，要求财务目标应该具体化、定量化，能够明确各责任部门的工作目标。财务预算量化指标可以作为日常控制和业绩考核的依据，经分解的指标与部门、个人业绩考核指标结合起来，是企业实施内部责任制的依据。

1. 旅游企业财务预算编制要遵循的程序

（1）预算管理委员会依据预算年度工作要求，结合企业发展战略及其要求，提出预算年度的预算总目标，并报最高决策机构批准。

（2）预算管理委员会依据已批准的预算总目标和既定的目标分解方案，计算、确定各部门的分目标。

（3）各部门依据分目标的要求对预算及其年度相关业务进行预测，寻求实现目标的具体途径，形成预算草案，报预算管理委员会。

（4）预算管理委员会综合各部门的预算初稿，每个人可以根据自己对预算和企业经营的理解提出修改意见，以使预算更科学、更可行。

（5）最高决策机构审议、批准预算，并下发执行。

2. 旅游企业财务预算的内容

（1）经营性预算。旅游企业经营性预算主要依据旅游市场客源以及价格等方面的变化，在上年费用支出的水平上，结合物价指数，考虑企业经营支出的水平，结合董事会（上级公司）的意见，在总经理的领导下，通过销售部、客房部（房务部）、前台、餐饮部、人事部、财务部研究后确定，内容包括：主营业务收入、主营业务成本、营业费用、营业税金及附加、

经营利润、管理费用、财务费用、利润总额、毛利额、毛利率、两费率、成本费用率、物耗率、利润率、客房出租率、餐位上座率、餐饮平均消费水平、平均房价等。下年度经营预算一般在每年10月至11月份编制。

（2）资本性预算。资本性预算是根据旅游企业的实际情况，根据工程部专业人员提出的维修改造计划，以及各个部门提出的设备购置计划，由财务部汇总编制，财务部根据董事会（上级公司）意见，按照计划的现金需用量，编制成报表，报董事长、总经理批准后实施。资本性预算是企业在预算期内进行资本性投资活动的预算，主要包括固定资产投资预算、权益性资本投资预算和债券投资预算。固定资产投资预算是企业在预算期内购建、改建、扩建、更新固定资产进行资本投资的预算，应当根据本单位有关投资决策资料和年度固定资产投资计划编制。权益性资本投资预算是企业在预算期内为了获得其他企业单位的股权及收益分配权而进行资本投资的预算，应当根据企业有关投资决策资料和年度权益性资本投资计划编制。债券投资预算是企业在预算期内为购买国债、企业债券、金融债券等所做的预算，应当根据企业有关投资决策资料和证券市场行情编制。企业转让债券收回本息所引起的现金流入，也应列入资本预算。

（3）现金收支预算。现金收支预算主要根据经营性预算、资本性预算、还本付息预算等编制。具体有现金流入量和现金流出量，报董事会、总经理批准后执行。

所有预算，均由总经理批准，报董事会审批，然后正式下达企业，并且按季节指数分解至各部门及各个月份。本书主要讲述经营性预算。

二、旅游企业主营业务收入预算

在销售预测的基础上，主营业务收入预算是财务总预算的起点，其他预算均以主营业务收入预算为基础编制，而主营业务收入预算是根据年度目标利润所规定的销售量和销售单价来编制的。在编制主营业务收入预算时，应通过量、本、利分析，确定有可能使企业经济效益最佳的销售量和销售单价，同时还应考虑企业现有经营能力、季节性等因素，下面以饭店几个主要部门为例加以说明。

1. 房务（客房）主营业务收入预算的编制

房务营业收入预算如表5-1所示。

表5-1 房务营业收入预算

	项目	间数/间	平均开房率/%	平均房价/元	天数/天	金额/万元
住宿楼	豪华套房	4	50	580	300	34.80
	单人套房	10	50	400	300	60.00
	普通套房	4	50	420	300	25.20
	标准套房	50	60	380	300	342.00
	小计	68			300	462.00

房务主营业务收入由客房数量、出租率和平均房价三个因素决定，在一定规模下（客房数量一定）、平均房价不变动的情况下，客房出租率越高，房务收入也越高。当房价发生变

动时，房务收入也会发生变动。但整体来说，出租率是影响旅游饭店营业收入的重要因素。房务营业收入可按下列公式计算：

房务主营业务收入 = Σ（某种类型客房平均单价 × 某种类型客房可供出租的套数 × 预算期内某种类型客房平均出租率 × 预算期内天数）

【例题5-1】某饭店豪华套房的平均房价为580元，共有4间，该客房平均出租率为50%，如果预算期天数为300天，计算豪华套房业务收入。

业务收入 = 580 × 4 × 50% × 300 = 34.80（万元）

2. 餐饮主营业务收入预算的编制

餐饮主营业务收入预算要结合客房出租量，客人数量及消费水平，早、午、晚各餐厅上座率，以及预算期天数等编制。其编制见表5-2。

表5-2 餐饮营业收入预算

餐厅	餐位数/位	平均消费水平/元	餐位上座率/%	天数/天	小计/万元
中餐厅	200	60	90	300	324.00
大堂酒吧	50	20	10	300	3.00
中餐包厢	60	100	40	300	72.00
西餐厅	60	80	20	300	28.80
宴会厅	200	75	20	300	90.00
合计	570				517.80

（1）预测平均消费水平。饭店各个餐厅和餐次的人均消费水平是不同的，因此预测人均消费水平时，应根据历史资料和价格指数的变动情况，按餐厅、分餐次分别预测各个餐厅的人均消费水平，然后预测主营业务收入。

（2）计算餐位平均上座率。饭店依据前几年餐饮部销售实绩和各月度的销售水平来计算平均上座率。各餐厅的上座率不相同。

（3）预测预算期内的就餐人次。它是根据前几年的历史资料和餐厅接待能力、市场发展趋势、饭店准备采取的营销措施等因素，分餐厅、按餐次分别预测出各个餐厅的就餐人次。

（4）计算餐厅就餐人次。计算餐厅就餐人次是为了反映餐饮部接待能力，它要依据不同餐厅的座位数和上座率来确定，计算公式为：

餐厅就餐人次 = 餐厅座位数 × 上座率 × 预算期营业天数

（5）计算餐饮部主营业务收入。餐饮部主营业务收入计算公式为：

餐饮部主营业务收入 = Σ（某餐厅人均消费额 × 某餐厅的餐位数 × 某餐厅餐位上座率 × 预算期营业天数）

【例题5-2】旅游公司新上海中餐厅，有餐位数180位，早餐、午餐、晚餐的平均消费水准分别为15元、55元、55元，餐厅上座率分别为90%、40%、40%，如果预算期营业天数为270天，计算该餐厅的营业收入。

营业收入 = (15 × 180 × 90% + 55 × 180 × 40% + 55 × 180 × 40%) × 270 = 279.45（万元）

3. 商品主营业务收入预算的编制

商品营业收入预算如表 5-3 所示。

表 5-3 商品营业收入预算

营业柜组	金额/万元	计算依据/万元
工艺品（代销）	9.00	0.20×300×15%=9.00
丝绸（代销）	4.95	0.11×300×15%=4.95
食品烟酒	12.90	0.043×300=12.90
合计	26.85	

商品是饭店主营业务收入的又一重要组成部分，商品部主营业务收入预算的编制，可以将商品部按商品类别划分不同的营业柜组，分别预算营业柜组在预算期内的主营业务收入额。

商品部主营业务收入预算 = Σ（某类商品预计销售价 × 商品预计销售数量）

【例题 5-3】旅游公司有工艺品营业柜组，该柜组的商品属于代销商品，平均每天销售 2 000 元，15% 的代销手续费，如果预算期天数为 300 天，计算该工艺品营业柜组的收入是多少。

营业收入 = 0.2×300×15% = 9（万元）

4. 康乐中心主营业务收入预算的编制

康乐中心主营业务收入预算如表 5-4 所示。

表 5-4 康乐中心主营业务收入预算

项目	单位	单价/元	数量	每天/小时	出租率%	天数	金额/万元
派克影院	人次	20	50		10	270	2.70
乒乓球馆	小时	10	2	13	40	270	2.81
射击馆	小时	10	10	2		270	5.40
壁球馆	小时	30	2	13	10	270	2.11
保龄球馆	局	30	140		70	270	79.38
游泳馆	人次	45	30			210	28.35
桑拿按摩	人次	98	30	2		210	123.48
网球场	小时	60		13	40	270	8.42
饮品收入	人次	20	200		40	270	43.20
合计							295.85

饭店康乐中心设派克影院、乒乓球馆、射击馆、壁球馆、保龄球馆、游泳馆、桑拿按摩、网球场等。康乐中心主营业务收入预算方法同商品部。

5. 出租汽车主营业务收入预算编制

目前中国旅游饭店出租汽车采用包车制方式,规定了每种车型每月包价,计算公式为:

出租汽车主营业务收入预算 = Σ(某车型每月包价 × 该车型车辆数 × 12 个月)

6. 其他主营业务收入预算编制

其他主营业务收入,如洗衣收入、商务收入等,可根据住店客人的比例计算,也可以按历史水平递增或递减的方法计算。

三、旅游企业成本费用预算

旅游企业成本费用预算是在事前调查研究和分析的基础上,对未来的成本费用的发展趋势做出的一种符合客观发展的定期预算。企业成本费用管理着眼于未来,要求做好事前的成本费用预算,确定出目标成本费用,然后根据目标成本费用加以控制,以实现此项目标。编制费用预算,第一,能明确奋斗目标:通过费用预算指标的下达和控制,明确各个职能部门的经济责任,以及达到目标应采取的措施,从而使各个部门的经济活动与企业的经营目标联系起来。第二,能使企业内部各部门密切配合,协调一致,统筹兼顾,全局安排。第三,有利于控制费用支出。第四,有利于考核企业各部门业绩。现以旅游饭店为例讲述旅游企业成本的预算。

1. 房务成本预算

客房部的营业费用按照与出租率的关系可以分为固定费用和变动费用,因而在编制客房部营业费用预算时,可以分为变动预算费用和固定预算费用两部分进行编制。

(1) 变动预算费用的编制。客房部的变动费用包括日常维修费用、针织品消耗、物料用品消耗、洗涤费、水电费等。这些费用的预算可以采用如下方法进行,以物料用品消耗为例:

物料用品成本预算 = Σ(客房数量 × 出租率 × 某类消耗品每间客房配备量 × 某类消耗品平均单价 × 预算期天数)

【例题 5-4】某饭店有客房 100 间,平均出租率 60%,每间客房每天配备茶叶 4 包,每包茶叶 0.50 元,如果预算期天数为 270 天,计算计划年度茶叶支出额为多少。

计划年度茶叶支出额 = 100 × 60% × 4 × 0.50 × 270 = 3.24(万元)

(2) 固定预算费用的编制。客房部的固定费用包括工资以及与人员有关的各项费用支出、固定资产大修理费、固定资产折旧费等。对于以上费用的编制,可以在上一年的基础上,结合计划年度人员、固定资产的增减变动情况进行调整,从而编制出固定预算费用总额。客房部的变动预算费用总额与固定预算费用总额之和,就是预算期客房部的费用预算。如果把每年的预算费用总额分到各个月,可以先根据历史资料算出某月的季节指数,然后将年度预算费用总额乘上某月季节指数,即可得出各月的费用总额。

某月季节指数 =(某月客房费用总额/全年客房费用总额)× 100%

或某月季节指数 =(某月客房出租天数/全年客房出租天数)× 100%

某月预算费用 = 全年预算费用总额 × 该月季节指数

2. 餐饮成本预算

餐饮成本预算是在编制营业收入预算基础上进行编制的,有以下两种方法,一种方法是根据营业收入和历史资料、饭店星级、市场供求关系等确定本饭店餐厅的毛利率。其计算公式为:

$$预算期餐饮成本 = \Sigma\,[某餐厅预算餐饮营业收入 \times (1 - 某餐厅餐饮毛利率)]$$

另一种方法是根据标准成本法计算,对购进的食品原材料进行加工测试,求加工后实际净料成本,编制成本计算表来确定每种食品主料、配料、调料的标准成本,然后追加一定的附加成本,最后确定出餐饮制品的标准成本。计算公式为:

$$预算期餐饮成本 = \Sigma\,(某餐厅预算餐饮营业收入 \times 标准成本率)$$

【例题 5-5】某旅游饭店餐饮部中餐厅预算营业收入 600 万元,毛利率 55%;西餐厅预算营业收入 480 万元,毛利率 60%;宴会厅预算营业收入 300 万元,毛利率 65%;风味厅预算营业收入 360 万元,毛利率 40%。计算旅游饭店餐饮部餐饮成本为多少。

$$餐饮成本 = 600 \times (1-55\%) + 480 \times (1-60\%) + 300 \times (1-65\%) + 360 \times (1-40\%) = 783\,(万元)$$

3. 旅游饭店商品成本预算

商品部经营商品种类比较多,进销差价率也各不相同,如果按综合进销差价率来进行成本预算,就会使预算成本与实际成本发生较大差异,所以一般采用分类进销差价率,即按经营柜组划分该柜组进销差价率,然后确定已销商品的成本。商品部商品销售成本是指已经销售商品的进价成本。其计算公式为:

$$商品成本预算金额 = \Sigma\,[预算期某类商品销售额 \times (1 - 该类商品进销差价率)]$$

$$商品进销差价率 = \frac{月末某类商品进销差价余额}{月末某类商品库存余额 + 本月该类商品销售额} \times 100\%$$

【例题 5-6】某旅游饭店商品部丝绸柜组销售额为 100 万元,进销差价率为 30%;食品烟酒柜组销售额为 200 万元,进销差价率为 20%;工艺品柜组销售额 400 万元,进销差价率为 40%。计算其商品成本。

$$商品成本 = 100 \times (1-30\%) + 200 \times (1-20\%) + 400 \times (1-40\%) = 470\,(万元)$$

4. 管理费用和财务费用预算

管理费用是指旅游企业为组织和管理经营活动而发生的费用以及由企业统一负担的费用。随着企业规模的扩大,一般管理职能也越来越重要,从而其费用也相应增加,在编制管理费用预算时,要分析企业的业务成绩和一般经济状况,务必做到费用合理化。财务费用是指旅游企业经营期间所发生的利息净支出、汇兑净损失、金融机构手续费、利息等筹资发生的费用,应根据预算年度企业预计借款数额、利率水平等具体情况进行预算。管理费用和财务费用按成本性态又可分为固定费用和变动费用。固定费用可以根据上一年度成本费用开支情况,结合预算期内各项费用开支降低的潜力以及各相关因素,综合进行调整。变动费用则可以结合上一年度的变动费用率与本年度的预算期收入加以确定。旅游饭店管理费用预算表见表 5-5。

表 5-5 旅游饭店管理费用预算表 单位:万元

项目	金额	部门					
		总经理办	销售部	人事部	财务部	工程部	安保部
一、固定费用							
1. 工资							

续表

项目	金额	部门					
		总经理办	销售部	人事部	财务部	工程部	安保部
2. 福利费							
3. 养老金							
4. 工作餐							
5. 服装费							
6. 折旧费							
7. 保险费							
8. 工会和教育费							
9. 无形资产摊销							
10. 有关税金							
二、变动费用							
1. 物料消耗							
2. 水费							
3. 电费							
4. 燃料费							
5. 办公费							
6. 邮电费							
7. 差旅费							
8. 日常维修费							
9. 交际应酬							
10. 绿化费							
11. 培训费							
12. 董事会会费							
13. 其他费用							
合计							

5. 饭店成本费用预算的编制

将以上各部门的成本费用预算及管理费用和财务费用预算加以汇总，即为饭店成本费用预算。

四、旅游企业预计会计报表

1. 预计利润表

预计利润表是以货币为计量单位，全面、综合地表现旅游企业预算期内经营成果的计划，以及利润分配的预算数。其中，利润各项指标应根据各有关财务预算编制而成，而利润分配各指标根据企业利润分配预计数预算。假如某企业营业收入为 7 825 万元、营业成本为 1 451 万元、营业税费为 585 万元、销售费用为 4 000 万元、管理费用为 1 000 万元、财务费用为 99 万元，所得税按 25% 计算，股利分配按本期净利润的 50% 分配。

其中"所得税费用"项目，是在利润规划时估计的，应列入现金预算，它本来不是根据利润和所得税税率来计算的，因为有诸多纳税调整事项的存在。本例从简设计所得税，按 25% 的税率计算。预计利润表的格式、内容与实际利润表的格式、内容基本是一致的，只不过预计利润表的数字是面向预算期的，而实际利润表的数字是过去一段时间实际发生的。编制预计利润表可以了解企业预期的盈利水平，预计利润及利润分配表见表 5-10。

表 5-10 预计利润及利润分配表

项目	金额/万元	项目	金额/万元
一、营业收入	7 825	减：营业外支出	
减：营业成本	1 451	其中：非流动资产处置净损失	
营业税费	585	三、利润总额	609
销售费用	4 000	减：所得税费用	152.25
管理费用	1 000	四、净利润	456.75
财务费用	99	加：期初未分配利润	105
资产减值损失		五、可供分配利润	561.75
加：公允价值变动净收益		减：提取盈余公积金	45.68
投资净收益		分配股利	228.38
二、营业利润	690	六、年末未分配利润	287.69
加：营业外收入			

2. 预计资产负债表

预计资产负债表是以货币形式反映的企业预算期期末财务状况的总括性预算。编制预计资产负债表的目的，在于判断预算期财务状况的稳定性和流动性。如果通过预计资产负债表的分析，发现某些财务比率不佳，必要时可修改有关预算，以保证预算的科学性、合理性（表 5-11）。

表 5-11 预计资产负债表

资产	年初数/万元	年末数/万元	负债及所有者权益	年初数/万元	年末数/万元
货币资金	110	300	短期借款	125	
交易性金融资产		89.5	应付账款	490	180
应收账款	50	100	应付职工薪酬	20	28
其他应收款	45	60	其他应付款	430	125
存货	490	640	应交税费	128	32.13

续表

资产	年初数/万元	年末数/万元	负债及所有者权益	年初数/万元	年末数/万元
长期股权投资		1 000	长期借款	4 000	3 700
固定资产	17 100	14 665	实收资本	12 000	12 000
无形资产			资本公积	200	159
			盈余公积	297	342.68
			未分配利润	105	287.69
资产总计	17 795	16 854.5	负债和所有者权益总计	17 795	16 854.5

案例分析

时代大酒店实行费用支出按年度预算、分月调整预算执行计划的管理办法，即各部门每年年末根据酒店年度工作计划，编制各部门下年度费用预算。每月月末，根据年度预算及各部门在工作中的实际情况，调整编制下月的费用预算。预算一经确定，各单位就必须严格执行。酒店各部门将编制好的费用预算报交财务部，由财务部对各部门的费用支出预算进行汇总和初步审核，财务部有权了解预算中各项费用的用途和开支理由，并对不合理的项目提出修改意见。财务部将初步审核后的年度预算提交总经理办公会、董事会审批通过；月度预算提交总经理或其委托负责人审批。预算是指酒店经营者为了实现未来一定时期的经营目标，以货币为计量单位，对酒店所拥有的各种资源，事先进行科学合理的规划、测算和分配，以约束指导酒店的经营活动，保证经营目标顺利完成的一系列具体规划。

技能训练

一、单项选择题

1. (　　)是根据预算内正常的、可实现的某一业务量水平编制的预算，一般适用于固定费用或者数额比较稳定的预算项目。
    A. 零基础预算　　B. 滚动预算　　C. 固定预算　　D. 弹性预算

2. 根据财务预测以货币形式表示的财务方面的经营计划叫(　　)。
    A. 零基础预算　　B. 财务预算　　C. 财务预测　　D. 弹性预算

3. 在销售预测的基础上，(　　)是财务总预算的起点，其他预算均以此为基础编制。
    A. 成本预算　　B. 财务预算　　C. 零基础预算　　D. 收入预算

4. (　　)一般用于经济业务比较稳定的企业或部门。
    A. 固定预算　　B. 滚动预算　　C. 概率预算　　D. 弹性预算

5. 财务预算按适用时间的长短，可以分为(　　)。
    A. 短期预算和长期预算　　　　B. 资本预算和经营预算
    C. 全面预算和专门预算　　　　D. 期间预算和分项预算

二、多项选择题

1. 旅游企业财务预算的内容包括(　　)。
    A. 经营性预算　　B. 资本性预算　　C. 现金收支预算　　D. 房务收入预算

2. 旅游企业编制财务预算的方法有（　　）。
   A. 零基础预算　　　　　　　　　B. 滚动预算
   C. 固定预算　　　　　　　　　　D. 弹性预算
3. 滚动预算的特点是（　　）。
   A. 从动态预算中把握企业的未来发展趋势
   B. 始终对未来一定时期的经营活动进行周到的考虑和全盘规划，保证企业的各项工作有条不紊地进行
   C. 预算与实际情况更相适应，充分发挥预算的指导和控制作用
   D. 在预算期内除特殊情况外，对预算不加修改或更正，具有相对固定性
4. 现金预算由（　　）等部分内容组成。
   A. 现金收入　　　　　　　　　　B. 现金支出
   C. 现金的多余与不足　　　　　　D. 融资
5. 旅游企业财务预算的作用是（　　）。
   A. 明确奋斗目标　　　　　　　　B. 协调力量
   C. 控制资金　　　　　　　　　　D. 实行目标管理、工效挂钩

三、判断题

1. 固定预算、弹性预算、零基础预算、滚动预算和概率预算各有优缺点，在具体应用中不能结合使用。（　　）
2. 预计资产负债表是以货币形式反映的企业预算期期末财务状况的总括性预算。（　　）
3. 概率预算是随时间的推移和市场条件的变化而自行延伸并进行同步调整的预算，一般适用于季度预算的编制。（　　）
4. 房务收入预算属于经营性预算。（　　）
5. 在现金预算中，如果现金余额发生赤字，说明现金不足；如果现金余额为正，说明现金有多余，可以用于偿还过去向银行取得的借款，或者用于短期投资。（　　）

四、简答题

1. 什么是旅游企业财务预算？它有什么作用？
2. 什么是固定预算、弹性预算、零基础预算、滚动预算？它们各自的优缺点有哪些？
3. 旅游企业财务预算的主要内容有哪些？

五、实训题

为当地某一旅游饭店的某一部门编制财务预算。

项目二　认识旅游企业财务控制

项目描述

通过本项目的学习，学生应熟悉旅游企业财务控制的含义、分类和方式，掌握三种责任中心，同时能够掌握每一类责任中心均对应着不同的决策权利及不同的业绩评价指标。

任务一　学会旅游企业财务控制

任务描述

学生要认识旅游企业财务控制的含义、分类和方式。

任务目标

任务目标	知识目标：掌握旅游企业财务控制的含义、分类和方式 能力目标：学会运用旅游企业财务控制的几种方式 素质目标：提高学生的分析能力、分辨能力，提高运用计算工具进行决策的综合能力

理论引导

一、旅游企业财务控制的含义

财务控制是指以企业财务决策、财务预算为依据，按照一定的程序和方法，将企业的财务收支等活动约束于事先确定的范围之内，以确保全面落实和实现公司经营目标的一种管理活动。

二、旅游企业财务控制的分类

（1）按照财务控制的内容可将财务控制分为一般控制和应用控制。

（2）按照财务控制的功能可将财务控制分为预防性控制、侦查性控制、纠正性控制和指导性控制。

（3）按照控制时间特征可将财务控制分为事先控制、事中控制和事后控制。

（4）按照控制的依据可将财务控制分为预算控制和制度控制。

（5）按照控制的对象可将财务控制分为收支控制和现金控制（或货币资金控制）。

（6）按照控制手段可将财务控制分为定额控制和定率控制。

三、旅游企业财务控制的方式

1. 授权与批准控制

授权是指授予某一大类业务或某项具体业务的决策做出决定的权利。授权通常包括一般授权和特别授权两种方式。一般授权主要是对日常业务活动的授权；特别授权适用于管理当局认为个别交易必须经批准的情况，如对于对外投资、资产处置、资金调度、资产重组、收购兼并、抵押担保、财务承诺、关联交易等重要经济业务事项的决策权，以及超过一般授权限制的常规交易。

批准是检查已确立的授权条件得到满足的实际步骤。完善的授权批准体系包括授权批准的范围、授权批准的层次、授权批准的程序、授权批准的责任。

2. 职务分离控制

职务分离控制是指对处理某种经济业务所涉及的职责分派给不同的人员，使每个人的工作都是对其他有关人员的工作的一种自动检查。职务分离的主要目的是预防和及时发现职工在履行职责过程中产生的错误和舞弊行为。

3. 全面预算控制

全面预算控制是以全面预算为手段，对企业财务收支和现金流量所进行的控制。

4. 财产保全控制

财产保全控制是最传统的财务控制方法，具体包括限制接触财产、定期盘点清查、记录保护、财产保险、财产记录监控。

5. 独立检查控制

独立检查控制是指由业务执行者以外的人员对已执行的业务的正确性所进行的验证，又称内部稽核。

6. 业绩评价控制

业绩评价控制是指将实际业绩与其评价标准，如前期业绩、预算和外部基准尺度进行比较，对营运业绩等所进行的评价。

任务二　学会旅游企业财务控制中心

任务描述

学生要掌握三种责任中心，同时能够掌握每一类责任中心均对应着不同的决策权利及不同的业绩评价指标。

任务目标

任务目标	知识目标：掌握三种责任中心
	能力目标：能够分清每一类责任中心均对应着不同的决策权利及不同的业绩评价指标
	素质目标：培养学生灵活运用方法解决实务中的相关问题

理论引导

按照企业内部责任中心的权责范围以及业务活动的不同特点，责任中心一般可以划分为成本中心、利润中心和投资中心三类。每一类责任中心均对应着不同的决策权利及不同的业绩评价指标。

一、旅游企业成本中心

成本中心是指有权发生并控制成本的单位。成本中心一般不会产生收入，通常只计量考核发生的成本。成本中心是责任中心中应用最为广泛的一种形式，只要是对成本的发生负有责任的单位或个人都可以成为成本中心。例如，负责生产产品的酒店餐饮部、客房部、旅行社等部门或确定费用标准的管理部门等。成本中心具有以下特点。

（1）成本中心不考核收入，只考核成本。一般情况下，成本中心不能形成真正意义上的收入，故只需衡量投入，而不衡量产出，这是成本中心的首要特点。

（2）成本中心只对可控成本负责，不负责不可控成本。可控成本是指成本中心可以控制的各种耗费，它应具备三个条件：第一，该成本的发生是成本中心可以预见的；第二，该成本是成本中心可以计量的；第三，该成本是成本中心可以调节和控制的。

凡不符合上述三个条件的成本都是不可控成本。可控成本和不可控成本的划分是相对的。它们与成本中心所处的管理层级别、管理权限与控制范围大小有关。对于一个独立企业而言，几乎所有的成本都是可控的。

（3）责任成本是成本中心考核和控制的主要内容。成本中心当期发生的所有可控成本之和就是其责任成本，成本中心考核和控制主要使用的指标包括预算成本节约额和预算成本节约率。

计算公式为：

$$预算成本节约额 = 实际产量预算责任成本 - 实际责任成本$$

$$预算成本节约率 = 预算成本节约额 \div 实际产量预算责任成本 \times 100\%$$

【例题 5-7】某旅游企业内部某餐饮部为成本中心，生产甲产品，预算产量 3 500 件，单位成本 150 元，实际产量 4 000 件，成本 145.5 元。那么，该成本中心的考核指标计算为：

$$预算成本节约额 = 150 \times 4\,000 - 145.5 \times 4\,000 = 18\,000（元）$$

$$预算成本节约率 = 18\,000 \div (150 \times 4\,000) \times 100\% = 3\%$$

结果表明，该成本中心的成本节约额为 18 000 元，节约率为 3%。

二、旅游企业利润中心

利润中心是指既能控制成本，又能控制收入和利润的责任单位。它不但有成本发生，而且有收入发生，因此它要同时对成本、收入以及收入与成本的差额（即利润）负责。利润中心有两种形式：一是自然利润中心，它是自然形成的，直接对外提供劳务或销售产品以取得收入的责任中心；二是人为利润中心，它是人为设定的，通过企业内部各责任中心之间使用内部结算价格结算半成品内部销售收入的责任中心。利润中心往往处于企业内部的较高层次，如分店或分公司等。利润中心与成本中心相比，其权利和责任都相对较大，它不仅要降低绝对成本，还要寻求收入的增长，使之超过成本，即更要强调相对成本的降低。在通常情况下，利润中心采用利润作为业绩考核指标，分为边际贡献、可控边际贡献和部门边际贡献。计算公式为：

$$边际贡献 = 销售收入总额 - 变动成本总额$$

$$可控边际贡献 = 边际贡献 - 该中心负责人可控固定成本$$

$$部门边际贡献 = 可控边际贡献 - 该中心负责人不可控固定成本$$

式中，边际贡献是将收入减去随生产能力的使用而变化的成本，反映了该利润中心的盈利能力，但它对业绩评价没有太大的作用。可控边际贡献也称部门经理边际贡献，它衡量了部门经理有效运用其控制下的资源的能力，是评价利润中心管理者业绩的理想指标。但是该指标一个很大的局限就是难以区分可控和不可控的与生产能力相关的成本。如果该中心有权处置固定资产，那么相关的折旧费是可控成本；反之，相关的折旧费用就是不可控成本。可控边际贡献忽略了应追溯但又不可控的生产能力成本,不能全面反映该利润中心对整个公司所做的经济贡献。部门边际贡献又称部门毛利,它扣除了利润中心管理者不可控的间接成本。因为对于公司最高层来说,所有成本都是可控的。部门边际贡献反映了部门为企业利润和弥补与生产能力有关的成本所做的贡献,它更多地用于评价部门业绩而不是利润中心管理者的业绩。

【例题 5-8】 某旅游公司内部计调部是人为利润中心,本期实现内部销售收入 200 万元,变动成本为 120 万元,该中心负责人可控固定成本为 20 万元,不可控但应由该中心负担的固定成本为 10 万元,那么该利润中心的考核指标计算为:

$$边际贡献 = 200 - 120 = 80(万元)$$
$$可控边际贡献 = 80 - 20 = 60(万元)$$
$$部门边际贡献 = 60 - 10 = 50(万元)$$

三、旅游企业投资中心

投资中心是指既能控制成本、收入和利润,又能对投入的资金进行控制的责任中心,如行政部、子公司等。其经理所拥有的自主权不仅包括确定价格、确定产品内容方法等短期经营决策权,而且包括投资规模和投资类型等投资决策权。投资中心是最高层次的责任中心,拥有最大的决策权,也承担最大的责任。投资中心必然是利润中心,但利润中心并不都是投资中心。利润中心没有投资决策权,而且在考核利润时也不考虑所占用的资产。对投资中心的业绩进行评价时,不仅要使用利润指标,还需要计算、分析利润与投资的关系,主要有投资报酬率和剩余收益等指标。

1. 投资报酬率

投资报酬率是投资中心获得的利润与投资额的比率,计算公式为:

$$投资报酬率 = 营业利润 \div 平均营业资产$$
$$平均营业资产 = (期初营业资产 + 期末营业资产) \div 2$$

式中,营业利润是指扣减利息和所得税之前的利润,即息税前利润。由于利润是整个期间内实现并累积形成的,属于期间指标,而营业资产属于时点指标,故取其平均数。

投资报酬率主要说明了投资中心运用公司的每单位资产对公司整体利润贡献的大小。它根据现有的会计资料计算,比较客观,可用于部门之间以及不同行业之间的比较。因此,不仅可以促使经理人员关注营业资产运用效率,而且尤为重要的是,它有利于资产存量调整、优化资源配置。然而,过于关注投资利润率也会引起短期行为的产生,追求局部利益最大化而损害整体利益最大化目标,导致经理人员为眼前利益而牺牲长远利益。

2. 剩余收益

剩余收益是指投资中心的营业收益扣减营业资产按要求的最低报酬率计算的收益额之后的余额,计算公式为:

$$剩余收益 = 营业利润 - (平均营业资产 \times 最低投资报酬率)$$

式中,最低投资报酬率是根据资本成本来确定的,一般等于或大于资本成本,通常可以采用企业整体的最低期望投资报酬率,也可以是企业为该投资中心单独规定的最低投资。剩余收益指标弥补了投资报酬率指标会使局部利益与整体利益相冲突这一不足之处,但由于是一个绝对指标,故而难以在不同规模的投资中心之间进行业绩比较。另外,剩余收益同样仅反映当期业绩，单纯使用这一指标也会导致投资中心管理者的短视行为。

【例题5-9】某旅游公司的投资报酬率如表5-12所示。

表5-12 某旅游公司的投资报酬率

投资中心	利润/万元	投资额/万元	投资报酬率
A	280	2 000	14%
B	80	1 000	8%
全公司	360	3 000	12%

假定A投资中心面临一个投资额为1 000万元的投资机会，可获利润131万元，投资报酬率为13.1%，公司整体的预期最低投资报酬率为12%。要求：评价A投资中心的这个投资机会。

解析：若A投资中心接受该投资，则A、B投资中心的相关数据计算如表5-13所示。

表5-13 A、B投资中心的相关数据

投资中心	利润/万元	投资额/万元	投资报酬率
A	280+131=411	2 000+1 000=3 000	13.7%
B	80	1 000	8%
全公司	491	4 000	12.275%

（1）用投资报酬率指标衡量业绩。就全公司而言，接受投资后，投资报酬率增加了0.275%，应接受这项投资。然而由于A投资中心的投资报酬率下降了0.3%，该投资中心可能不会接受这一投资。

（2）用剩余收益指标来衡量。

A投资中心接受新投资前的剩余收益=280-2 000×12%=40（万元）

A投资中心接受新投资后的剩余收益=411-3 000×12%=51（万元）

以剩余收益作为评价指标，实际上是分析该项投资是否给投资中心带来了更多的超额收入，所以如果用剩余收益指标来衡量投资中心的业绩，投资后剩余收益增加了，则A投资中心应该接受这项投资。

案例分析

与众多国际知名品牌汽车相比，国内轿车的最大优势在于性价比，性价比主要包括功能和价格、成本等指标。在目前汽车行业竞争激烈的情况下，成本控制要从企业内部入手。A汽车制造公司的具体做法：把每个职能部门划分为多个"利润中心"，并把它作为一个模拟的独立法人公司进行考核管理。比如生产部门，系统里可以直接显示该生产部门的利润情况、资产负债情况、投资回报率等。这样生产部门的负责人，对于成本、费用支出和收入情况就可以一目了然。从此前的"大锅饭"形式转变为一个个"小灶"，这是A汽车制造公司信息部门的一个业务创新。这种将看似无序的财务账本量化的做法，使每个职能部门都能明白自己是否创造了价值，创造价值的同时动用了多少资源，以及投资回报率的状况。

技能训练

一、单项选择题

1. 以下各项中，属于财务控制应坚持的原则是（　　）。
   A. 一贯性　　　　　B. 例外管理　　　　C. 权责发生制　　　　D. 谨慎性
2. 在责任中心中，应用最为广泛的责任中心形式是（　　）。
   A. 核算中心　　　　B. 成本中心　　　　C. 利润中心　　　　　D. 投资中心
3. 以下可作为典型的标准成本中心的部门是（　　）。
   A. 生产车间　　　　B. 事业部　　　　　C. 科研开发部　　　　D. 销售部
4. 自然利润中心区别于人为利润中心的主要标志在于是否具有（　　）。
   A. 生产决策权　　　　　　　　　　　　B. 对内产品销售权
   C. 对外产品销售权　　　　　　　　　　D. 经营管理权
5. 利润中心与投资中心的主要区别是它没有（　　）。
   A. 产品销售权　　　　　　　　　　　　B. 价格确定权
   C. 材料采购权　　　　　　　　　　　　D. 投资决策权

二、多项选择题

1. 旅游企业财务控制的分类主要包括（　　）。
   A. 按照财务控制的内容可将财务控制分为一般控制和应用控制
   B. 按照财务控制的功能可将财务控制分为预防性控制、侦查性控制
   C. 按照控制时间特征可将财务控制分为事先控制、事中控制和事后控制
   D. 按照控制的依据可将财务控制分为预算控制和制度控制
2. 进行财务控制应遵循的基本原则有（　　）。
   A. 独立原则　　　　B. 目标管理原则　　C. 经济原则　　　　D. 例外管理原则
3. 成本中心相对于利润中心和投资中心有其自身的特点，主要表现在（　　）。
   A. 成本中心只考虑成本和费用而不考评收益
   B. 成本中心应对全部成本负责
   C. 成本中心只对可控成本负责
   D. 成本中心只对责任成本中心考核和控制
4. 下列各项中，属于成本中心考核指标的有（　　）。
   A. 产品成本　　　　　　　　　　　　　B. 成本变动额
   C. 费用变动额　　　　　　　　　　　　D. 成本或费用变动率
5. 利润中心考核的指标为利润，其具体内容包括（　　）。
   A. 利润中心边际贡献　　　　　　　　　B. 部门经理可控边际贡献
   C. 部门边际贡献　　　　　　　　　　　D. 部门税前利润

项目三 认识旅游企业财务分析

项目描述

学生需要理解旅游企业财务分析的概念、目的、依据和财务综合分析的含义,了解旅游企业财务分析的方法,掌握旅游企业财务指标分析及综合分析的具体内容。

任务一 学会旅游企业财务分析

任务描述

需要学生理解旅游企业财务分析,知道旅游企业财务分析的重要性,掌握旅游企业财务分析的主要方法。

任务目标

任务目标	知识目标:掌握旅游企业财务分析的概念、目的和方法 能力目标:能够用财务分析的方法给财务信息使用者进行决策提供重要的依据 素质目标:学生要重视财务的信息化

理论引导

通过本章学习,理解旅游企业财务分析的概念、目的、依据和财务综合分析的含义,了解旅游企业财务分析的方法,掌握旅游企业财务指标分析及综合分析的具体内容。

一、旅游企业财务分析概述

旅游企业财务分析是以旅游企业的财务报告等会计资料为基础,对旅游企业的财务状况和经营成果进行分析和评价的一种方法。财务分析是旅游企业财务管理的重要方法之一,是对旅游企业一定期间财务活动的总结,为旅游企业进行下一步的财务预测和财务决策提供依据。因此,财务分析在旅游企业财务管理工作中具有重要的作用。

旅游企业财务分析的基本特征表现为:第一,财务分析的主要依据是财务会计报告;第二,财务分析是一个判断过程,在财务分析过程中,通过比较分析观察经营活动的数量及其差异、趋势、结构比重、比率等方面的变化,了解发生变化的原因,从而对旅游企业的经营活动做出判断,在分析和判断的基础上再做出评价和预测,所以,财务分析的全过程也就是通过比较分析,对旅游企业的经营活动及其效益做出判断、评价和预测的过程;第三,科学的评价标准和专门的分析方法是财务分析的重要手段,财务分析要能够反映出影响旅游企业经营情况及其效益的多方面因素,达到全面、客观、公正地做出判断、评价和预测的目的,就必须采用科学的评价标准和多种专门的分析方法,科学的评价标准和专门的分析方法既是分析的重要手段,也是做出判断、评价和预测的基础;第四,财务分析的目的是为有关方面提供重要的财务信息,财务分析能够反映出旅游企业在经营过程中的偿债能力、营运能力和获利能力,从而为企业的投资人、债权人、政府有关部门和企业管理者等财务信息使用者进行决策提供重要的财务信息。

二、旅游企业财务分析目的

财务信息与决策有着密切的关系,是决策过程中不可缺少的重要依据。财务分析所揭示的信息,对旅游企业及与企业有利益关系的各方的经济决策,具有十分重要的价值。旅游企业财务分析的根本目的就是充分利用财务分析所揭示的信息,使之成为决策的依据。由于决策有不同的主体,他们对信息的需求就不完全相同,因此财务分析的具体目的如下:

1. 企业投资者进行财务分析的目的是评价公司的盈利能力

企业投资者包括现实投资者和潜在投资者。他们通过分析,一方面,要考核企业管理者的业绩;另一方面,要评价重大财务决策的正确性。因此,企业投资者的财务评价分析比较侧重于企业经营成果,尤其是企业获利能力方面。

2. 企业债权人进行财务分析的目的是评价公司的偿债能力

他们通过分析,了解企业目前的财务状况,评价企业清偿到期债务的能力,以决定是否给其提供信用或进行债权性投资。企业债权人的财务评价分析比较侧重于企业财务状况,尤其是企业偿债能力方面。企业经营者进行财务分析的目的是评价公司资产的营运能力。

3. 企业管理者是企业财务活动的具体组织者和实施者

他们通过分析,具体目的是要了解企业当前的财务状况和考核一定时期内财务管理工作的绩效,总结经验和教训,为实施奖惩措施、提高财务管理水平提供依据。企业管理者的财务评价分析一般是比较全面的。

4. 会计师或其他审计人员以财务分析作为重要的查账工具之一

会计师或审计人员在对企业进行查账时,均以财务分析为手段,发现其不正常或错误之处,以便追究原因,并以此出具审计报告,并表达自己的审计意见。

其他与企业有经济利益关系的相关人员也可以进行财务分析,以满足自己的需求。

三、旅游企业财务分析方法

开展财务分析,需要运用一定的方法。财务分析的主要方法有比较分析法、比率分析法和因素分析法等。

1. 比较分析法

比较分析法是把具有内在联系的指标进行对比,从数量上确定其差异的一种分析方法。比较分析法是财务分析中最常用的一种方法,也是最基本的方法,其他财务分析方法均建立在比较分析法的基础之上。

比较分析法所比较的数据有绝对数比较和相对数比较两种。第一,绝对数比较,即利用会计报表中两个或两个以上的绝对数进行比较,以揭示其数量上的差异,如主营业务收入、主营业务成本、利润总额等;第二,相对数比较,即利用会计报表中有相关关系的数据的相对数进行比较,以揭示相对数之间的差异。相对数比较是将绝对数换算成百分比、结构比重、比率等进行对比，如资本金利润率、成本费用利润率、毛利率等。

对比分析的指标由于分析的目的不同而有所不同。实际工作中通常有以下几种形式：

（1）本期实际指标与计划指标或定额指标比较，分析计划或定额的完成情况。

（2）本期实际指标与前期（上期、上年同期或历史最好水平）的实际指标对比，观察企业本项指标的变动情况和变动趋势，了解企业生产经营工作的改进情况。

（3）本企业实际指标与国内外同行业先进指标对比，可以在更大的范围内寻找差距，推动企业改进经营管理。

比较分析法只适用于同质指标的数量对比。因此，应用比较分析法时要注意对比指标的可比性，指标的计算口径、计价基础和时间单位都应保持一致，这样才具有可比性，才能保证比较结果的准确性。为了使对比的指标具有可比性，可以将对比的指标进行必要的调整换算。

2. 比率分析法

比率分析法是通过计算各种比率指标来确定经济活动变动程度的分析方法。比率是相对数，采用折中方法，能够把某些条件下的不可比指标变为可以比较的指标，以利于进行分析。具体形式有以下几种：

（1）相关比率。以某个项目和与其有关但又不同的项目加以对比所得的比率，反映有关经济活动的相互关系。利用相关比率指标，可以考察旅游企业有联系的相关业务安排得是否合理，以保障运营活动顺利进行。比如，将流动资产与流动负债加以对比，计算出流动比率，据以判断旅游企业的短期偿债能力。

（2）构成比率。它是某项财务指标的各组成部分数值占总体数值的百分比，反映部分与总体的关系。

比如，旅游企业资产中流动资产、固定资产和无形资产占资产总额的百分比（资产构成比率），旅游企业负债中流动负债和长期负债占负债总额的百分比（负债构成比率）等。利用构成比率，可以考察总体中某个部分的形成和安排是否合理，以便协调各项财务活动。

（3）动态比率。动态比率分析又称趋势分析。它是将不同时期同类指标的数值对比求出比率，进行动态比较，据以分析该项指标的增减速度和变动趋势，从中发现企业在生产经营方面的成绩或不足。

对不同时期指标的比较，可以计算出动态比率指标，如销售收入增长的百分数、利润增长的百分数等。由于采取的基期数不同，所计算的动态比率指标有两种：定基动态比率和环比动态比率。定基动态比率是以某一时期的数额为固定的基期数额而计算出来的动态比率；环比动态比率是以每一分析期的前期数额为基期数额而计算出来的动态比率。计算公式如下：

$$定基动态比率 = 分析期数额 \div 固定的基期数额$$
$$环比动态比率 = 分析期数额 \div 分析期的前期数额$$

3. 因素分析法

因素分析法是依据分析指标与其影响因素的关系，从数量上确定各因素对分析指标影响方向和影响程度的一种方法。它具体分为连环替代法和差额计算法两种方法。

（1）连环替代法。连环替代法是将分析指标分解为各个可以计量的因素，并根据各个因素之间的依存关系，顺次用各因素的比较值（通常即实际值）替代基准值（通常为标准值或计划值），据以测定各因素对分析指标的影响。

如影响材料费用总额的因素很多,按其相互关系可分为三个因素:产品产量、单位产品材料消耗量和材料单价。按照各因素的相互依存关系,列成计算公式如下:

材料费用总额=产品产量×单位产品材料消耗量×材料单价

【例题5-10】某旅游企业上述指标的计划和实际资料见表5-14。

表5-14 材料费用计算表

指标	单位	计划数	实际数	差异
产品产量	件	50	51	+1
单位产品材料消耗量	千克	20	19	+1
材料单价	元	10	12	+2
材料费用总额	元	10 000	11 628	+1 628

首先,将材料费用总额的实际数与计划数对比,确定实际脱离计划差异,作为分析对象。差异是由产量增加、单位产品材料消耗量降低和材料单价升高三个因素综合影响的结果。

其次,按照上述计算公式中各因素的排列顺序,用连环替代法测定各因素变动对材料费用总额变动的影响程度。

计算过程如下:

① 以计划数为基数:50×20×10=10 000(元);

② 第一次替代:以实际产量替代 51×20×10=10 200(元);

由于产品产量增加对材料总费用的影响=②-①=10 200-10 000=200(元)

③ 第二次替代:以实际单位产品材料消耗量替代 51×19×10=9 690(元);

由于单位产品材料消耗量降低对材料总费用的影响=③-②
=9 690-10 200=-510(元)

④ 第三次替代:以实际材料单价替代 51×19×12=11 628(元);

由于材料单价升高对材料总费用的影响=④-③=11 628-9 690=1 938(元)

汇总三个因素的影响=200-510+1 938=1 628(元)

通过计算可以看出,虽然单位产品材料消耗量降低使材料费用节约510元,但由于产量增加,特别是材料单价的升高,使材料费用增加了1 938元。进一步分析应查明材料消耗节约和材料价格升高的原因,然后再对企业材料费用总额变动情况做出评价。

从上述计算程序中,可以看出连环替代法具有以下特点:

第一,计算程序的连环性。上述计算是严格按照各因素的排序,逐次以一个因素的实际数替代其基数即计划数。除第一次替代外,每个因素的替代都是在前一个因素替代的基础上进行的。

第二,因素替代的顺序性。运用这一方法的一个重要问题,就是要正确确定各因素的替代顺序。即在运用连环替代法时,要按照影响因素和综合经济指标的因果关系,确定合理的替代顺序,并且在分析相同问题时,要按照同一替代顺序进行,才能保证计算结果具有可比性。如果改变各因素的排列顺序,计算同一因素变动影响时,所依据的其他因素的条件发生了变化,会得出不同的计算结果。通常确定各因素替代顺序的做法:在分析的因素中,如果既有数量指标又有质量指标,应先查明数量指标变动影响,然后再查明质量指标的变动影响;如果既有实物量指标又有价值量指标,一般先替代实物量指标,再替代价值量指标;如果有几个数量指标和质量指标,要分清哪个是主要因素,哪个是次要因素,然后根据它们的相互依存关系确定替代顺序。

第三,计算过程的假定性。运用这一方法在测定各因素变动影响时,要假定影响数是在某一因素变化而其他因素不变的情况下得出的。因此,计算结果只能说明是在某种假定条件下计算的结果。这是一个假设,但它是分别计算各个因素影响数的前提条件。

(2) 差额计算法。差额分析法是连环替代法的一种简化形式,它是利用各个因素的比较与基准值之间的差额,来计算各因素对分析指标的影响。因此,这一方法的应用原理与连环替代法一样,只是计算方法不同。仍用例 5-10 的数字资料,以差额计算法测定各因素影响程度如下:

分析对象:11 628 - 10 000 = 1 628(元);

各因素影响程度:

① 产量变动影响 = (+1) × 20 × 10 = 200(元);

② 单位产品材料消耗量变动影响 = 51 × (-1) × 10 = -510(元);

③ 材料单价变动影响 = 51 × 19 × (+2) = 1 938(元);

　　　　汇总三个因素的影响 = 200 - 510 + 1 938 = 1 628(元)

差额计算法由于计算简便,因此应用比较广泛。

任务二　学会旅游企业财务指标分析

任务描述

归纳总结旅游企业财务指标分析的基本内容和主要方法及各自在应用中需要注意的问题。

任务目标

任务目标	知识目标:掌握旅游企业财务指标分析的概念、目的、依据、基本内容和主要方法
	能力目标:学生能够进行偿债能力、运营能力、盈利能力、发展能力等财务指标的分析
	素质目标:提高学生今后理财过程中分析问题、解决问题的能力

理论引导

一、旅游企业偿债能力分析

旅游企业偿债能力是指旅游企业偿还到期债务(包括本息)的能力。偿债能力分析是旅游企业财务分析的一个重要方面,主要分为短期偿债能力分析和长期偿债能力分析。

1. 短期偿债能力分析

短期偿债能力是指旅游企业流动资产对流动负债及时足额偿还的保证程度,是衡量旅游企业当前财务能力,特别是流动资产变现能力的重要标志。流动负债对企业的财务风险影响较大,如果不能及时偿还,就可能使企业面临破产的风险。一般来说,流动负债需要以流动资产来偿还,因此,可以通过分析企业流动负债与流动资产之间的关系来判断企业短期偿债能力。评价企业短期偿债能力的财务指标主要有流动比率、速动比率和现金比率等。

(1) 流动比率。流动比率是企业流动资产与流动负债的比率。它表明企业对每一元流动负债有多少流动资产作为偿债的保证,反映企业用流动资产偿还到期流动负债的能力。计算公式为:

$$\text{流动比率} = \frac{\text{流动资产}}{\text{流动负债}}$$

流动比率是衡量企业短期偿债能力的一个重要财务指标,一般情况下,流动比率越高,说明企业短期偿债能力越强,流动负债得以偿还的保障越大,债权人遭受损失的风险越小。一般认为流动比率在 2:1 左右比较合适,它表明企业除了满足日常生产经营的流动资金需要外,还有足够的财力偿还到期短期债务。如果流动比率过低,表明企业可能资金不足,难以如期偿还到期债务。但是,流动比率也不能过高,因为流动比率过高,可能是企业占用在流动资产上的资金过多,未能有效地加以利用,会影响资金的使用效率和企业的获利能力。

但是,单凭这种经验判断也并非可靠,有时流动比率较高,但其短期偿债能力也未必很强,因为有可能是存货积压或滞销的结果,而且,企业也很容易粉饰这个比率,掩饰其偿债能力,如年终时突击偿还短期负债,下年年初再举借新债,这样就可以人为地提高流动比率。例如,某旅游企业在年终编制会计报表前,流动资产 60 万元,流动负债 40 万元,流动比率为 1.5:1,该企业故意暂时偿还 20 万元短期借款,待下年年初再借入,则该企业的流动资产就变成了 40 万元,流动负债变成了 20 万元,流动比率为 2:1。流动比率得以提高,粉饰了短期偿债能力。因此,利用流动比率来评价企业短期偿债能力时,应注意分析企业会计期末前后一段时间流动资产与流动负债数额方面的变化情况。

(2) 速动比率。速动比率是企业速动资产与流动负债的比值。所谓速动资产,是指流动资产减去变现能力较差且不稳定的存货、预付账款、一年内到期的非流动资产和其他流动资产等之后的余额。由于剔除了存货等变现能力较弱且不稳定的资产,因此速动比率较之流动比率能够更加准确、可靠地评价企业资产的流动性及其偿还短期负债的能力。其计算公式为:

$$\text{速动比率} = \frac{\text{速动资产}}{\text{流动负债}} \times 100\%$$

一般情况下,速动比率越高,表明企业偿还流动负债的能力越强。国际上通常认为,速动比率等于 100% 时较为适当。如果速动比率小于 100%,必使企业面临很大的偿债风险;如果速动比率大于 100%,尽管债务偿还的安全性很高,但会因企业现金及应收账款资金占用过多而大大增加企业的机会成本。

【例题 5-11】 某旅游企业 2005 年年末流动资产总额为 2 100 万元，其中存货 950 万元，流动负债总额 1 000 万元，计算企业流动比率和速动比率并进行简要分析。

$$流动比率 = \frac{2\,100}{1\,000} = 2.1$$

$$速动比率 = \frac{2\,100 - 950}{1\,000} = 1.15$$

以上计算结果表明，该企业流动比率和速动比率均超过一般公认标准，反映该企业有较强的短期偿债能力。

（3）现金比率。现金比率是企业的现金类资产与流动负债的比率。现金类资产包括企业的库存现金、随时可以用于支付的存款和现金等价物，即现金流量表中所反映的现金。计算公式为：

$$现金比率 = \frac{现金 + 现金等价物}{流动负债}$$

速动比率已将存货和待摊费用予以扣除，但速动资产中的应收账款有时也会因债务人的原因使变现能力受到影响，甚至发生坏账，最终降低企业的短期偿债能力，因此，最稳健的方法是采用现金比率来衡量企业的短期偿债能力。现金比率可以反映企业的直接支付能力，因为现金是企业偿还债务的最终手段，如果企业缺乏现金，就可能发生支付困难，将面临财务危机，因而现金比率高，说明企业有较好的支付能力。但是，如果这个比率过高，可能意味着企业拥有过多的获利能力较低的现金类资产，企业的资产未能得到有效的运用。

2. 长期偿债能力分析

长期偿债能力分析是指企业偿还长期负债的能力。对于企业的长期债权人和所有者来说，不仅关心企业短期偿债能力，还关心企业长期偿债能力。因此，在对企业进行短期偿债能力分析的同时，还需分析企业的长期偿债能力，以便于债权人和投资者全面了解企业的偿债能力及财务风险。评价企业长期偿债能力的财务指标主要有资产负债率、所有者权益比率、权益乘数、负债股权比率、利息保障倍数等。

（1）资产负债率。资产负债率是企业负债总额与资产总额的比率，又称为负债比率，它反映企业的资产总额中有多少是通过借债而得到的。计算公式为：

$$资产负债率 = \frac{负债总额}{资产总额} \times 100\%$$

对于资产负债率，企业的债权人、所有者和企业经营者往往从不同的角度来评价。

企业的资产负债率为多少才是合理的，并没有一个确定的标准。不同的行业、不同类型的企业都有较大的差异。如果此项比率较大，从企业所有者角度来说，表明利用较少量的自有资金投资，形成较多的生产经营用资产，不仅扩大了生产经营规模，而且在经营状况良好的情况下，可以利用财务杠杆的原理，得到较多的投资利润。但如果这一比率过大，则表明企业的债务负担重，资金实力不强，一旦遇有风吹草动，企业的偿债能力就缺乏保证，对债权人不利。企业资产负债率过高，债权人的权益就存在风险，当资产负债率超过1时，说明企业资不抵债，有濒临倒闭的危险，债权人将遭受损失。一般来讲，处于高速成长时期的企业，其负债比率可以高一些，这样所有者会得到更多的杠杆利益。但是，财务管理者在确定企业的负债比率时，一定要审时度势，充分考虑企业内部因素和企业外部因素，在收益与风险之间权衡利弊得失，然后才能做出正确的财务决策。

（2）所有者权益比率与权益乘数。所有者权益比率是企业所有者权益与资产总额的比率，该比率反映企业资产中有多少是所有者投入的。其计算公式为：

$$所有者权益比率 = \frac{所有者权益总额}{资产总额} \times 100\%$$

从上述公式可知，所有者权益比率与负债比率之和等于1。因此，这两个比率是从不同的侧面来反映企业长期财务状况和长期偿债能力的。所有者权益比率越大，负债比率就越小，企业的财务风险也就越小，偿还长期债务的能力就越强。

所有者权益比率的倒数，称为权益乘数，即企业资产总额是所有者权益总额多少倍。该乘数越大，说明所有者投入的资本在资产总额中所占的比重越小，企业的财务风险也就越大。计算公式为：

$$权益乘数 = \frac{资产总额}{所有者权益总额} \times 100\%$$

（3）负债股权比率。负债股权比率是企业负债总额与所有者权益总额的比率，又称产权比率。计算公式为：

$$负债股权比率 = \frac{负债总额}{所有者权益总额}$$

从公式中可以看出，这个比率实际上是负债比率的另一种表现形式，它反映了债权人所提供资金与所有者所提供资金的对比关系，它可以揭示企业的财务风险以及所有者权益对债务的保障程度。这一比率越低，表明企业的长期偿债能力越强，债权人权益的保障程度越高，企业财务风险越小。在这种情况下，由于债权人贷款的安全有保障，债权人就愿意向企业增加借款。

（4）利息保障倍数。利息保障倍数是企业税前利润加利息费用之和，即企业生产经营所获得的息税前利润与利息费用的比率，又称已获利息倍数。计算公式为：

$$利息保障倍数 = \frac{税前利润 + 利息费用}{利息费用}$$

式中，税前利润是指缴纳所得税之前的利润总额，利息费用不仅包括财务费用中的利息费用，还包括计入固定资产价值的已资本化的利息。利息保障倍数反映了企业的经营所得支付债务利息的能力。这一比率越高，说明企业支付债务利息的能力越强；如果这个比率太低，企业就难以保证用经营所得按时按量支付债务利息，这会引起债权人的担心。因此，债权人要分析利息保障倍数指标，来衡量债权的安全程度。

在利用利息保障倍数这一指标时，必须注意本期的利息费用与本期的实际利息支出之间的差别，因为会计采用权责发生制来核算费用，所以本期的利息费用不一定就是本期的实际利息支出，而本期发生的实际利息支出也并非全部是本期的利息费用；同时，本期的息税前利润也并非本期的经营活动所获得的现金。这样,利用上述财务指标来衡量经营所得支付债务利息的能力就存在一定事实上的片面性,不能清楚地反映实际支付利息的能力。

利息保障倍数达到多少时,才说明企业偿付债务利息的能力强,这个并没有确定的标准,通常要根据往年的经验并结合行业特点来判断。

二、旅游企业营运能力分析

旅游企业营运能力反映了企业资金周转的状况,对此进行分析,可以了解企业的营业状况及经营管理水平。资金周转状况好,说明企业的经营管理水平高,资金利用效率高。企业的资金周转状况与供、产、销各个经营环节密切相关,任何一个环节出现问题,都会影响到企业资金的正常周转。这样,就可以通过产品销售情况与企业资金占用量来分析企业的资金周转状况,评价企业的营运能力。评价企业营运能力的财务指标主要有应收账款周转率、存货周转率、流动资产周转率、固定资产周转率和总资产周转率等。

1. 应收账款周转率

应收账款周转率是企业商品赊销收入净额与应收账款平均余额的比率,即企业应收账款在一定时期内(通常为1年)周转的次数。应收账款周转率反映了企业应收账款的周转速度。计算公式为:

$$应收账款周转率(次数) = \frac{赊销收入净额}{应收账款平均余额}$$

式中

$$应收账款平均余额 = \frac{应收账款期初余额 + 应收账款期末余额}{2}$$

赊销收入净额 = 销售收入 - 现销收入 - 销售退回 - 销售折扣 - 销售折让

应收账款周转率反映了旅游企业应收账款变现速度的快慢及管理效率的高低,周转率高表明:① 收账迅速,账龄较短;② 资产流动性强,短期偿债能力强;③ 可以减少收账费用和坏账损失,从而相对增加旅游企业流动资产的投资收益。同时借助应收账款周转期与旅游企业信用期限的比较,还可以评价购买单位的信用程度,以及旅游企业原来的信用条件是否适当。

应收账款周转率也可以用周转天数来表示。应收账款周转天数又称应收账款平均收账期,是企业自商品销售出去开始,至应收账款收回所经历的天数。计算公式为:

$$应收账款周转天数 = \frac{360}{应收账款周转次数} = \frac{应收账款平均余额 \times 360}{赊销收入净额}$$

应收账款周转天数表示应收账款周转一次所需要的天数。应收账款周转天数越短,说明企业应收账款周转速度越快,企业资金被外单位占用的时间越短,企业应收账款变现的能力越强,应收账款管理工作的效率越高。

【例题5-12】某旅游企业2003年年末、2004年年末、2005年年末应收账款余额分别为200万元、220万元和250万元,2004年、2005年赊销收入净额分别为1 008万元和1 175万元。计算2004年和2005年应收账款周转率并进行简要分析。

$$2004\text{ 年应收账款周转次数} = \frac{1\,008}{(200+220)\div 2} = 4.8\text{（次）}$$

$$2004\text{ 年应收账款周转天数} = \frac{360}{4.8} = 75\text{（天）}$$

$$2005\text{ 年应收账款周转次数} = \frac{1\,175}{(220+250)\div 2} = 5\text{（次）}$$

$$2005\text{ 年应收账款周转天数} = \frac{360}{5} = 72\text{（天）}$$

以上计算结果表明，该企业 2005 年度应收账款周转率比 2004 年有所改善，周转次数由 4.8 次提高到 5 次，周转天数由 75 天缩短为 72 天。这不仅说明企业的资金营运能力有所增强，而且对流动资产的变现能力和周转速度会起到一定的促进作用。

2. 存货周转率

存货周转率是企业一定时期的商品销售成本与存货平均余额的比率，即企业存货在一定时期内（通常为 1 年）周转的次数。存货周转率反映了企业存货的周转速度。计算公式为：

$$\text{存货周转率（次数）} = \frac{\text{销售成本}}{\text{存货平均余额}}$$

$$\text{存货平均余额} = \frac{\text{存货期初余额}+\text{存货期末余额}}{2}$$

存货周转速度的快慢，不仅反映出旅游企业采购、储存、旅游服务、销售各环节管理工作状况的好坏，而且对企业的偿债能力及获利能力产生决定性的影响。一般来讲，存货周转率越高越好。存货周转率越高，表明其变现的速度越快，周转额越大，资产占用水平越低。因此，存货周转分析有利于找出存货管理存在的问题，尽可能降低资金占用水平。存货不能储存过少，否则可能造成生产经营中断或销售紧张；也不能储存过多，否则可能形成呆滞、积压。一定要保持结构合理、质量可靠。此外，存货是流动资产的重要组成部分，其质量和流动性对企业流动比率具有举足轻重的影响，并进而影响旅游企业的短期偿债能力。故一定要加强存货的管理，来提高其投资的变现能力和获利能力。

存货周转率也可以用存货周转天数来表示。计算公式为：

$$\text{存货周转天数} = \frac{360}{\text{存货周转次数}} = \frac{\text{存货平均余额}\times 360}{\text{销售成本}}$$

销售成本存货周转天数表示存货周转一次所需要的天数。存货周转天数越短，说明企业存货周转速度越快，企业存货变现的能力越强，存货管理工作的效率越高。

3. 流动资产周转率

流动资产周转率是企业销售收入净额与流动资产平均余额的比率，它反映的是全部流动资产的利用效率。流动资产周转率有两种表示方法，即流动资产周转次数和流动资产周转天数。计算公式为：

$$\text{流动资产周转次数} = \frac{\text{销售收入净额}}{\text{流动资产平均余额}}$$

$$\text{流动资产平均余额} = \frac{\text{流动资产期初余额}+\text{流动资产期末余额}}{2}$$

$$流动资产周转天数 = \frac{360}{流动资产周转次数} = \frac{360 \times 流动资产平均余额}{销售收入净额}$$

在一定时期内,流动资产周转次数越多,表明以相同的流动资产完成的周转额越多,流动资产利用效果越好。从流动资产周转天数来看,周转一次所需要的天数越少,表明流动资产在经历生产和销售各阶段时所占用的时间越短。经营中任何一个环节上的工作改善,都会反映到周转天数的缩短上来。

流动资产周转率是分析流动资产利用效果的一个综合指标,流动资产周转快,可以节约流动资金,提高资金的利用效率。但是,究竟流动资产周转率为多少才算好,并没有一个确定的标准。通常分析流动资产周转率应比较企业历年的数据并结合行业特点来进行。

4. 固定资产周转率

固定资产周转率是企业销售收入净额与固定资产平均净值的比率,即企业固定资产在一定时期内(通常为1年)周转的次数。它是反映企业固定资产周转情况,衡量固定资产利用效率的一项指标。计算公式为:

$$固定资产周转率 = \frac{销售收入净额}{固定资产平均净值}$$

$$固定资产平均净值 = \frac{固定资产期初净值 + 固定资产期末净值}{2}$$

一般情况下,固定资产周转率高,表明旅游企业固定资产利用充分,同时也能表明旅游企业固定资产投资得当,固定资产结构合理,能够充分发挥作用。反之,如果固定资产周转率不高,则表明固定资产使用效率不高,提供的生产成果不多,旅游企业的运营能力不强。

5. 总资产周转率

总资产周转率是企业销售收入净额与资产平均总额的比率,即企业的总资产在一定时期内(通常为1年)周转的次数。它是反映企业资产周转情况,衡量全部资产利用效率的一项指标。计算公式为:

$$总资产周转率 = \frac{销售收入净额}{资产平均总额}$$

$$总资产平均总额 = \frac{期初资产总额 + 期末资产总额}{2}$$

总资产周转率越高,表明旅游企业全部资产的使用效率越高;反之,如果该指标较低,则说明旅游企业利用全部资产进行经营的效率较差,最终会影响旅游企业的获利能力。旅游企业应采取各项措施来提高旅游企业的资产利用程度,比如提高营业收入或处理多余的资产。

三、旅游企业盈利能力分析

企业经营的直接目的是盈利,盈利能力是指企业赚取利润的能力。盈利是企业的重要经营目标,是企业生存和发展的物质基础,它不仅关系到企业所有者的利益,也是企业偿还债务的一个重要来源。因此,企业的债权人、所有者以及管理者都十分关心企业的盈利能力。盈利能力分析是企业财务分析的重要组成部分,也是评价企业经营管理水平的重要依据。评价企业盈利能力的财务指标主要有总资产利润率、所有者权益利润率、销售毛利率、销售净利率、成本费用净利率等。

1. 总资产利润率

总资产利润率又称总资产收益率或总资产报酬率,是企业在一定时期内的净利润与资产平均总额的比率。计算公式为:

$$总资产利润率 = \frac{净利润}{资产平均总额} \times 100\%$$

总资产利润率全面反映了旅游企业全部资产的获利水平,旅游企业所有者和债权人对该指标都非常关心。一般情况下,该指标越高,表明旅游企业的资产利用效益越好,整个企业获利能力越强,经营管理水平越高。旅游企业还可以将该指标与市场资本利率进行比较,如果前者较后者大,则说明旅游企业可以充分利用财务杠杆,适当举债经营,以获得更多的收益。

2. 所有者权益利润率

所有者权益利润率又称所有者权益报酬率,它是一定时期企业的净利润与所有者权益平均总额的比率。计算公式为:

$$所有者权益利润率 = \frac{净利润}{所有者权益平均总额} \times 100\%$$

$$所有者权益平均总额 = \frac{期初所有者权益总额 + 期末所有者权益总额}{2}$$

所有者权益利润率是评价企业盈利能力的一个重要财务比率,反映了企业所有者获取投资利润的高低。该比率越高,说明企业盈利能力越强。所有者权益利润率也可以用以下公式表示:

$$所有者权益利润率 = 总资产利润率 \times 权益乘数$$

由此可见,所有者权益利润率取决于企业的总资产利润率和权益乘数两个因素。因此,提高所有者权益利润率可以有两种途径:一是权益乘数,即企业资金结构一定的情况下,通过增收节支,提高资产利用效率,来提高总资产利润率;二是在总资产利润率大于负债利息率的情况下,可以通过增大权益乘数,即提高资产负债率,来提高所有者权益利润率。但是,第二种途径可导致企业财务风险的增大。

3. 销售毛利率

销售毛利率又称毛利率,是企业的销售毛利与销售收入净额的比率。计算公式为:

$$销售毛利率 = \frac{销售毛利}{销售收入净额} \times 100\%$$

$$销售毛利 = 销售收入净额 - 销售成本$$

销售毛利率反映企业的销售毛利润与销售收入净额的比例关系,用来匡算企业获利能力的大小,较高的毛利率预示着企业获取较高利润的把握比较大;反之,如果毛利率偏低,则企业获取的利润就少,甚至有可能无利可得。

4. 销售净利率

销售净利率是企业实现的净利润与销售收入净额的比率。它用以衡量企业在一定时期内

销售收入获取利润的能力。计算公式为:

$$销售净利率 = \frac{净利润}{销售收入净额} \times 100\%$$

销售净利率说明了企业净利润占销售收入的比例,它可以评价企业通过销售赚取利润的能力。销售净利率表明企业每百元销售净收入可实现的净利润是多少,该比率越高,企业通过扩大销售规模获取利润的能力越强。如果销售净利率低,表明企业未能实现较多的销售收入,或未能控制好成本费用。因此,销售净利率也可用来评价企业的经营管理水平。不过,销售净利率受行业特点影响较大,应该结合本行业的具体情况进行分析。

前面介绍了总资产利润率,该比率可以分解为总资产周转率与销售净利率的乘积,计算公式为:

$$总资产利润率 = 总资产周转率 \times 销售净利率$$

由此可见,总资产利润率主要取决于总资产周转率与销售净利率两个因素。企业的销售净利率越大,总资产周转速度越快,则总资产利润率越高。因此,提高总资产利润率可以从两个方面入手:一方面,加强资产管理,提高资产利用率;另一方面,加强销售管理,增加销售收入,节约成本费用,提高利润水平。

5. 成本费用净利率

成本费用净利率是企业净利润与成本费用总额的比率。它反映企业生产经营过程中发生的耗费与获得的收益之间的关系。计算公式为:

$$成本费用净利率 = \frac{净利润}{成本费用总额} \times 100\%$$

式中,成本费用总额是指企业为了获取利润所付出的代价,主要包括销售成本、销售税金、管理费用、财务费用和营业费用。成本费用净利率可以理解为企业每发生百元成本费用能够获取多少利润,该指标越高,表明旅游企业为取得利润而付出的代价越小,成本费用控制得越好,获利能力越强。因此,这个比率不仅可以用来评价企业获利能力的强弱,也可以用来评价企业对成本费用的控制能力和经营管理水平。

四、旅游企业发展能力分析

在激烈的市场竞争中,企业为了谋求生存和发展,不仅需要维持现有的经营,还必须不断地把握市场规律,扩大经营规模,谋求更大的发展,才能保持并增强市场竞争能力。评价旅游企业发展能力的财务指标主要有销售增长率、资本增长率及资本积累率等。

1. 销售增长率

销售增长是旅游企业保持发展的基本前提。评价企业的销售增长,可以计算本年销售收入与前一年销售收入相比较的增长情况,也可以计算连续几年内的销售增长情况。计算公式为:

$$销售增长率 = \frac{本年销售增长额}{上年销售额} \times 100\%$$

2. 资产增长率

资产的多少反映一个企业的经营规模,同时资产也是企业获取收入的手段,因此,资产的不断增长是企业持续稳定发展的反映。资产的增长需要结合总资产的变动和固定资产的变动来反映。计算公式为：

$$资产增长率 = \frac{本年资产增长额}{资产增长额} \times 100\%$$

企业经营规模的变动，可以通过计算总资产的变动来反映，也常常需要结合流动资产、固定资产、无形资产等资产的变动情况。尤其是固定资产的变动，可以用固定资产的增长率和成新率等指标来进行综合反映。固定资产增长率反映的是一定会计期间内企业固定资产经营规模的变化。固定资产成新率反映的是企业所拥有固定资产的新旧程度和固定资产的更新速度。计算公式为：

$$固定资产增长率 = \frac{本年固定资产增长额}{年初固定资产额} \times 100\%$$

$$固定资产成新率 = \frac{固定资产平均净值}{固定资产平均原值} \times 100\%$$

3. 资本积累率

通过资本扩张筹集资本，实现企业扩大再生产，是企业不断发展壮大的手段之一。计算企业资本积累的变化，可用来评价企业的发展潜力。计算公式为：

$$资本积累率 = \frac{本年所有者权益增长额}{年初所有者权益} \times 100\%$$

任务三 学会旅游企业财务综合分析

任务描述

会利用财务报表，采用杜邦财务分析体系对旅游企业状况、经营成果进行综合分析。

任务目标

任务目标	知识目标：掌握旅游企业财务综合分析概念和方法
	能力目标：熟练运用杜邦财务分析体系进行财务综合分析
	素质目标：培养学生分析问题、解决问题的能力

理论引导

一、旅游企业财务综合分析概念

所谓财务综合分析，就是将企业偿债能力、营运能力、盈利能力等各项财务分析指标作为一个整体，全面、系统、综合地对企业财务状况和经营情况进行解剖和分析，从而对企业整体财务状况和经营效益做出准确的评价与判断。单独分析任何一类财务指标，都不能全面地评价企业的财务状况和经营效果，有时甚至会得出错误的结论。只有对各种财务指标进行全面、系统、综合的分析，才能对企业的财务状况和经营效果做出全面的、合理的评价。因此，必须对企业进行综合的财务分析。只有将企业偿债能力、营运能力、盈利能力等各项财务分析指标有机联系起来，作为一套完整的体系，相互配合，做出全面、系统的综合评价，才能从总体意义上把握企业财务状况和经营情况。

二、旅游企业财务综合分析方法

1. 综合系数分析法

进行财务分析时，人们常遇到的一个主要困难是在计算出各项财务比率后，无法判定其是偏高还是偏低。将所测算财务比率与本企业的计划、定额标准或历史水平相比，也只能看出本企业自身的变化，很难评价其在市场竞争中的优劣地位。为了弥补这些缺陷，早在20世纪初，亚历山大·沃尔在其编写的《信用晴雨表研究》和《财务报表比率分析》中就提出了信用能力指数概念，它把选定的流动比率、产权比率、固定资产比率、存货周转率、应收账款周转率、固定资产周转率、主权（即所有者权益）资本周转率等七项财务比率用线性关系结合起来，并分别给定各自的分数比重，然后通过与标准比率进行比较，确定各项指标的得分及总体指标的累计分数，从而对企业的财务状况做出综合评价，这就是所谓的综合系数分析法，也叫沃尔比重分析法。运用综合系数分析法进行综合分析的程序如下：

第一，选定评价企业财务状况的比率指标。通常应选择能说明问题的重要指标，在每一类指标中，还应选择有代表性的重要比率，如偿债能力、营运能力和盈利能力，三类比率指标因反映的侧重点不同，故应分别从中选择有关比率。

第二，根据各项比率的重要程度，确定其重要性系数。各项比率指标的重要性系数之和应等于1。重要程度的判断，可根据企业的经营状况、管理要求、发展趋势及分析的目的等具体情况而定。

第三，确定各项比率的标准值和实际值。进行财务比率分析，必须选定财务比率标准值作为比较的标准。财务比率标准值是指特定的国家、特定的行业、特定的时期的财务比率指标体系及其标准值。可以用来作为标准财务比率的通常是行业平均比率。它是根据同一行业中部分有代表性的公司的财务与经营资料，经过综合为一整体后，再据以求得的各项比率，如流动比率标准值、资产利润率标准值等。有了财务比率标准值，就可以将其作为评价企业财务比率优劣的参照物。同时，还要根据企业财务报表，分项计算各项指标的实际值。

第四，计算关系比率。关系比率即各指标实际值与标准值的比率。计算公式为：

$$关系比率 = \frac{实际值}{标准值}$$

第五，计算综合系数。综合系数可作为综合评价企业财务状况的依据。

$$各项比率的综合系数 = 重要性系数 \times 该指标的关系比率$$

$$综合系数合计数 = 各项比率的综合系数之和$$

通常，综合系数合计数如为1或接近1，则表明该企业财务状况基本符合标准要求；如与1有较大差距，则表明企业财务状况不佳。

为了综合、全面评价和反映企业经济效益状况，财政部设立了企业经济效益评价指标体系，这套指标体系包括十大指标，分别从企业投资者、债权人以及企业对社会的贡献等三个方面来考虑。这十大指标是：

$$销售利润率 = \frac{利润总额}{产品销售净额} \times 100\%$$

$$总资产报酬率 = \frac{利润总额 + 利息支出}{平均资产总额} \times 100\%$$

$$资本收益率 = \frac{净利润}{实收资本} \times 100\%$$

$$资本保值增值率 = \frac{期末所有者权益总额}{期初所有者权益总额} \times 100\%$$

$$资产负债率 = \frac{负债总额}{资产总额} \times 100\%$$

$$流动比率 = \frac{流动资产}{流动负债} \left(或速动比率 = \frac{速动资产}{流动负债} \right)$$

$$应收账款周转率 = \frac{赊销收入净额}{平均应收账款余额} \times 100\%$$

$$存货周转率 = \frac{产品销售成本}{平均存货余额} \times 100\%$$

$$社会贡献率 = \frac{企业社会贡献总额}{平均资产总额} \times 100\%$$

$$社会积累率 = \frac{上缴国家财政总额}{企业社会贡献总额} \times 100\%$$

式中,社会贡献总额包括工资总额、劳保退休统筹及其社会福利支出、利息支出、应交增值税、应交销售税金及附加、应交所得税、其他税收、净利润等。社会积累率衡量了企业社会贡献总额中有多少用于上缴国家财政。上缴国家财政总额包括应交增值税、应交产品销售税金及附加、应交所得税、其他税收等。

2. 杜邦分析法

杜邦分析法是利用各主要财务比率指标间的内在联系,对企业财务状况及经济效益进行综合系统分析和评价的方法。该体系是以所有者权益利润率为核心,以总资产利润率为重点,揭示企业获利能力及其前因后果。因其最初由美国杜邦公司创立并成功应用,故称杜邦分析法。这种分析方法一般用杜邦财务分析系统图来表示,如图5-1所示。

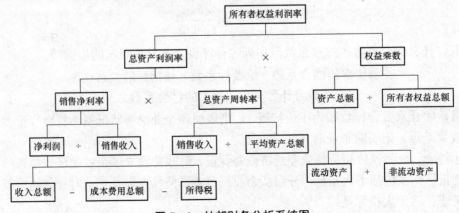

图5-1 杜邦财务分析系统图

杜邦财务分析系统主要反映了以下几种财务比率关系。

（1）所有者权益利润率与总资产利润率及权益乘数的关系：

$$所有者权益利润率 = 总资产利润率 \times 权益乘数$$

（2）总资产利润率与销售净利率及总资产周转率之间的关系：

$$总资产利润率 = 销售净利率 \times 总资产周转率$$

（3）销售净利率与净利润及销售收入净额之间的关系：

$$销售净利率 = \frac{净利润}{销售收入净额} \times 100\%$$

（4）总资产周转率与销售收入净额及资产平均总额之间的关系：

$$总资产周转率 = \frac{销售收入净额}{资产平均总额} \times 100\%$$

在上述公式中，"总资产利润率＝销售净利率×总资产周转率"这一等式被称为杜邦等式。

杜邦分析法在揭示上述几种关系之后，再将净利润、总资产进行层层分解，这样就可以全面、系统地揭示出企业的财务状况以及财务状况这个系统内部各个因素之间的相互关系。

杜邦分析是对企业财务状况进行的综合分析。它通过几个主要的财务指标之间的关系，直观、明了地反映出企业的财务状况，从杜邦财务分析系统可以了解到下面的财务信息。

第一，所有者权益利润率是一个综合性最强的财务分析指标，是杜邦财务分析系统的核心。财务管理的目标之一是使所有者财富最大化，所有者权益利润率反映企业所有者投入资本的获利能力，说明企业筹资、投资、资产营运等各项财务及其管理活动的效率，不断提高所有者权益利润率是所有者权益最大化的基本保证。所以，这一财务分析指标是企业所有者、经营者都十分关心的。而所有者权益利润率高低的决定因素主要有三个方面，即销售净利率、总资产周转率和权益乘数。这样分解之后，就可以将所有者权益利润率这一综合性指标发生升降变化的原因具体化，比只用一项综合性指标更能说明问题。

第二，销售净利率反映企业利润与销售收入的关系，它的高低取决于销售收入与成本总额的高低。要想提高销售净利率，一是要增加销售收入；二是降低成本费用。增加销售收入既有利于提高销售净利率，又可以提高总资产周转率。降低成本费用是提高销售净利率的一个重要因素，从杜邦分析图可以看出成本费用的基本结构是否合理，从而找出降低成本费用的途径和加强成本费用控制的办法，如果企业财务费用支出过高，就要进一步分析其负债比率是否过高，如果是管理费用过高，就要进一步分析其资产周转情况等。从杜邦分析图中还可以看出，提高利润率的另一途径是适时适量进行投资，并取得投资收益，千方百计减少营业外支出等。为了详细了解企业成本费用的发生情况，在具体列示成本总额时，还可根据重要性原则，将那些影响较大的费用单独列示（如利息费用等），以便为寻求降低成本的途径提供依据。

第三，影响总资产周转率的一个重要因素是资产总额。它由流动资产与非流动资产组成。流动资产与非流动资产组成合理与否将直接影响资产的周转速度。

一般来讲，流动资产直接体现企业的偿债能力和变现能力，而非流动资产体现该企业的经营规模、发展潜力。两者之间应保持一种合理的比例关系。如果发现某项资产比重过大，影响资金周转,就应深入分析原因。例如,企业持有的货币资金超过业务需要,就会影响企业的盈利能力;如果企业占有过多的存货和应收账款,则既会影响获利能力,又会影响偿债能力。因此,还应进一步分析各项资产的占用数额和周转速度。

第四,权益乘数主要是受资产负债率指标的影响。负债比率越大,权益乘数就越高,说明企业的负债程度比较高,给企业带来了较多的杠杆利益,同时,也带来了较多的风险。对权益乘数的分析要联系销售收入分析企业的资产使用是否合理,联系权益结构分析企业的偿债能力。在资产总额不变的情况下,开展合理的负债经营,可以减少所有者权益所占的份额,从而达到提高所有者权益净利率的目的。

总之,从杜邦财务分析系统可以看出,企业的盈利能力涉及生产经营活动的各个方面。所有者权益利润率与企业的筹资结构、销售规模、成本水平、资产管理等因素密切相关,这些因素构成一个完整的系统,系统内部各因素之间相互作用,相互影响。只有协调好系统内部各个因素之间的关系,才能使所有者权益利润率得到提高,从而实现所有者财富最大化的理财目标。

案例分析

东方宾馆是一家历史悠久的五星级豪华酒店,也是广州市酒店行业首家上市公司。2017年年底,公司确定了"精心打造以会展商务为中心,具有东方文化特色的现代五星级酒店"的战略目标,率先由旅游酒店向会展商务酒店转型。一方面,公司斥资数亿元对酒店主营业务硬件进行了全方位改造,建成华南地区最大的建筑面积达 8 000 平方米的国际会展中心及完善的配套服务设施,进一步提升公司在酒店硬件设施上的优势。另一方面,公司继续深化内部管理改革,按现代化国际五星级酒店的标准,努力提高整体综合服务水平和管理水平,随着公司会展商务品牌影响力的逐步扩大,会展业务已逐步成为公司新的利润增长点,并有效地带动了公司各项业务的营业收入水平。但近年来,多方面因素导致东方宾馆营业收入下降。一是由于广州交易会的重心逐渐向琶州转移,春季交易会东方宾馆的展场收入有较大幅度的下降,使其经营压力巨大。同时,现在广州琶洲展馆的设施日益完善,目前周围有世界著名的香格里拉酒店,其环境和设施吸引着广州交易会的游客群体,势必影响东方宾馆的收入,而且琶洲展馆周边基础设施的逐渐完善,也将带动周围酒店业的发展。二是广州酒店国际品牌的进入,凭借着良好的优势和订房网络,在中高端客源的抢夺中具有强大的竞争力。酒店的总体水平下滑也是重要原因。东方宾馆总经理表示,客房方面,将拓宽网络订房渠道、提升高端市场客源量、拓展大型宴会市场;餐饮方面,公司不断研发新菜式,以满足不同客人的需要;物业方面,公司及早设计方案,及时调整战略,争取最大限度地留住现有客源。同时,公司还努力将空出来的场所进行出租,来提高收入水平,增强竞争力。你认为东方宾馆面对营业收入下降所采取的措施合理吗?

技能训练

一、单项选择题

1. 最关心速动比率的大小的是( )。
A. 企业投资者　　　B. 经营者　　　　C. 短期债权人　　　D. 长期债权人

2. 流动资产与流动负债的比率称为（　　）。
A. 现金比率　　　　B. 营运比率　　　　C. 速动比率　　　　D. 流动比率
3. 旅游企业财务分析的主要依据是（　　）。
A. 国家政策法规　　B. 企业经营计划　　C. 财务会计报告　　D. 财务分析标准
4. 产权比率为3:4，则权益乘数为（　　）。
A. 4:3　　　　　　B. 7:4　　　　　　C. 7:3　　　　　　D. 3:4
5. 所有者权益比率的倒数称为（　　）。
A. 负债比率　　　　B. 股权比率　　　　C. 权益乘数　　　　D. 负债股权比率

二、多项选择题

1. 反映旅游企业短期偿债能力的指标主要有（　　）。
A. 流动比率　　　　B. 速动比率　　　　C. 权益乘数　　　　D. 现金比率
2. 反映旅游企业营运能力的指标主要有（　　）。
A. 总资产周转率　　　　　　　　　　B. 流动资产周转率
C. 应收账款周转率　　　　　　　　　D. 存货周转率
3. 所有者权益利润率可以用哪几个指标计算得出（　　）。
A. 资产负债率　　　B. 销售净利率　　　C. 总资产周转率　　D. 权益乘数
4. 反映旅游企业发展能力的指标主要有（　　）。
A. 总资产利润率　　B. 销售增长率　　　C. 资产增长率　　　D. 资本积累率
5. 比率分析法的具体形成一般有（　　）。
A. 相关比率　　　　B. 构成比率　　　　C. 动态比率　　　　D. 定基比率

三、判断题

1. 速动资产是流动资产扣除存货后的差额。　　　　　　　　　　　　　　（　　）
2. 应收账款周转率越高越好。　　　　　　　　　　　　　　　　　　　　（　　）
3. 现金比率中的现金包括库存现金和可以随时用于支出的各种存款。　　　（　　）
4. 权益乘数越高，企业财务风险越大。　　　　　　　　　　　　　　　　（　　）
5. 负债率与所有者权益比率之和等于1。　　　　　　　　　　　　　　　（　　）

四、案例分析题

1. 某旅游企业2017年资产负债表如表5-15所示。

表5-15　2017年资产负债表

资产	金额/万元	负债与所有者权益	金额/万元
货币资金	300	应付票据	250
应收票据	100	应付账款	550
应收账款	500	应付职工薪酬	100
存货	1 100	长期借款	1 000
固定资产净额	3 000	实收资本	2 500
		未分配利润	600
总计	5 000	总计	5 000

该公司 2017 年销售收入净额为 15 000 万元，净利润为 1 800 万元。要求计算：
（1）流动比率、速动比率、负债率、权益乘数；
（2）流动资产周转率、总资产周转率（用年末数计算）；
（3）销售净利率、总资产利润率、所有者权益利润率（用年末数计算）。

2. 某旅游企业所处行业各指标的重要性系数分别为：销售利润率 0.15、总资产报酬率 0.15、资本收益率 0.15、资本保值增值率 0.10、资产负债率 0.05、流动比率 0.05、应收账款周转率 0.05、存货周转率 0.05、社会贡献率 0.10、社会积累率 0.15，该企业采用行业平均值为评价的标准值，资料如表 5-16 所示。现利用该企业实际值计算其综合系数，并做出评价。

表 5-16 旅游企业资料

指标	标准值/%	实际值/%	重要性系数
销售利润率	15	21	0.15
总资产报酬率	10	20.9	0.15
资本收益率	12	21	0.15
资本保值增值率	108	113	0.10
资产负债率	50	28.3	0.05
流动比率	2	2.013	0.05
应收账款周转率	4	4.8	0.05
存货周转率	2	3.08	0.05
社会贡献率	20	26	0.10
社会积累率	40	75.1	0.15
合计			1.00

旅游企业外汇管理

> **模块描述**
>
> 学会旅游企业各种外币业务的管理方法和管理策略；了解外汇风险的种类及外汇风险的防范措施、外币的折算方法、汇兑损益的确认；熟悉我国外汇管理体制的基本内容以及汇率的基本知识。

项目一 认识旅游企业外汇管理

> **项目描述**
>
> 了解外汇风险的种类及外汇风险的防范措施、外币的折算方法、汇兑损益的确认。

任务一 认识旅游企业外汇

> **任务描述**
>
> 认识旅游企业外汇，理解汇率兑换，了解汇率制度及政策，熟悉我国外汇政策。

> **任务目标**

任务目标	知识目标：外汇管理的基本知识主要包括汇率及其标价方法、汇率制度、中国外汇管理的主要内容以及影响外汇汇率的因素 能力目标：能够正确掌握汇率制度，会运用外汇的标价方法 素质目标：正确执行国家政策制度，加强风险意识

理论引导

一、外汇概念

外汇是以外国货币表示的可以用作国际清偿的支付手段和资产。外汇分为协定外汇和自由外汇两大类。协定外汇也叫记账外汇，是指两国政府间有关协定项目下使用的外汇，其收支是在一定时期内收支差额相抵后通过转账进行清算。自由外汇含有国际汇兑的含义，是指在国际结算和金融市场上可以无条件地使用和自由买卖，并能随时兑换成他国货币的外汇。

1. 外汇的定义

外汇汇率又称汇价，也叫外汇牌价，是指两个国家不同货币之间的比价，也可以说是一国货币用另一国货币表示的价格。由于在国际债权结算中必然要发生两国货币兑换，即外汇买卖，因此必须有一定的价格作为买卖的依据。

2. 汇率的标价方法

汇率的标价方法有直接标价法和间接标价法。

直接标价法也叫应付标价法，它是用若干数量的本国货币表示一定单位的外国货币，或是以一定单位的外币为标准，折算成若干单位本币的一种汇率表示方法，如中国证券市场上 1 美元＝6.6 元，属于直接标价法。采用直接标价法时，外国货币金额不变，而表示外国货币价格的本国货币金额随着汇率的变动而变动。目前，世界上绝大多数国家采用这种标价方法，中国也采用这种标价法。在直接标价法下，若本国货币数额增大，则表示外国货币行市上涨，即外币升值；若本国货币数额减少，则外币贬值。

间接标价法也叫应收标价法，它是以一定数量单位的本国货币为标准折合成若干外国货币表示，或是用若干数量的外币表示一定单位的本币，如英国伦敦外汇市场标价 1 英镑＝1.32 美元，属于间接标价法。目前世界上英国一直采用间接标价法，美国于 1978 年 9 月 1 日起也改用间接标价法。采用间接标价法时本国货币金额不变，而表示本国货币价格的外国货币金额随着汇率的变动而变动。在间接标价法下，若外国货币数额减少，则表示本国货币行市下跌；若外国货币数额增大，则表示本国货币行市上涨。

3. 汇率制度

汇率制度是指一个国家对本币与外币的比价所做的安排与规定。汇率的变化会对一国的外汇收支平衡产生很大的影响，汇率制度可分为固定汇率制度和浮动汇率制度。

固定汇率是指两国货币之间保持固定比价，并把这两种货币汇率的波动规定在一定的幅度之内。固定汇率在规定的幅度内具有相对的稳定性，这有利于核算成本、有利于国际贸易与国际投资的发展。但也正是因为这种稳定性，容易遭到国际游资的冲击，政府为了维持本币汇率，可能引起黄金外汇储备的大量流失。

浮动汇率是指一国货币兑换为另一国货币的比价在外汇市场上根据供求关系自由波动、不受限制的汇率。外币供过于求，意味着外币贬值，表现为外币汇率下降；外币供不应求，意味着外币升值，表现为外币汇率上浮。浮动汇率制度有一定的优点：在国际金融市场上可以防止国际游资对硬通货的冲击，防止外汇储备的大量流失；因为政府没有义务维持本国货币的固定比价，也就减少了政府的干预，能充分发挥市场机制的作用。但如果浮动汇率波动过于频繁，会增加国际贸易投资的风险，这不利于国际经济的发展。

中国实行的汇率制度：人民币汇率实行以市场供求为基础的、单一的、有管理的浮动汇率制度。以市场供求为基础，是指外汇市场的供求状况与价格水平是决定人民币汇率的主要依据；单一汇率，是指只有一个统一的汇率，适用于所得人民币与外汇的兑换；有管理的浮动，是指中国人民银行对汇率实施宏观调控与监管；各外汇指定银行和经营外汇业务的其他金融机构，根据中国人民银行公布的汇率，在规定的浮动范围内确定对客户的外汇买卖价；按照《中华人民共和国中国人民银行法》的规定，中国人民银行就汇率做出的决定，报国务院批准后执行。《中华人民共和国外汇管理条例》进一步明确规定，中国人民银行根据银行间外汇市场形成的价格，公布人民币对主要外币的汇率。

二、外汇管理

1. 外汇管理的概念

外汇管理又称外汇管制，是指一个国家为保持本国的国际收支平衡，对外汇的买卖、借贷、转让、收支、国际清偿、外汇汇率和外汇市场实行一定的限制措施的管理制度。其目的在于保持本国的国际收支平衡，限制资本外流，防止外汇投机，促进本国经济的发展。

2. 中国外汇管理的主要内容

（1）外汇管理机构外汇交易应遵循公平、公开、公正和诚实信用的原则。国家外汇管理局及其分局是外汇市场的管理机构，依法监督管理全国的外汇市场，中国人民银行作为中国的中央银行，是银行间外汇市场的特殊参与者，对银行间外汇市场起调控作用，《中华人民共和国外汇管理条例》规定，中国人民银行根据货币政策的要求和外汇市场的变化，依法对外汇市场进行调控。

（2）外汇管理的目的。《中华人民共和国外汇管理条例》第一条指出："为了加强外汇管理，保持国际收支平衡，促进国民经济健康发展，制定本条例。"这是加强外汇管理的目的。在外汇管理中要做到"大的管好，小的管活，管而不乱，活而不乱"，要管好和用好外汇资金，使外汇管理工作更好地为国民经济建设服务。

（3）外汇管理方针。外汇管理方针可归纳为集中管理、分散经营。集中管理、分散经营的目的是增加外汇收入、节约外汇支出，把外汇集中在国家手里，合理地分配使用，保持国际收支平衡，促进国民经济健康发展。集中管理包括集中制定政策、法规，集中制定外汇牌价，集中外汇收支计划，集中管理外汇资金。《中华人民共和国外汇管理条例》第二条指出："国务院外汇管理部门及其分支机构，依法履行外汇管理职责，负责本条例的实施。"这就是"集中管理"。《中华人民共和国外汇管理条例》第二十七条指出："金融机构经营外汇业务须经外汇管理机关批准，领取经营外汇业务许可证。未经外汇管理机关批准，任何单位和个人不得经营外汇业务。经批准经营外汇业务的金融机构，经营业务不得超过批准的范围。"这就是分散经营，如中国银行、工商银行、农业银行、交通银行等金融机构都经营相关的外汇业务。

（4）实行外汇收入结汇制。外汇收入结汇制是指中国境内所有企事业单位机关和社会团体的各类外汇收入必须及时调回境内。以下四个方面的外汇收入均须按银行挂牌汇率全部结售给外汇指定银行，实行结汇制后，取消外汇收入留成、上缴和额度管理制度：出口或转口货物及其他交易行为取得的外汇；交通运输、邮电、旅游、保险等业务提供服务和政府机构往来取得的外汇；银行经营外汇业务应上缴的外汇净收入、境外劳务承包和境外投资应调回境内的外汇利润;外汇管理部门规定的其他应结售的外汇。部分不必向银行结售的,可允许在外汇指定银行开立现汇账户:境外法人或自然人作为投资汇入的外汇;境外借款和发行券、股票取得的外汇;劳务承包公司境外工程合同期内调入境内的工程往来款项;经批准具有特定用途的捐赠外汇;外国驻华使馆、国际组织及其他境外法人驻华机构的外汇;个人所有外汇;上述范围内用于支付境内费用的部分均应向外汇指定银行兑换人民币办理支付。

（5）外汇支付实行售汇制。外汇支付实行售汇制是指境内企事业单位、机关和社会团体在规定范围内的对外支付用汇,可以持国家的有效凭证,到外汇指定银行用人民币办理兑付。允许人民币在经常项目下有条件可兑换,在实行售汇制后,取消经常项目正常对外支付用汇的计划审批。境内企事业单位、机关和社会团体在此项下的对外支付用汇,持如下有效凭证,用人民币到外汇指定银行办理兑付:实行配额或进口控制的货物进口,持有关部门颁发的配额、许可证或进口证明以及相应的进口合同;实行自动登记制的货物进口,持登记证明和相应的进口合同;除上述两项以外,其他符合国家进口管理规定的货物进口,持进口合同和境外金融机构的支付通知书;非贸易项下的经营性支付,持支付协议或合同和境外金融、非金融机构的支付通知书。

（6）个人所有的外汇。属于个人所有的外汇可以自行持有,也可以存入银行或者卖给外汇指定银行。对个人持有外汇,除不得私自买卖、不得私自携带或邮寄出境外,其他无任何限制。个人的外汇储蓄存款,实行存款自愿、取款自由、存款有息、为储户保密的原则。个人因私用汇,在规定限额以内购汇;超过规定限额的个人因私用汇,应当向外汇管理局提出申请,经外汇管理局确认属实的,可以购汇,具体办法按照《境内居民因私兑换外汇办法》与《境内居民外汇存款汇出境外的规定》办理。个人携带外汇进出境,应当向海关办理申报手续;携带外汇出境超过限额的,还应当向海关出具有效凭证。

（7）严格外债管理,建立偿债基金,确保国家对外信誉。对境外资金的借用和偿还,国家继续实行计划管理、金融条件审批和外债登记制度。为确保国家的对外信誉,必须加强对外债偿还的管理,继续实行"谁借谁还"的原则。债务人应加强对外债项目的管理,提高项目的经济效益和创汇能力。国家鼓励和支持各地区、有关部门和外债较多的企业按债务余额一定比例建立偿债基金,在外汇指定银行开立现汇账户存储。国家批准的专项还贷出口外汇,可以直接进入该账户,专户资金只能用于对外支付本息,不得转移或用于其他支付。债务人还本付息应从其偿债基金专户中支付,如发生困难,经外汇管理部门审查批准,根据借款协议,凭外债登记证和还本付息核准凭证,用人民币到外汇指定银行办理兑付。债务人要求在贷款协议规定到期日之前提前对外偿付的,须按规定经外汇管理部门批准。未办理登记手续的外债和境内机构违反规定为境外法人借债提供担保引起的支付责任,各银行不得擅自为其办理对外支付。

3. 旅游企业外汇管理的意义

企业的外汇收入和支出是企业财务活动的重要方面,也是国家外汇收支的有机组成部分。加强企业外汇管理,是搞好企业财务管理的重要内容,也是国家外汇管理的重要环节。加强企业外汇管理,增加外汇收入,降低外汇资金成本,减少外汇风险,可以提高企业经济效益,增加国家外汇储备,促进国民经济健康发展。

4. 旅游企业外汇管理的要求

严格遵守国家有关外汇管理的法令、政策和制度;在中华人民共和国境内禁止外币流通,并不得以外币计价结算；认真进行国际收支统计审报；严禁"逃汇"；严禁"套汇"；加强外汇风险管理，增加外汇收入，降低外汇资金成本。

下列情况属于逃汇：违反国家规定，擅自将外汇存放在境外；不按照国家规定将外汇卖给外汇指定银行；违反国家规定将外汇汇出或携带出境；未经外汇管理机关批准，擅自将外币存款凭证、外币有价证券携带或邮寄到境外；非法逃汇的其他行为。凡属于逃汇行为之一的，由外汇管理机关责令限期调回外汇，强制收兑，并处逃汇金额30%以上5倍以下的罚款；构成犯罪的，依法追究刑事责任。

下列情况属于套汇：违反国家规定，以人民币支付或者以实物偿付应当以外汇支付的进口货款或者其他类似支出；以人民币为他人支付在境内的费用，由对方付给外汇；未经外汇管理机关批准，境外投资者以人民币或者境内所购物在境内进行投资；以虚假或者无效的凭证、合同、单据等向外汇指定银行骗购外汇；非法套汇的其他行为。凡属套汇行为之一的，由外汇管理机关给予警告，强制收兑，并处非法套汇金额30%以上3倍以下的罚款；构成犯罪的，依法追究刑事责任。

三、影响外汇汇率的主要因素

1. 经济因素

（1）国际收支状况。国际收支是一国一定时期内对外经济活动的综合反映，国际收支直接反映外汇供求状况，状况好坏直接影响到外汇市场的供求关系，从而在很大程度上决定了汇率的基本走势和实际水平，对汇率变动有影响。一般而言，当一国的国际收支出现顺差，本国货币的对外价值就会上升，外汇汇率就会下降；反之，当贸易收支出现逆差时，外汇供不应求，外汇汇率就会上升。在国际收支这一影响因素中，经常性收支尤其是贸易收支，对外汇汇率起着决定性的作用。

（2）通货膨胀程度。通货膨胀是影响汇率变动的一个长期、主要而又有规律性的因素。通货膨胀可以通过以下两个方面对汇率产生影响：一是商品、劳务贸易情况，一国发生通货膨胀，或者它的通货膨胀率高于其他国家，该国出口商品、劳务的国内成本就会提高，进而必然影响其国际价格，该国商品和劳务在国际市场的竞争力下降，影响出口外汇收入。同时，在汇率不变的情况下，该国的进口成本会相对下降，如果按已上涨的国内物价出售，由此便使进口利润增加，进而会刺激进口，外汇支出增加。这样，该国的商品、劳务收支情况会恶化，由此推动外币汇率上升和本币汇率下降。二是国际资本流动情况，如果一国发生通货膨胀，必然使该国的实际利率降低，投资者为追求较高的利率，就会把资本移向海外，这样，又会导致资本项目收支情况恶化。资本的过多外流，会导致外汇市场外汇供不应求，外汇汇率上升，本币汇率下跌。

（3）财政收支状况。一国财政收支状况如何，对该国货币汇率的变化也会产生很大的影响。当一国发生财政赤字后，其弥补方式不当，汇率就会出现波动。通常来说，一国政府弥补财政赤字有提高税率以增加财政收入、减少政府开支、发行国债、增发货币四种方式。如果采用紧缩性的财政政策，会降低国内居民可支配的收入，抑制投资与消费，降低物价，促使出口增加、推动本国货币汇率上升。如果采用扩张性的财政政策，增发货币，其结果必然会导致通货膨胀的发生，最终可能会导致该国货币汇率的持续下跌。

（4）国际资本流动。如果资本大量流入，一方面，会使该国的外汇供应相对增加；另一方面,也增加了对本币的需求,外汇的相对充足和本币需求的增长会促使该国货币对外汇率的上升,而外汇汇率下降。如果资本大量输出,一方面,使该国的外汇供应相对减少;另一方面,减少了对本币的需求,外汇的相对减少和本币需求的减少会促使该国货币对外汇率下降,外汇汇率上升。

(5) 外汇储备情况。一般情况下,一国外汇储备充足,该国货币汇率往往会趋于上升;外汇储备不足或太少,该国货币汇率往往会下跌。

(6) 经济增长率差异。在其他条件不变的情况下,一国经济增长率相对较高,其国民收入增加相对也会较快,这样会使该国增加对外国商品、劳务的需求,结果会使该国对外汇的需求相对于其可得到的外汇供给来说趋于增加,该国货币汇率下跌。但要注意两种特殊情况:一是对于出口导向型国家,经济增长主要是由于出口增加推动的,经济较快增长伴随着出口的高速增长,此时出口增加往往超过进口增加,这样会出现汇率不跌反而上升的现象;二是如果国内外投资者把该国较高的经济增长率视作经济前景好、资本收益率提高的反映,则会导致外国对本国投资的增加,如果流入的资本能够抵消经常项目的赤字,该国的货币汇率亦可能不跌反升。

2. 非经济因素

(1) 利率政策。在国际金融市场中,一国银行利率的升降,必将影响国内资本和国际资本的流向,一些国家政府为了使本国货币汇率朝着有利于本国经济的方向发展,往往以银行利率的升降来引导或控制资本的流入或流出。如果一国的利率水平相对降低,会直接引起国内短期资本流出,同时也抑制国际资本流入,从而减少对该国货币的需求,其效应将是促使本币汇率下降或制止本币汇率不断上升。瑞士为防止瑞士法郎汇率不断上升,曾经对外币存款采取不付利息或收取费用的做法,以限制外资的大量流入,防止通货膨胀的发展和对本币升值的压力。一国利率水平相对提高,会吸引外国资本流入该国,同时也抑制国内资本外流,从而增加对该国货币的需求,该国货币汇率就趋于上浮。美国政府为了阻止美元汇率不断下跌的局面,从 1979 年 4 月以后的一段时间,一直采取高利率政策,使美元汇率一反常态,成为国际金融领域比较坚挺的货币。其他西方国家为避免本币汇率下跌和排除美元高利率的影响,也不得不相继提高利率,从而导致国际金融领域整个利率水平居高不下。

(2) 心理预期因素。按照阿夫达里昂的汇兑心理学,一国货币之所以有人要,是因为它有价值,而其价值大小就是人们对其边际效用所做的主观评价。主观评价与心理预期实际上是同一个问题。心理预期对货币汇率的影响极大,甚至已成为外汇市场汇率变动的一个关键因素,只要人们对某种货币的心理预期一变化,转瞬之间就可能会诱发大规模的资金运动。比如一国通货膨胀不断加重,影响了人们对该国货币汇率走势的心理预期,继而产生有汇惜售、待价而沽、无汇抢购的现象,其结果会刺激外汇汇率的上升、本币汇率的下跌。影响外汇市场交易者心理预期变化的因素很多,主要有一国的经济增长率、国际收支、利率、财政政策及政治局势。

(3) 政治因素。政治因素是影响汇率变动的一个不可忽视的因素。一个国家的政局是否稳定,是影响汇率变动的内部因素,国际政治局势的变动是影响汇率变动的外部因素。当一个国家国内政局不稳,出现政府经常更换、不间断的国内叛乱和战争,与他国的外交关系恶化以及遇到严重的自然灾害,并且这些事件和灾害又未能得到有效控制,就会导致国内经济萎缩或瘫痪,人们就会对发行纸币的政策产生动摇,从而大量抢购黄金、白银,或采取其他保值手段，拒绝接受或使用纸币，使纸币急剧贬值，从而引起对外汇率的猛烈下跌，也会导致投资者信心下降，引发资本外逃，其结果是本国汇率下降。国际局势的动荡不定，也会使人们对某种货币失去信心，从而抛售一种货币，抢购另一种货币，使被抛售的货币的汇率急剧下跌；被抢购的货币的汇率急剧上涨。如两伊战争期间，曾经发生过把大量资本从欧洲调往美国的情况，使西欧某些货币的汇率一度下跌。

(4) 中央银行干预。在开放的市场经济下，中央银行介入外汇市场直接进行货币买卖，对汇率的影响是最直接的，其效果也是极明显的。通常中央银行干预外汇市场的措施有四种：直接在市场上买卖外汇；调整国内财政、货币等政策；在国际范围公开发表导向性言论来影响市场心理；与国际金融组织和有关国家配合和联合，进行直接和间接干预。

任务二　认识旅游企业外币业务管理

任务描述

旅游企业外汇业务管理包括外汇收支管理、外币业务管理、日常外币收支业务管理、外汇兑换管理和外币资本金折算管理等。

任务目标

任务目标	知识目标：掌握旅游企业外汇业务管理的内容
	能力目标：能够熟悉旅游企业外汇业务管理
	素质目标：要谨慎，以便有效地避免外汇风险

理论引导

一、外汇收支的内容

旅游企业进行财务管理一定要重视外汇收支的管理，以便有效地避免外汇风险，提高经济效益，外汇收支也是企业财务收支的重要内容之一。

1. 旅游企业外汇收入一般内容

(1) 出口收汇也称贸易收汇，是指生产企业出口产品、外贸企业出口商品所获得的外汇收入。

(2) 贸易从属费用收汇指企业在从事进口贸易中所收取的佣金、回扣等外汇收入。

(3) 技术转让收汇是指企业对国外进行技术转让所获得的外汇收入。

(4) 非贸易营运收汇指交通运输、邮电、旅游、保险等行业对外提供服务所取得的外汇收入。

(5) 购入外汇指企业在外汇市场购买的外汇。

(6) 投入资本外汇指投资者作为资本投入企业的外汇，如合资企业和合作企业各方投资中的现汇部分，股份制企业发行股票向境外投资者筹集的外汇。

(7) 借入外汇指企业从国外和国内银行等金融机构借入的外汇，或在境外发行债券所筹集的外汇。

（8）境外投资外汇收入指企业在国外进行直接投资或间接投资所获得的利润、利息等收入。

（9）境外投资本金的收回指企业在国外投资经过一定时间后收回的本金。

（10）外汇暂收款指企业暂时的外汇收入，主要包括外汇预收款项等。

（11）其他指以上各项目之外的外汇收入，如外汇存款的利息收入，接受其他单位、个人捐赠的外汇等。

2. 旅游企业外汇支出一般内容

（1）进口付汇也称贸易付汇，是指生产企业进口原材料、设备、零部件等，外贸企业进口各种商品所需支付的外汇。

（2）贸易从属费用付汇指企业从事对外贸易，除贷款以外必须支付的其他外汇费用。

（3）技术引进付汇指企业从国外引进先进技术所需支付的外汇。

（4）非贸易付汇指企业有偿使用有关单位和个人的劳务所需支付的外汇。例如，企业支付给职工的外汇工资、奖金和津贴，以及管理费中的外汇支出。

（5）出售外汇指企业在外汇市场卖出外汇。

（6）境外投资外汇支出指企业因向境外投资而需要汇出的外汇。

（7）还本付息用汇指企业外汇借款和外币债券定期还本付息需要支付的外汇。

（8）分配外汇利润指企业分配给投资者的利润以外汇支付的部分。

（9）外国投资者收回资本指企业的外国投资者因减资、收回投资等发生的外汇支出。

（10）外汇暂付款指企业暂时的外汇支出，如外汇预付款、用于抵押贷款的外汇支出等。

（11）其他指以上各项目之外的外汇支出。

为了加强旅游企业外汇收支管理，防范外汇风险，旅游企业必须坚持做到以下几点：严格遵守国家外汇管理法规；实施外汇收支计划管理，编制外汇收支计划，建立外汇收支分管责任制，做好外汇收支的日常调度工作，定期对外汇收支进行检查分析。

二、外币业务管理

外币业务是指以记账本位币以外的货币进行的款项收付、往来结算等业务。外币业务不同于人民币业务，其业务结算以外币支付。旅游企业在核算外币业务时，应当设置相应的外币账户。外币账户包括外币现金、外币银行存款、以外币结算的债权（如应收票据、应收账款、预付账款等）和债务（如短期借款应付票据、应付账款、预收账款、应付工资、长期借款等），应当与非外币的各项相同账户分别设置，并分别核算。

随着中国社会主义市场经济的发展，不仅国外投资者向国内旅游饮食服务企业投资要发生外币业务，国内旅游饮食服务企业亦将进入国际市场参与竞争，也会发生外币业务，其他方面的外币业务也将随着国际经济往来的增加而增加。因此，旅游企业，特别是那些正在接待海外旅游者的旅游企业，以及中外合资、合作、外资旅游企业，必须正确了解并有效利用外汇市场机制，及时掌握信息，运用有效形式，进行跨国度的资金调度和业务活动经营。尽可能为企业减少外汇风险和汇兑损失，正确进行汇兑损失的财务处理，并防止外币资金流失，确保外币资金安全。

三、日常外币收支业务管理

1. 企业发生外币业务时应当将有关外币金额折合为记账本位币金额记账

外币交易应当在初始确认时,采用交易发生日的即期汇率将外币金额折算为记账本位币金额;也可以采用按照系统合理的方法确定的、与交易发生日即期汇率近似的汇率折算。如无法直接采用中国人民银行公布的人民币对美元、日元等的基准汇率作为折算汇率,应当按照下列方法进行折算:美元、日元等以外的其他货币对人民币的汇率,根据美元对人民币的基准汇率和国家外汇管理局提供的纽约外汇市场美元对其他主要外币的汇率进行套算,按照套算后的汇率作为折算汇率。美元对人民币以外的其他货币的汇率,直接采用国家外汇管理局提供的纽约外汇市场美元对其他主要货币的汇率。美元、人民币以外的其他货币之间的汇率,按国家外汇管理局提供的纽约外汇市场美元对其他主要外币的汇率进行套算,按套算后的汇率作为折算汇率。

2. 每天营业收入的管理

外币收款员必须把情况详细记录在营业收入日报表中,连同收费单据一并交给出纳入库。外币现金必须当天送存银行,外汇转账凭证从收到凭证的第二天就委托银行转账。外币的收支必须通过银行办理,不得坐支。

3. 宾客结付账单的管理

宾客以外币结付账单,一律按当日中国银行兑换现钞的汇率折算人民币,严禁擅自变更汇率比值,也不得采取取整舍零折算人民币的做法;宾客以企业受理的银行信用卡签付账单者,一律按账单实际金额填列"认购单",并让客人签付,不另收手续费。

4. 外币使用要编制计划

除商品、食品原材料外,一切物料、包装、备用品、设备、工具、零配件、燃料、能源使用外币,必须经财务部审查,报总经理审批;凡用外币购进的商品、原材料、备用品、工具、零配件等,必须按经批准的外汇收支计划进行,特殊情况需要的,也必须由部门经理提出申请,经总经理批准。

5. 结算办法的有关问题

对国内外业务单位外币的结算办法,必须经双方协商,以合同或协议的形式加以肯定和约束。凡与国外私人及股份单位办的旅游企业订立业务合同时,除摸清信誉和偿付能力外,还必须事先在企业银行账户内预存一次业务往来所需费用,作为每次业务的结算资金。

6. 负责外币结算的工作人员应注意的问题

必须及时把对外结算单证按合同或协议办理结算,并在委托银行结算后的第6天(国外业务单位在委托银行的第10天)核对是否收妥,凡在上述时间内未接到银行收款通知单的,应即刻通知销售部或饮食部协助办理催收,同时向财务负责人报告。

7. 其他

企业及所属部门在银行开立的外汇账户,不准外单位或个人借用进行核算。

四、外币兑换管理

中国现行的外汇管理法令规定,在中华人民共和国境内,禁止外币流通,并不得以外币计价结算。为方便宾客在中国旅游开支，具备以下条件的旅游企业可办理外币兑换业务：有境内企业法人资格；有固定的营业场所；不少于两名经授权银行培训合格的从事外币兑换业务的工作人员；具备能够准确、及时接收授权银行外币兑换牌价的设备或相应设施；授权银行要求的其他条件。经批准准许办理外汇兑换业务的旅游企业，在管理中应注意以下问题：

1. 外币兑换业务品种的规定

外币兑换业务的品种限于可自由兑换货币的现钞及旅行支票，办理外币兑换业务限于境内居民个人及非居民个人用外币和外币旅行支票兑换人民币的单方面兑换业务。非居民个人若将在旅游企业兑换所得的人民币兑回外币，需要到为其办理外币兑换业务的代兑机构的授权银行办理，兑回金额不得超过原兑换的外币金额。兑回有效期为自兑换之日起6个月内。居民个人不得办理兑回业务。

2. 外币兑换业务的核算

外币兑换业务需要单独核算。

3. 办理外币兑换业务单证的规定

办理外币兑换业务必须使用外币兑换水单，不得以其他单证代替外币兑换水单。外币兑换水单需要记载以下内容，内容应包括但不限于以下内容：客户姓名、客户国籍、证件种类及号码、兑换日期、外币币种、外币和人民币金额、外汇牌价等。留存的外币兑换水单应当经客户签名和经办人员盖章确认。使用外币兑换水单应当套写，一式不得少于三联，一联交客户留存，一联送授权银行留存，一联由旅游企业留存做账使用。授权银行和旅游企业必须保留外币兑换水单5年备查。旅游企业在办理境内居民个人外币兑换人民币业务时，应在外币兑换水单上加注"不得办理兑回业务"字样。

4. 库存限额的规定

旅游企业应当遵守授权银行的收兑外币的保管、上缴、库存限额的管理制度。办理外币兑换业务的外币库存限额，由其授权银行核定，原则上在每个营业日终了时不得超过等值1万美元。

5. 实行挂牌经营

办理外币兑换业务时，必须在其营业场所的显著位置悬挂"银行（授权银行名称）外币代兑机构"铭牌。铭牌样式由授权银行负责规范。

6. 外币兑换牌价

外币代兑机构应当按照授权银行规定的外币兑换牌价管理规定办理外币兑换业务，并在其营业场所的显著位置公布外币兑换牌价。

项目二　旅游企业外汇风险管理

项目描述

外汇风险有广义和狭义之分，根据外汇风险的表现形式，可以划分为三类，即外汇交易风险、会计风险、经济风险。旅游企业应在正确预测外汇汇率变动趋势的基础上，对外汇风险管理确立相应的对策。

任务一　认识旅游企业外汇风险

任务描述

掌握外汇风险的概念、种类以及旅游企业外汇风险管理的对策。

任务目标

任务目标	知识目标：了解外汇风险的概念和种类 能力目标：能够认识外汇风险以及三类风险的联系 素质目标：提升学生的管理意识、理财意识

理论引导

一、外汇风险的概念

外币业务是指企业发生的经济业务以记账本位币以外的其他币种进行款项的收付、往来核算和计价的经济业务。企业对外币业务的会计核算，可以选用外币统账制或外币分账制。由于汇率经常发生变化，同一外币数额在不同时点会对应不同的记账本位币数额，因此在两者间进行相互折算时就会形成汇兑损益，形成企业风险。广义的外汇风险是指由于汇率的变化以及交易者到期违约和外国政府实行外汇管制等给外汇交易者和外汇持有者带来经济损失的可能性。狭义的外汇风险仅指由于汇率的变化给外汇交易者和外汇持有者带来经济损失的可能性。西方国家实行浮动汇率制以来，各国货币汇价的波动异常频繁，自20世纪80年代以来更为剧烈。各种政治和经济的因素，常常使汇率在短期内大起大落，加大了国际贸易或借贷中的外汇风险。如果现代旅游企业认识到外汇风险，及时采取相应的对策，有效地进行外汇风险管理，可以避免汇率波动造成的损失，或者减少损失，甚至增加收益，这是外汇风险管理的主要内容，也是财务管理的一项重要工作。构成外汇风险的基本要素有三个：本币、外币和时间。

二、外汇风险的种类

外汇风险根据表现形式可以划分为三类，即外汇交易风险、会计风险、经济风险。

1. 外汇交易风险

外汇交易风险是指一个经济实体在以外币计价的国际贸易、非贸易收支活动中，由于汇率波动而引起应收账款和应付账款的实际价值发生变化的风险。

2. 会计风险

会计风险也称折算风险，是指由于外汇汇率的变动而引起的企业资产负债表中某些外汇资金项目金额变动的可能性。它是一种账面的损失和收益，并不是交割时的实际损失，但它会影响企业资产负债的报告结果。例如，某企业进口设备 30 万美元，当时汇率为 100 美元＝630 元，换算为 189 万元，并记录这一负债。在会计期末对外币业务账户金额进行换算时，汇率发生了变化，为 100 美元＝600 元，这时资产负债表上外汇资金项目的负债为 180 万元。其中 9 万元就成为因汇率变化而产生的会计风险。

3. 经济风险

经济风险是指汇率的突然变化，引起公司未来的销售单价、销售量、生产成本、国际市场竞争地位等方面的变化。在香港交易所上市的南方航空公司、东方航空公司公布的中报显示，尽管 2002 年上半年经营收入大幅上升，但其在融资租赁飞机方面产生的负债主要是美元和日元，而当时日元对美元的汇率大升，直接导致日元对人民币汇率上升了约 10%，结果使其净利润大幅下降。香港的分析师认为，两家航空公司的外汇汇兑损失总共约达 1.58 亿元。经济风险是一种相当复杂、具有潜在性的风险，其影响是长期的，而交易风险和会计风险是一次性的、短期的，因此从企业的长期利益角度来说，经济风险的影响比交易风险和会计风险的影响更为重要。

上述三类风险有一定的联系，从时间上看，会计风险是对过去会计资料计算时因汇率变动而产生的资产或负债的变异程度，是账面价值的变化；外汇交易风险是当前交易或结算中因汇率变化而产生的实实在在的经济损失或经济收益；而经济风险是因汇率变化对未来的经营活动和经营收益所产生的潜在的不确定性。

任务二　旅游企业外汇风险管理

任务描述

掌握旅游企业外汇风险管理方法和对策。

任务目标

任务目标	知识目标：掌握旅游企业外汇风险管理方法和对策
	能力目标：能够及时采取相应的对策，有效地进行外汇风险管理
	素质目标：培养学生的业务判断能力和处理能力

理论引导

一、旅游企业外汇风险管理方法

旅游企业外汇风险管理对策是指企业应根据汇率变动趋势做出准确的预测，以避免外汇汇率变动可能造成的损失。旅游企业应在正确预测外汇汇率变动趋势的基础上，对外汇风险管理采取相应的对策。旅游外汇风险是指在旅游服务贸易中，由于一定时期的外汇汇率变动，引起以外币计价的旅游债权与债务、资产与负债价值涨跌的不确定性所带来的收益或损失的可能性。

1. 增强外汇风险管理意识和能力

加强旅游外汇风险管理，必须先增强旅游外汇风险意识，提高旅游外汇风险管理能力。一是要加强对旅游涉外人员、企业财务人员的培训，增强他们的外汇风险意识，提高对汇率变动的预测分析能力和有效规避外汇风险的能力;二是要加强旅游企业内部管理,构建适应现代旅游服务贸易要求的财务决策机制,能够灵敏地反映和预测外汇风险的产生,及时采用各种规避外汇风险的措施,以避免或降低旅游企业的外汇风险损失;三是要切实加强内部各部门之间的沟通和合作,使各部门和各有关人员之间加强沟通、紧密合作,不断提高外汇风险管理的能力和水平,才能降低整个旅游企业的外汇风险和经营风险,促进旅游企业持续健康地发展。

2. 加强对汇率变动的分析和预测

加强旅游外汇风险管理,必须准确把握国家的宏观政策和外汇管理政策,重视和加强对外汇市场的研究,密切关注外汇市场汇率变动情况和影响因素,及时分析和预测汇率变化的趋势,并结合旅游企业的经营实际,采取有效的规避外汇风险的必要措施。例如,根据外汇汇率的走势,合理调整旅游产品的价格和对外报价,尽量避免旅游产品价格突然涨落带来的负面影响,充分考虑对外报价中的外汇风险,努力减少或合理分摊外汇风险造成的损失;在外汇买进或卖出过程中,努力规避外汇风险,减少不必要的损失;加强财务结算管理,尽量减少时间因素造成的外汇风险损失等。总之,加强对汇率变动的分析和预测,不仅是旅游企业规避外汇风险的重要前提,也是加强旅游外汇风险管理的重要措施,因此旅游企业应把它作为一项经常性、长期性的工作,持续不断地开展下去。

3. 重视对计价货币的选择和搭配

在旅游服务贸易中,旅游产品报价是一项十分重要的活动,其不仅体现着旅游产品在市场上的竞争力,对招徕入境旅游者数量具有重要的影响,而且对有效规避外汇风险,避免或减少外汇风险造成的损失具有重要的作用。因此,在旅游产品报价时,必须按照有利于吸引客源、增加利润、方便结算的原则,重视对计价货币的合理选择和搭配。具体方法有以下几方面:

第一,选择本币作为计价货币。对于旅游服务贸易出口的企业,选择本币作为计价货币进行对外报价,一般不涉及货币兑换,基本上没有外汇风险。因此,目前许多旅游发达的国家,尤其是一些储备货币发行国家,如美国、英国、德国、法国等,大部分旅游服务贸易出口都是以本币进行报价和结算的。但是,选择本币计价并不是任何国家的货币都可以,通常必须是国际通用货币才能用于国际支付,并且必须是交易双方都认可的。

第二,选择自由兑换货币作为计价货币。选择自由兑换货币作为计价货币,有利于外汇资金的调拨和运用,一旦出现外汇风险,就可以立即兑换成其他有利的货币,以转移货币的汇价风险。在选择自由兑换货币时,应重视对汇率变化趋势的分析,选择汇率有上升趋势的货币(即"硬"货币)作为计价货币,这是规避外汇风险的根本性措施。

第三,选择多种货币同时作为计价货币。在外汇市场上,各种货币的汇率走势是不同的,从而形成了计价货币的有"软"有"硬"。通常,把汇率走势好的货币称为"硬"货币,把汇率走势差的货币称为"软"货币。因此,在选择多种货币同时作为计价货币时,应按照"收硬付软"的原则,合理安排"软"货币和"硬"货币的比例,用"硬"货币计价结算带来的收益,弥补使用"软"货币计价结算带来的损失,以保证既增加入境游客数量,又规避外汇风险,实现外汇收入总额的平稳增长。

4. 灵活运用旅游合同的条款

加强旅游外汇风险管理,还可以灵活运用旅游合同条款来规避外汇风险,其通常是采取以下两方面的常用方法和具体措施：

一方面，可通过在合同中加列保值条款来规避外汇风险。保值条款是经过交易双方协商，同意在旅游合同中加列分摊未来汇率风险的货币收付条件。其做法是在签订合同时，充分考虑外汇风险的影响，在保值条款中的交易金额以比较稳定的货币或综合货币单位保值，如"硬"货币保值、黄金保值等；在清算时，按支付货币对保值货币的当时汇率加以调整，以达到规避外汇风险的效果。

另一方面，可通过在合同中明确规定接待细节来规避外汇风险。由于结算时间的递延是外汇风险产生的主要原因，因此在签订旅游服务合同时，应明确规定和细化旅游活动的行程，包括旅游线路安排、活动内容、导游服务、住宿餐饮等接待条件及其他各项条款，尽量使各个环节都有明确规定，有标准可依，以避免合同履行中产生争议，造成结算拖延或拒绝付款，甚至为对方转嫁外汇风险损失提供条件。

5. 采取平衡抵消风险的方法

在现代旅游服务贸易中，各国之间的国际旅游往来，往往都是互为旅游目的地和客源地的，从而为采取平衡抵消外汇风险提供了有利的条件。因此，旅游企业要善于利用互为旅游目的地和客源地的条件，在大力发展入境旅游业务的同时，积极发展对应的出境旅游业务，从而采取平衡抵消方法来规避外汇风险。具体的方法和措施主要有以下两种：

（1）配对法（Matching），是指开展旅游服务贸易的旅游企业，在接待某国的入境旅游团队的同时，以该国为旅游目的地而组织出境旅游团队，并尽可能使两个旅游团队的旅游费用、结算货币、结算日期基本一致，从而把两次经营活动面临的外汇风险相互抵消。对于国家之间有长期业务合作的旅游企业而言，配对法不仅能够有效地规避外汇风险，而且有利于简化交易结算，促进相互之间的业务开展，实现交易双方互利双赢、共同发展。

（2）组对法（Pairing），是指开展旅游服务贸易的企业之间，通过利用两种资金的流动对冲来抵消或减少外汇风险的方法。例如，国外许多大的旅行商都拥有包机公司，因此旅游企业在接待国外旅行商的入境旅游团队时，可以通过利用国外旅行商的包机业务，来实现资金的流动对冲，从而抵消或减少外汇风险。组对法与配对法的区别在于，配对法是基于同一种业务和货币的对冲，而组对法可以是两种以上业务或货币的对冲。组对法比配对法更具有灵活性和运用性，其缺点是组对不当有可能产生新的经营风险，因此必须注意对组对业务和货币进行正确的选择。

6. 合理开展各种结汇业务

加强旅游外汇风险管理，旅游企业除了应留存足够的外汇额度，以避免由于外汇资金紧张而被迫在汇率低时与银行结汇，造成外汇风险损失外，也可以通过与银行合理开展各种结汇业务，来规避或降低外汇风险。具体方法和措施主要有以下几种：

（1）即期合同法，是指旅游企业通过采用即期外汇交易来防范外汇风险的方法。具体做法：当旅游企业在近期预定时间内有旅游服务出口收汇时，应与银行签订出卖相应金额外汇的即期合同；当旅游企业在近期预定时间内有旅游服务进口付汇时，则应与银行签订购买相应金额外汇的即期合同；以通过外汇资金的反向流动来规避和消除外汇风险。

（2）远期合同法（Forward Contract），是指旅游企业通过采用远期外汇交易来防范外汇风险的方法。具体做法：当旅游企业签订旅游服务出口合同后，应按当时的远期汇率，与银行签订卖出合同金额和币别的远期外汇合同，在到期收汇后，再按卖出合同确定的汇率与银行进行交割；当旅游企业签订旅游服务进口合同后，应按当时的远期汇率，与银行签订买进合同金额和币别的远期外汇合同，在到期支付外汇后，再按买进合同确定的汇率与银行进行交割。远期合同法的优点：一方面，将防范外汇风险的成本固定在一定的范围内，有利于旅游成本的核算；另一方面，将不确定的汇率变动因素转化为可计算的因素，能在规定的时间内消除外汇的时间风险和价值风险。

（3）借款法（Borrowing），是当旅游企业有确定的远期外汇收入时，可以通过向银行借入一笔与远期收入相同币种、相同金额和相同期限的贷款来防范外汇风险的方法。其特点是现在把未来的外币收入从银行借出来供支配使用，届时外汇收入进账后正好用于归还银行贷款，从而规避了时间因素造成的汇率变动的外汇风险。

（4）投资法（Investing），是当旅游企业有确定的一笔远期外汇支出时，可以将闲置的资金换成与远期支付相同币种、相同金额和相同期限的外汇进行投资，待未来支付外汇日期到来时，就用投资的本息（或利润）付汇，从而规避了时间因素造成的汇率变动的外汇风险。一般投资的市场应是短期货币市场，投资的对象为规定到期日的银行定期存款、存单、银行承兑汇票、国库券、商业票据等。

二、旅游企业外汇风险管理对策

由于风险的结果可能威胁到企业的生存，因此企业必须采取适当的风险管理策略进行风险管理。

（1）避免风险策略。所有经济单位对待风险的策略，先考虑到的是避免风险。当风险造成的损失不能由该项目可能获得的利润予以冲抵时，避免风险是最可行的简单方法。例如，不进行某项投资，就可以避免该项投资所带来的风险。但避免风险的方法具有很大的局限性：一是只有在风险可以避免的情况下，避免风险才有效果；二是有些风险无法避免；三是有些风险可能避免但成本过高；四是企业消极地避免风险，会使企业安于现状，不求进取。

（2）控制风险策略。经济单位在风险不能避免或在从事某项经济活动势必面临某些风险时，先想到的是如何控制风险发生、减少风险发生，或如何减少风险发生后所造成的损失，即控制风险。控制风险主要有两方面含义：一是控制风险因素，减少风险的发生；二是控制风险发生的频率和降低风险损害程度。要控制风险发生的频率，就要进行准确的预测；要降低风险损害程度，就要果断地采取有效措施。控制风险会受到各种条件的限制，人类的科学及技术虽然已高速发展，但是依然存在诸多困难无法突破，因而无法达到完全控制风险和充分减少损失的目的。

（3）分散与中和风险策略。分散风险主要指经济单位采取多角经营、多方投资、多方筹资、外汇资产多元化、吸引多方供应商、争取多方客户以分散风险的方式。中和风险主要是指在外汇风险管理中所采用的决策，如采取减少外汇头寸、期货套期保值、远期外汇业务等措施，中和风险。

（4）承担风险策略。经济单位在既不能避免风险，又不能完全控制风险或分散、中和风险时，只能自己承担风险所造成的损失。经济单位承担风险的方式可以分为无计划的单纯自留或有计划的自己保险。无计划的单纯自留主要是指对未预测到的风险所造成损失的承担方式；有计划的自己保险是指已预测到的风险所造成损失的承担方式，如提取坏账准备金等形式。

（5）转移风险策略。经济单位为了避免自己在承担风险后对经济活动的妨害和不利，可以对风险采用各种不同的转移方式，如进行保险或非保险形式转移。现代保险制度是转移风险的最理想方式，如单位进行财产、医疗等方面保险，把风险损失转移给保险公司。此外，单位还可以通过合同条款规定，把部分风险转移给对方。

案例分析

2017年1月，中华集团公司与美国某公司签订出口订单1 000万美元，当时美元/人民币汇率为7.20，6个月后交货时，人民币已经大大升值，美元/人民币汇率为7.0，由于人民币汇率的变动，该公司损失了200万元。这一事件发生后，该公司为了加强外汇风险管理，切实提升公司外汇风险防范水平，于2017年3月召开了关于公司强化外汇风险管理的高层会议，总结本次损失发生的经验教训，确定公司外汇风险管理对策。有关人员的发言要点如下：（1）加强外汇风险管理工作十分重要，这一问题必须引起高度重视；（2）外汇风险管理应当抓住重点，尤其是对于交易风险和折算风险的管理，必须采取切实的措施，防止汇率变化对公司利润的侵蚀。

技能训练

1. (　　)是以外国货币表示的可以用作国际清偿的支付手段和资产。
   A. 外汇　　　　　　B. 汇率　　　　　　C. 外汇管理　　　　D. 美元
2. 在间接标价法下，应收外国货币数额的增加，表示(　　)。
   A. 外币汇率上升　　　　　　　　　B. 外币汇率不变
   C. 本国货币币值下降　　　　　　　D. 外币汇率下降
3. 中国证券市场上1美元=6.235元，属于(　　)。
   A. 直接标价法　　B. 间接标价法　　C. 固定汇率　　　　D. 浮动汇率
4. 汇率比较稳定，且有上浮趋势的货币是(　　)。
   A. 硬货币　　　　B. 外币　　　　　C. 本位币　　　　　D. 软货币
5. 外汇包括(　　)。
   A. 外国货币　　　　　　　　　　　B. 外币支付凭证
   C. 外币有价证券　　　　　　　　　D. 特别提款权、欧洲货币单位
6. 下列情况属于逃汇的是(　　)。
   A. 违反国家规定，擅自将外汇存放在境外
   B. 以人民币为他人支付在境内的费用，由对方付给外汇
   C. 未经外汇管理机关批准，境外投资者以人民币或者境内所购物在境内进行投资
   D. 未经外汇管理机关批准，擅自将外币存款凭证、外币有价证券携带或邮寄到境外
7. 下列情况属于套汇的是(　　)。
   A. 违反国家规定，以人民币支付或者以实物偿付应当以外汇支付的进口货款或者其他类似支出
   B. 不按照国家规定将外汇卖给外汇指定银行
   C. 违反国家规定将外汇汇出或携带出境

D. 以虚假或者无效的凭证、合同、单据等向外汇指定银行骗购外汇

8. 外汇风险有（　　）。

A. 交易风险　　　　B. 会计风险　　　　C. 经济风险　　　　D. 折算风险

9. 下列属于影响外汇汇率的经济因素的是（　　）。

A. 国际收支状况　　　　　　　　B. 中央银行干预

C. 利率政策　　　　　　　　　　D. 通货膨胀程度

附　录

附表一　复利终值系数表

期数	1%	2%	3%	4%	5%	6%	7%	8%	9%	10%
1	1.010 0	1.020 0	1.030 0	1.040 0	1.050 0	1.060 0	1.070 0	1.080 0	1.090 0	1.100 0
2	1.020 1	1.040 4	1.060 9	1.081 6	1.102 5	1.123 6	1.144 9	1.166 4	1.188 1	1.210 0
3	1.030 3	1.061 2	1.092 7	1.124 9	1.157 6	1.191 0	1.225 0	1.259 7	1.295 0	1.331 0
4	1.040 6	1.082 4	1.125 5	1.169 9	1.215 5	1.262 5	1.310 8	1.360 5	1.411 6	1.464 1
5	1.051 0	1.104 1	1.159 3	1.216 7	1.340 1	1.338 2	1.402 6	1.469 3	1.538 6	1.610 5
6	1.061 5	1.126 2	1.194 1	1.265 3	1.407 1	1.418 5	1.500 7	1.586 9	1.667 1	1.771 6
7	1.072 1	1.148 7	1.229 9	1.315 9	1.477 5	1.503 6	1.605 8	1.713 8	1.828 0	1.948 7
8	1.082 9	1.171 7	1.266 8	1.368 6	1.551 3	1.593 8	1.718 2	1.850 9	1.992 6	2.143 6
9	1.093 7	1.195 1	1.304 8	1.423 3	1.628 9	1.689 5	1.838 5	1.999 0	1.171 9	2.357 9
10	1.104 6	1.219 0	1.343 9	1.480 2	1.710 3	1.790 8	1.967 2	2.158 9	2.367 4	2.593 7
11	1.115 7	1.243 4	1.384 2	1.539 5	1.795 9	1.898 3	2.104 9	2.331 6	2.580 4	2.853 1
12	1.126 8	1.268 2	14 258	1.601 0	1.885 6	2.012 2	2.252 2	2.518 2	2.812 7	3.138 4
13	1.138 1	1.293 6	1.468 5	1.665 1	1.979 9	2.132 9	2.409 8	2.719 6	3.065 8	3.452 3
14	1.149 5	1.319 5	1.512 6	1.731 7	2.078 9	2.260 9	2.578 5	2.937 2	3.341 7	3.797 5
15	1.161 0	1.345 9	1.558 0	1.800 9	2.182 9	2.396 6	2.759 0	3.172 2	3.642 5	4.177 2
16	1.172 6	1.372 8	1.604 7	1.873 0	2.292 0	2.540 4	2.952 2	3.425 9	3.970 3	4.595 0
17	1.184 3	1.400 2	1.652 8	2.205 8	2.406 6	2.692 8	3.158 8	3.700 0	4.327 6	5.054 5
18	1.196 1	1.428 2	1.702 4	2.106 8	2.527 0	2.854 3	3.379 9	3.996 0	4.717 1	5.559 9
19	1.208 1	1.456 8	1.753 5	2.191 1	2.653 3	3.025 6	3.616 5	4.315 7	5.141 7	6.115 9
20	1.220 2	1.485 9	1.806 1	2.278 8	2.786 0	3.207 1	3.869 7	4.661 0	5.604 4	6.727 5
21	1.232 4	1.515 7	1.860 3	2.369 9	2.925 3	3.399 6	4.140 6	5.033 8	6.108 8	7.400 2
22	1.244 7	1.546 0	1.916 1	1.040 0	1.050 0	3.603 5	4.430 4	5.436 5	6.658 6	8.140 3
23	1.257 2	1.576 9	1.973 6	2.464 7	3.071 5	3.819 7	4.740 5	5.871 5	7.257 9	8.954 3
24	1.269 7	1.608 4	2.032 8	2.563 3	3.225 1	4.048 9	5.072 4	6.341 2	7.911 1	9.849 7
25	1.282 4	1.640 6	2.093 8	2.665 8	3.386 4	4.291 9	5.427 4	6.848 5	8.623 1	10.835
26	1.295 3	1.673 4	2.156 6	2.772 5	3.555 7	4.549 4	5.807 4	7.396 4	9.399 2	11.918
27	1.308 2	1.706 9	2.221 3	2.883 4	3.733 5	4.822 3	6.213 9	7.988 1	10.245	13.110
28	1.321 3	1.741 0	2.287 9	2.998 7	3.920 1	5.111 7	6.648 8	8.627 1	11.167	14.421
29	1.334 5	1.775 8	2.356 6	3.118 7	4.116 1	5.418 4	7.114 3	9.317 3	12.172	15.863
30	1.347 8	1.811 4	2.427 3	3.243 4	4.321 9	5.743 5	7.612 5	10.063	13.268	17.449
40	1.448 9	2.208 0	3.262 0	4.801 0	7.040 0	10.286	14.974	21.725	31.408	45.259
50	1.644 6	2.691 6	4.383 9	7.106 7	11.467	18.420	29.457	46.902	74.358	117.39
60	1.816 7	3.281 0	5.891 6	10.520	18.679	32.988	57.946	101.26	176.03	304.48

续表

期数	12%	14%	15%	16%	18%	20%	24%	28%	32%	36%
1	1.120 0	1.140 0	1.150 0	1.160 0	1.180 0	1.200 0	1.240 0	1.280 0	1.320 0	1.360 0
2	1.254 4	1.299 6	1.322 5	1.345 6	1.392 4	1.440 0	1.537 6	1.638 4	1.742 4	1.849 6
3	1.404 9	1.481 5	1.520 9	1.560 9	1.643 0	1.728 0	2.364 2	2.097 2	2.300	2.515 5
4	1.762 3	1.689 0	1.749 0	1.810 6	1.938 8	2.073 6	2.931 6	2.684 4	3.036 0	3.421 0
5	1.973 8	1.925 4	2.011 4	2.100 3	2.287 8	2.488 3	3.635 2	3.436 0	4.007 5	4.652 6
6	2.210 7	2.195 0	1.313 1	2.436 4	2.699 6	2.986 0	4.507 7	4.938 0	5.289 9	6.327 5
7	2.476 0	2.502 3	2.660 0	2.826 2	3.185 5	3.583 2	5.589 5	5.629 5	6.982 6	8.605 4
8	2.773 1	2.852 6	3.059 0	3.278 4	3.758 9	4.299 8	6.931 0	7.205 8	9.217 0	11.703
9	3.105 8	3.251 9	3.517 9	3.803 0	4.435 5	5.159 8	8.594 4	9.223 4	12.166	15.917
10	3.478 5	3.707 2	4.045 6	4.411 4	5.233 8	6.191 7	10.657	11.806	16.060	21.647
11	3.896 0	4.226 2	4.652 4	5.117 3	6.175 9	7.430 1	13.215	15.112	21.198	29.439
12	4.363 5	4.817 9	5.350 3	5.936 0	7.287 6	8.916 1	16.386	19.343	27.983	10.037
13	4.887 1	5.492 4	6.152 8	6.885 8	8.599 4	10.699	20.319	24.759	36.937	54.451
14	5.473 6	6.261 3	7.075 7	7.987 5	10.147	12.839	25.196	31.691	48.757	74.053
15	6.130 4	7.137 9	8.137 1	9.265 5	11.974	15.407	31.243	40.565	64.359	100.71
16	6.866 0	8.137 2	9.357 6	10.748	14.129	18.488	38.741	51.923	84.954	136.97
17	7.690 0	9.276 5	10.761	12.468	16.672	22.186	48.039	66.461	112.14	186.28
18	1.120 0	10.575	12.375	14.463	19.673	26.623	1.240 0	85.071	148.02	253.34
19	8.612 8	12.056	14.232	16.777	23.214	31.948	59.568	108.89	195.39	344.54
20	9.646 3	13.743	16.367	19.461	27.393	38.338	73.864	139.38	257.92	468.57
21	10.804	15.668	18.822	2.574	32.324	46.005	91.592	178.41	340.45	637.26
22	12.100	17.861	21.645	26.186	38.142	55.206	113.57	228.36	449.39	866.67
23	13.552	20.362	24.891	30.376	45.008	66.247	140.83	292.30	593.19	1 178.7
24	15.179	23.212	28.625	35.236	53.109	79.497	174.63	374.14	783.02	1 603.0
25	17.000	26.462	32.919	40.874	62.669	95.396	216.54	478.90	1 033.6	2 180.1
26	19.040	30.167	37.857	47.414	73.949	114.48	268.51	613.00	1 364.3	2 964.9
27	21.325	34.390	43.535	55.000	87.260	137.37	332.95	784.64	1 800.9	4 032.3
28	3.884	39.204	50.066	63.800	102.97	164.84	412.86	1 004.3	2 377.2	5 483.9
29	26.750	44.693	57.575	74.009	121.50	197.81	511.95	1 285.5	3 137.9	7 458.1
30	26.960	50.950	66.212	85.850	143.37	237.38	634.82	1 645.5	4 142.1	10 143
40	93.051	188.88	267.86	378.72	750.38	1 469.8	5 455.9	19 427	66 521	*
50	289.00	700.23	1 083.7	1 670.7	3 927.4	9 100.4	46 890	*	*	*
60	897.60	2 595.9	4 384.0	7 370.2	20 555	56 348	*	*	*	*

附表二　复利现值系数表

期数	1%	2%	3%	4%	5%	6%	7%	8%	9%	10%
1	0.990 1	0.980 4	0.970 9	0.961 5	0.952 4	0.943 4	0.934 6	0.925 9	0.917 4	0.909 1
2	0.980 3	0.961 2	0.942 6	0.924 6	0.907 0	0.890 0	0.873 4	0.857 3	0.841 7	0.826 4
3	0.970 6	0.942 3	0.915 1	0.889 0	0.863 8	0.839 6	0.816 3	0.793 8	0.772 2	0.751 3
4	0.961 0	0.923 8	0.888 5	0.854 8	0.822 7	0.792 1	0.762 9	0.735 0	0.708 4	0.683 0
5	0.951 5	0.905 7	0.862 6	0.821 9	0.783 5	0.747 3	0.666 3	0.680 6	0.649 9	0.620 9
6	0.942 0	0.888 0	0.837 5	0.790 3	0.746 2	0.705 0	0.622 7	0.630 2	0.596 3	0.564 5
7	0.932 7	0.870 6	0.813 1	0.759 9	0.710 7	0.665 1	0.582 0	0.583 5	0.547 0	0.513 2
8	0.923 5	0.853 5	0.789 4	0.730 7	0.676 8	0.627 4	0.543 9	0.540 3	0.501 9	0.466 5
9	0.914 3	0.836 8	0.766 4	0.702 6	0.644 6	0.591 9	0.508 3	0.500 2	0.460 4	0.424 1
10	0.905 3	0.820 3	0.744 1	0.675 6	0.613 9	0.558 4	0.475 1	0.463 2	0.422 4	0.385 5
11	0.896 3	0.804 3	0.722 4	0.649 6	0.584 7	0.526 8	0.444 0	0.428 9	0.387 5	0.350 5
12	0.887 4	0.788 5	0.701 4	0.624 6	0.556 8	0.497 0	0.415 0	0.397 1	0.355 5	0.318 6
13	0.878 7	0.773 0	0.681 0	0.600 6	0.530 3	0.468 8	0.387 8	0.367 7	0.326 2	0.289 7
14	0.870 0	0.757 9	0.661 1	0.577 5	0.505 1	0.442 3	0.362 4	0.340 5	0.299 2	0.263 3
15	0.861 3	0.743 0	0.641 9	0.555 3	0.481 0	0.417 3	0.338 7	0.315 2	0.274 5	0.239 4
16	0.852 8	0.728 4	0.623 2	0.533 9	0.458 1	0.393 6	0.316 6	0.291 9	0.251 9	0.217 6
17	0.844 4	0.714 2	0.605 0	0.513 4	0.436 3	0.371 4	0.295 9	0.270 3	0.231 1	0.197 8
18	0.836 0	0.700 2	0.587 4	0.493 6	0.415 5	0.350 3	0.934 6	0.250 2	0.212 0	0.179 9
19	0.827 7	0.686 4	0.570 3	0.474 6	0.395 7	0.330 5	0.276 5	0.231 7	0.194 5	0.163 5
20	0.819 5	0.673 0	0.533 7	0.456 4	0.376 9	0.311 8	0.258 4	0.214 5	0.178 4	0.148 6
21	0.811 4	0.659 8	0.537 5	0.438 8	0.258 9	0.294 2	0.241 5	0.198 7	0.163 7	0.135 1
22	0.803 4	0.648 0	0.521 9	0.422 0	0.341 8	0.277 5	0.225 7	0.183 9	0.150 2	0.122 8
23	0.795 4	0.634 2	0.506 7	0.405 7	0.325 6	0.261 8	0.210 9	0.170 3	0.137 8	0.111 7
24	0.787 6	0.621 7	0.491 9	0.390 1	0.310 1	0.247 0	0.197 1	0.157 7	0.126 4	0.101 5
25	0.779 8	0.609 5	0.477 6	0.375 1	0.295 3	0.233 0	0.184 2	0.146 0	0.116 0	0.092 3
26	0.772 0	0.597 6	0.463 7	0.360 4	0.281 2	0.219 8	0.172 2	0.135 2	0.106 4	0.083 9
27	0.764 4	0.585 9	0.450 2	0.346 8	0.267 8	0.207 4	0.160 9	0.125 2	0.097 6	0.076 3
28	0.756 8	0.574 4	0.437 1	0.333 5	0.255 1	0.195 6	0.150 4	0.115 9	0.089 5	0.069 3
29	0.749 3	0.563 1	0.424 3	0.320 7	0.242 9	0.184 6	0.140 6	0.107 3	0.082 2	0.063 0
30	0.741 9	0.552 1	0.412 0	0.303 8	0.231 4	0.174 1	0.131 4	0.099 4	0.075 4	0.057 3
40	0.671 7	0.452 9	0.306 6	0.208 3	0.142 0	0.097 2	0.066 8	0.046 0	0.031 8	0.022 1
50	0.608 0	0.371 5	0.228 1	0.140 7	0.087 2	0.054 3	0.033 9	0.021 3	0.013 4	0.008 5
60	0.550 4	0.304 8	0.169 7	0.095 1	0.053 5	0.030 3	0.017 3	0.009 9	0.005 7	0.003 3

续表

期数	12%	14%	15%	16%	18%	20%	24%	28%	32%	36%
1	0.892 9	0.877 2	0.869 6	0.862 1	0.847 5	0.833 3	0.806 5	0.781 3	0.757 6	0.735 3
2	0.797 2	0.769 5	0.756 1	0.743 2	0.718 2	0.694 4	0.650 4	0.610 4	0.573 9	0.540 7
3	0.711 8	0.675 0	0.657 5	0.640 7	0.608 6	0.578 7	0.524 5	0.476 8	0.434 8	0.397 5
4	0.635 5	0.592 1	0.571 8	0.552 3	0.515 8	0.482 3	0.423 0	0.372 5	0.329 4	0.292 3
5	0.567 4	0.519 4	0.497 2	0.476 1	0.437 1	0.401 9	0.341 1	0.291 0	0.249 5	0.214 9
6	0.506 6	0.455 6	0.432 3	0.410 4	0.370 4	0.334 9	0.275 1	0.227 4	0.189 0	0.158 0
7	0.452 3	0.399 6	0.375 9	0.353 8	0.313 9	0.279 1	0.221 8	0.177 6	0.143 2	0.116 2
8	0.403 9	0.350 9	0.326 9	0.305 0	0.266 0	0.232 6	0.178 9	0.138 8	0.108 5	0.085 4
9	0.360 6	0.307 5	0.284 3	0.263 0	0.225 5	0.193 8	0.144 3	0.108 4	0.082 2	0.062 8
10	0.322 0	0.269 6	0.247 2	0.226 7	0.191 1	0.161 5	0.116 4	0.084 7	0.062 3	0.046 2
11	0.287 5	0.236 6	0.214 9	0.195 4	0.161 9	0.134 6	0.093 8	0.066 2	0.047 2	0.034 0
12	0.256 7	0.207 6	0.186 9	0.168 5	0.137 2	0.112 2	0.075 7	0.051 7	0.035 7	0.025 0
13	0.229 2	0.182 1	0.162 5	0.145 2	0.116 3	0.093 5	0.061 0	0.040 4	0.027 1	0.018 4
14	0.204 6	0.159 7	0.141 3	0.125 2	0.098 5	0.077 9	0.049 2	0.031 6	0.020 5	0.013 5
15	0.182 7	0.140 1	0.122 9	0.107 9	0.083 5	0.064 9	0.039 7	0.024 7	0.015 5	0.009 9
16	0.163 1	0.122 9	0.106 9	0.093 0	0.070 8	0.054 1	0.032 0	0.019 3	0.011 8	0.007 3
17	0.145 6	0.107 8	0.092 9	0.080 2	0.060 0	0.045 1	0.025 8	0.015 0	0.008 9	0.005 4
18	0.130 0	0.094 6	0.080 8	0.069 1	0.050 8	0.037 6	0.020 8	0.011 8	0.006 8	0.003 9
19	0.116 1	0.082 9	0.070 3	0.059 6	0.043 1	0.031 3	0.016 8	0.009 2	0.005 1	0.002 9
20	0.103 7	0.072 8	0.053 1	0.051 4	0.036 5	0.026 1	0.013 5	0.007 2	0.003 9	0.002 1
21	0.092 6	0.063 8	0.046 2	0.044 3	0.030 9	0.021 7	0.010 9	0.005 6	0.002 9	0.001 6
22	0.082 6	0.056 0	0.040 2	0.038 2	0.026 2	0.018 1	0.008 8	0.004 4	0.002 2	0.001 2
23	0.073 8	0.049 1	0.034 9	0.032 9	0.022 2	0.015 1	0.007 1	0.003 4	0.001 7	0.000 8
24	0.065 9	0.043 1	0.030 4	0.028 4	0.018 8	0.012 6	0.005 7	0.002 7	0.001 3	0.000 6
25	0.058 8	0.037 8	0.026 4	0.024 5	0.016 0	0.010 5	0.004 6	0.002 1	0.001 0	0.000 5
26	0.052 5	0.033 1	0.023 0	0.021 1	0.013 5	0.008 7	0.003 7	0.001 6	0.000 7	0.000 3
27	0.046 9	0.029 1	0.020 0	0.018 2	0.011 5	0.007 3	0.003 0	0.001 3	0.000 6	0.000 2
28	0.041 9	0.025 5	0.017 4	0.015 7	0.009 7	0.006 1	0.002 4	0.001 0	0.000 4	0.000 2
29	0.037 4	0.022 4	0.015 1	0.013 5	0.008 2	0.005 1	0.002 0	0.000 8	0.000 3	0.000 1
30	0.033 4	0.019 6	0.003 7	0.011 6	0.007 0	0.004 2	0.001 6	0.000 6	0.000 2	0.000 1
40	0.010 7	0.005 3	0.000 9	0.002 6	0.001 3	0.000 7	0.000 2	0.000 1	*	*
50	0.003 5	0.001 4	0.000 2	0.000 6	0.000 3	0.000 1	*	*	*	*
60	0.001 1	0.000 4	0.070 3	0.000 1	*	*	*	*	*	*

附表三　年金终值系数表

期数	1%	2%	3%	4%	5%	6%	7%	8%	9%	10%
1	1.000 0	1.000 0	1.000 0	1.000 0	1.000 0	1.000 0	1.000 0	1.000 0	1.000 0	1.000 0
2	2.010 0	2.020 0	2.030 0	2.040 0	2.050 0	2.060 0	2.070 0	2.080 0	2.090 0	2.100 0
3	3.030 1	3.060 4	3.090 9	3.121 6	3.152 5	3.183 6	3.214 9	3.246 4	3.278 1	3.310 0
4	4.060 4	4.121 6	4.183 6	4.246 5	4.310 1	4.374 6	4.489 9	4.506 1	4.573 1	4.641 0
5	5.101 0	5.204 0	5.309 1	5.416 3	5.525 6	5.637 1	5.750 7	5.866 6	5.984 7	6.105 1
6	6.152 0	6.308 1	6.468 4	6.633 0	6.801 9	6.975 3	7.153 3	7.335 9	7.523 3	7.715 6
7	7.213 5	7.434 3	7.662 5	7.898 3	8.142 0	8.393 8	8.654 0	8.922 8	9.200 4	9.487 2
8	8.285 7	8.583 0	8.892 3	9.214 2	9.549 1	9.897 5	10.259	10.636	11.028	11.435
9	9.368 5	9.754 6	10.159	10.583	11.027	11.491	11.978	12.488	13.021	13.579
10	10.462	10.950	11.464	12.006	12.578	13.181	13.816	14.487	15.193	15.937
11	11.567	12.169	12.807	13.486	14.206	14.971	15.783	16.645	17.560	18.531
12	12.683	13.412	14.192	15.026	15.917	16.870	17.888	18.977	20.141	21.384
13	13.809	14.680	15.618	16.627	17.713	18.882	20.141	21.495	22.953	24.523
14	14.947	15.974	17.086	18.292	19.599	21.015	22.550	24.214	26.019	27.975
15	16.097	17.293	18.599	20.024	21.579	23.276	25.129	27.152	29.361	31.772
16	17.258	18.639	20.157	21.825	23.657	25.673	27.888	30.324	33.003	35.950
17	18.430	20.012	21.762	23.695	25.840	28.213	30.840	33.750	36.974	40.545
18	19.615	21.412	23.414	25.645	28.132	30.906	33.999	37.450	41.301	45.599
19	20.811	22.841	25.117	27.671	30.539	33.760	37.379	41.446	46.018	51.159
20	22.019	24.297	26.870	29.778	33.066	36.786	40.995	45.752	51.160	57.275
21	23.239	25.783	28.676	31.969	35.719	39.993	44.865	50.423	56.765	64.002
22	24.472	27.299	30.537	34.248	38.505	43.392	49.006	55.457	62.873	71.403
23	25.716	28.845	32.453	36.618	41.430	46.996	53.436	60.883	69.532	79.543
24	26.973	30.422	34.426	39.083	44.502	50.816	58.177	66.765	76.790	88.497
25	28.243	32.030	36.459	41.646	47.727	54.863	63.249	73.106	84.701	98.347
26	29.526	33.671	38.553	44.312	51.113	59.156	68.676	79.954	93.324	121.10
27	30.821	35.344	40.710	47.084	54.669	63.706	74.484	87.351	102.72	134.21
28	32.129	37.051	42.931	49.968	58.403	68.528	80.698	95.339	112.97	148.63
29	33.450	38.792	45.219	52.966	69.323	73.640	87.347	103.97	124.14	164.49
30	34.785	40.586	17.575	56.085	66.439	79.058	94.461	113.28	136.31	442.59
40	48.886	60.402	75.401	95.026	120.80	154.76	199.64	259.06	337.88	1 163.9
50	64.463	84.597	112.80	152.67	209.35	290.34	406.53	573.77	815.08	3 034.8
60	81.670	114.05	163.05	237.99	353.58	533.13	813.52	1 253.2	1 944.8	51.159

续表

期数	12%	14%	15%	16%	18%	20%	24%	28%	32%	36%
1	1.000 0	1.000 0	1.000 0	1.000 0	1.000 0	1.000 0	1.000 0	1.000 0	1.000 0	1.000 0
2	2.120 0	2.140 0	2.150 0	2.160 0	2.180 0	2.200 0	2.240 0	2.280 0	2.320 0	2.360 0
3	3.374 4	3.439 6	3.472 5	3.505 6	3.572 4	3.640 0	3.377 6	3.918 4	4.062 4	4.209 6
4	4.799 3	4.921 1	4.993 4	5.066 5	5.215 4	5.368 0	5.684 2	6.015 6	6.362 4	6.725 1
5	6.352 8	6.610 1	6.742 4	6.877 1	7.154 2	7.441 6	8.048 4	8.699 9	9.398 3	10.146
6	8.115 2	8.535 5	8.753 5	8.977 5	9.442 0	9.929 9	10.980	12.135	13.405	14.799
7	10.089	10.730	11.066	11.413	12.141	12.915	14.615	16.533	18.695	21.126
8	12.299	13.232	13.726	14.240	15.827	16.499	19.122	22.163	25.678	29.732
9	14.776	16.085	16.786	17.519	19.086	20.799	24.712	29.369	34.895	41.435
10	17.549	19.337	20.304	21.321	23.521	25.959	31.643	38.593	47.062	57.352
11	20.654	23.044	24.349	25.732	28.755	32.150	40.237	50.398	63.122	78.998
12	24.133	32.089	29.002	30.850	34.931	39.581	50.895	65.510	84.320	108.44
13	28.029	37.581	34.352	36.786	42.219	48.497	64.110	84.853	112.30	148.47
14	32.393	43.482	40.505	43.672	50.818	59.196	80.496	109.61	149.24	202.93
15	37.280	50.980	47.580	51.660	60.965	72.035	100.82	141.30	198.00	276.98
16	42.753	59.118	55.717	60.925	72.939	87.442	126.01	181.87	262.36	377.69
17	48.884	68.394	65.075	71.673	87.068	105.93	157.25	233.79	347.31	514.66
18	55.750	1.000 0	75.836	84.141	103.74	128.12	195.99	300.25	459.45	770.94
19	63.440	78.969	88.212	98.603	123.41	154.74	244.03	385.32	607.47	954.28
20	75.052	91.025	102.44	115.38	146.63	486.69	303.60	494.21	802.86	1 298.8
21	81.699	104.77	118.81	134.84	174.02	225.03	377.46	633.59	1 060.8	1 767.4
22	92.503	120.44	137.63	157.41	206.34	271.03	469.06	812.00	1 401.2	2 404.7
23	104.60	138.30	159.28	183.60	244.49	326.24	582.63	1 040.4	1 850.6	3 271.3
24	118.16	158.66	184.17	213.98	289.49	392.48	723.46	1 332.7	2 443.8	4 450.0
25	133.33	181.87	212.79	249.21	342.60	471.98	898.09	1 706.8	3 226.8	6 053.0
26	150.33	208.33	245.71	290.09	405.27	567.38	1 114.6	2 185.7	1 260.4	8 233.1
27	169.37	238.50	283.57	337.50	479.22	681.85	1 383.1	2 798.7	5 624.8	11 198.0
28	190.70	272.89	327.10	393.50	566.48	819.22	1 716.1	3 583.3	7 425.7	15 230.3
29	214.58	312.09	377.17	456.30	669.45	984.07	2 129.0	4 587.7	9 802.9	20 714.2
30	241.33	356.79	434.75	530.31	790.95	1 181.9	2 640.9	5 873.2	12 941.0	28 172.3
40	767.09	1 342.0	1 779.1	2 360.8	4 163.2	7 343.2	22 729	69 377	*	*
50	2 400.0	4 994.5	7 217.7	10 436	21 813	45 497	*	*	*	*
60	7 471.6	18 535	29 220	46 058	*	*	*	*	*	*

附表四　年金现值系数表

期数	1%	2%	3%	4%	5%	6%	7%	8%	9%
1	0.990 1	0.980 4	0.970 9	0.961 5	0.952 4	0.943 4	0.934 6	0.925 9	0.917 4
2	1.970 4	1.941 6	1.913 5	1.886 1	1.859 4	1.833 4	1.808 0	1.783 3	1.759 1
3	2.941 0	2.883 9	2.828 6	2.775 1	2.723 2	2.673 0	2.624 3	2.577 1	2.531 3
4	3.902 0	3.807 7	3.717 1	3.629 9	3.546 0	3.465 1	3.387 2	3.312 1	3.239 7
5	4.853 4	4.713 5	1.579 7	1.451 8	1.329 5	4.212 4	4.100 2	3.992 7	3.889 7
6	5.795 5	5.601 4	5.417 2	5.242 1	5.075 7	4.917 3	4.766 5	4.622 9	4.485 9
7	6.728 2	6.472 0	6.230 3	6.002 1	5.786 4	5.582 4	5.389 3	5.206 4	5.033 0
8	7.651 7	7.325 5	7.019 7	6.732 7	6.463 2	6.209 8	5.971 3	5.746 6	5.534 8
9	8.566 0	8.162 2	7.786 1	7.435 3	7.107 8	6.801 7	6.515 2	6.246 9	5.995 2
10	9.471 3	8.982 6	8.530 2	8.110 9	7.721 7	7.360 1	7.023 6	6.710 1	6.417 7
11	10.367 6	9.786 8	9.252 6	8.760 5	8.306 4	7.886 9	7.498 7	7.139 0	6.805 2
12	11.255 1	10.575 3	9.954 0	9.385 1	8.863 3	8.383 8	7.942 7	7.536 1	7.160 7
13	12.133 7	11.348 4	10.635 0	909 856	9.393 6	8.852 7	8.357 7	7.903 8	7.486 9
14	13.003 7	12.106 2	11.296 1	10.563 1	9.898 6	9.295 0	8.745 5	8.244 2	7.786 2
15	13.865 1	12.849 3	11.937 9	11.118 4	10.379 7	9.712 2	9.109 7	8.559 3	8.060 7
16	14.717 9	13.577 7	12.561 1	11.652 3	10.837 8	10.105 9	9.446 6	8.851 4	8.312 6
17	15.562 3	14.291 9	13.166 1	12.165 7	11.274 1	10.477 3	9.763 2	9.121 6	8.543 6
18	16.398 3	14.992 0	13.753 5	12.689 6	11.689 6	10.827 6	10.059 1	9.371 9	8.755 6
19	17.226 0	15.678 5	14.323 8	13.133 9	12.085 3	11.158 1	10.335 6	9.603 6	8.960 1
20	18.045 6	16.351 4	14.877 5	13.590 3	12.462 2	11.469 9	10.594 0	9.818 1	9.128 5
21	18.857 0	17.011 2	15.415 0	14.029 2	12.821 2	11.764 1	10.835 5	10.016 8	9.292 2
22	19.660 4	17.658 0	15.936 9	14.451 1	13.488 6	12.303 4	11.061 2	10.200 7	9.442 4
23	20.455 8	18.292 2	16.443 6	14.856 8	13.488 6	12.303 4	11.272 2	10.371 1	9.580 2
24	21.243 4	18.913 9	16.935 5	15.247 0	13.798 6	12.550 4	11.469 3	10.528 8	9.706 6
25	22.023 2	19.523 5	17.413 1	15.622 1	14.093 9	12.783 4	11.653 6	10.674 8	9.822 6
26	22.795 2	20.121 0	17.876 8	15.982 8	14.375 2	13.003 2	11.825 8	10.810 0	9.929 0
27	23.559 6	20.705 9	18.327 0	16.329 6	14.643 0	13.210 5	11.986 7	10.935 2	10.026 6
28	24.316 4	21.281 3	18.764 1	16.663 1	14.898 1	13.406 2	12.137 1	11.051 1	10.116 1
29	25.065 8	21.844 4	19.188 5	16.983 7	15.141 1	13.590 7	12.277 7	11.158 4	10.198 3
30	25.807 7	22.396 5	19.600 4	17.292 0	15.372 5	13.764 8	12.409 0	11.257 8	10.273 17
40	32.834 7	27.355 5	23.114 8	19.792 8	17.159 1	15.046 3	13.331 7	11.924 6	10.757 4
50	39.196 1	31.423 6	25.729 8	21.482 2	18.255 9	15.769 1	13.800 7	12.233 5	10.961 7
55	42.147 2	33.174 8	26.774 4	22.108 6	18.633 5	15.990 5	13.939 9	12.318 6	11.014 0

续表

期数	10%	12%	14%	15%	16%	18%	20%	24%	28%	32%
1	0.909 1	0.892 9	0.877 2	0.869 6	0.862 1	0.847 5	0.833 3	0.806 5	0.781 3	0.757 6
2	1.735 5	1.690 1	1.646 7	1.625 7	1.605 2	1.565 6	1.527 8	1.456 8	1.391 6	1.331 5
3	2.486 9	2.401 8	2.321 6	2.287 2	2.245 9	2.175 3	2.106 5	1.981 3	1.868 4	1.766 3
4	3.169 9	3.037 3	2.917 3	2.855 0	2.798 2	2.690 1	2.990 6	2.404 3	2.241 0	2.095 7
5	3.790 8	3.604 8	3.433 1	3.355 2	3.274 3	3.127 2	3.325 5	2.745 4	2.532 0	2.345 2
6	4.355 3	4.114	3.888 7	3.784 5	3.684 7	3.497 6	3.604 6	3.020 5	2.759 4	2.534 2
7	4.868 4	4.563 8	4.288 2	4.160 4	4.038 6	3.811 5	3.837 2	3.242 3	2.937 0	2.677 5
8	5.334 9	4.967 6	4.638 9	4.487 3	4.343 6	4.077 6	4.031 0	3.421 2	3.075 8	2.786 0
9	5.759 0	5.328 2	4.916 4	4.771 6	4.606 5	4.303 0	4.192 5	3.565 5	3.184 2	2.868 1
10	6.144 6	5.650 2	5.216 1	5.018 8	4.833 2	4.494 1	4.032 71	3.681 9	3.268 9	2.930 4
11	6.495 1	5.937 7	5.452 7	5.233 7	5.028 6	4.656 0	4.493 2	3.775 7	3.335 1	3.013 3
12	6.813 7	6.194 4	5.660 3	5.420 6	5.197 1	4.793 2	4.532 7	3.851 4	3.386 8	3.040 4
13	7.103 4	6.423 5	5.842 4	5.583 1	5.342 3	4.905 9	4.610 6	3.912 4	3.427 2	3.060 9
14	7.366 7	6.628 2	6.002 1	5.724 5	5.467 5	5.008 1	4.675 5	3.961 6	3.458 7	3.076 4
15	7.606 1	6.810 9	6.142 2	5.847 4	5.575 5	5.091 6	4.729 6	4.001 3	3.483 4	3.088 2
16	7.823 7	6.974 0	6.265 1	5.954 2	5.668 5	5.162 4	4.774 6	4.033 3	3.502 6	3.097 1
17	8.021 6	7.119 6	6.372 9	6.047 2	5.748 7	5.222 3	4.812 2	1.159 1	3.517 7	3.103 9
18	8.201 4	7.249 7	6.467 4	6.128 0	5.817 8	5.273 2	0.833 3	4.079 9	3.529 4	0.757 6
19	8.364 9	7.365 8	6.550 4	6.198 2	5.877 5	5.316 2	4.843 5	4.096 7	3.538 6	3.109 0
20	8.513 6	7.469 4	6.623 1	6.253 9	5.928 8	5.352 7	4.869 6	4.110 3	3.545 8	3.112 9
21	8.648 7	7.562 0	6.687 0	6.312 5	5.973 1	5.383 7	4.891 3	4.121 2	3.551 4	3.115 8
22	8.771 5	7.644 6	6.742 9	6.358 7	6.011 3	5.409 9	4.909 4	4.130 0	3.555 8	3.118 0
23	8.883 2	7.718 4	6.792 1	6.398 8	6.044 2	5.432 1	4.924 5	4.137 1	3.559 2	3.119 7
24	8.984 7	7.784 3	6.835 1	6.433 8	6.072 6	5.450 9	4.937 1	4.142 8	3.561 9	3.121 0
25	9.077 0	7.843 1	6.872 9	6.464 1	6.097 1	5.466 9	4.947 6	4.147 4	3.564 0	3.122 0
26	9.160 9	7.895 7	6.906 1	6.490 6	6.118 2	5.480 4	4.953 6	4.151 1	3.565 6	3.122 7
27	9.237 2	7.942 6	6.935 2	6.513 5	6.136 4	5.491 9	4.963 6	4.154 2	3.566 9	3.123 3
28	9.306 6	7.984 4	6.960 7	6.533 5	6.152 0	5.501 6	4.969 7	4.156 6	3.567 9	3.123 7
29	9.369 6	8.021 8	6.983 0	6.550 9	6.165 6	5.509 8	4.974 7	4.158 5	3.568 7	3.124 0
30	9.426 9	8.055 2	7.002 7	6.566 0	6.177 2	5.516 8	4.978 9	4.160 1	3.569 3	3.124 2
40	9.779 1	8.243 8	7.105 0	6.641 8	6.233 5	5.548 2	4.996 6	4.165 9	3.571 2	3.125 0
50	9.914 8	8.304 5	7.132 7	6.660 5	6.246 3	5.554 1	4.999 5	4.166 6	3.571 4	3.125 0
55	9.947 1	8.317 0	7.137 6	6.663 6	6.248 2	5.554 9	4.999 8	4.166 6	3.571 4	3.125 0

参 考 文 献

[1] 财政部. 企业会计准则 [M]. 上海：立信会计出版社，2017.
[2] 财政部. 小企业会计准则 [M]. 上海：立信会计出版社，2017.
[3] 刘永泽，陈文明. 会计学 [M]. 第5版. 大连：东北财经大学出版社，2016.
[4] 刘雅漫. 旅游企业会计 [M]. 大连：大连理工大学出版社，2015.
[5] 龚韵笙. 现代旅游企业财务管理 [M]. 第2版. 大连：东北财经大学出版社，2002.
[6] 张玉凤. 旅游企业财务管理 [M]. 北京：北京大学出版社，2016.
[7] 师萍. 旅游企业财务管理 [M]. 第4版. 北京：旅游教育出版社，2017.
[8] 沈秀英，陈茂国. 经济法概论 [M]. 第6版. 武汉：武汉理工大学出版社，2016.
[9] 马桂顺. 旅游企业会计 [M]. 第6版. 大连：东北财经大学出版，2017.
[10] 陈玉菁，宋良荣. 财务管理 [M]. 北京：清华大学出版社，2015.
[11] 邵世刚. 旅游概论 [M]. 第2版. 北京：高等教育出版社，2019.
[12] 袁建国. 财务管理 [M]. 第4版. 大连：东北财经大学出版社，2019.
[13] 聂旺. 旅游企业财务管理 [M]. 第4版. 北京：化学工业出版社，2017.
[14] 翁玉良. 酒店财务管理 [M]. 杭州：浙江大学出版社，2009.
[15] 郝德鸿. 财务管理 [M]. 北京：现代教育出版社，2015.
[16] 师萍. 旅游企业财务管理 [M]. 北京：旅游教育出版社，2017.